쉽고 재미있는

新 일본문화

다락원

들어가는 말

　2002년의 월드컵 공동 개최와 한국 드라마와 K팝으로 일어난 한류 열풍으로, 일본과 한국의 문화 교류가 어느 때보다 활성화되었지만, 일본은 아직도 가깝고도 먼 나라라는 생각을 하는 사람들이 많다.

　외적으로는 양국 간에 많은 변화와 발전이 있었지만, 일본과 한국 간에 남아 있는 일본의 역사교과서 기술 문제와 위안부 문제를 비롯한 과거 청산, 그리고 독도 문제 등 양국을 둘러싼 민감한 현안이 여전히 해결될 기미가 보이지 않고 있기 때문일 것이다.

　그간 우리는 겉으로 드러난 일본의 단편에 대해서만 보고 알아 왔을 뿐, 일본의 내면에 대해서 구체적으로 알고자 하지는 않았다는 점을 인정해야 할 것이다. 우리가 일본에 대해 알고 있는 것들은 일본인은 상냥하다, 일본은 사무라이의 나라이다, 일본은 섬나라로 일본인은 섬나라 근성을 갖고 있다, 일본인은 깔끔한 것을 좋아한다, 온천이 많은 나라이다 정도일 것이다.

　그러나 이제는 이러한 단편적인 지식에서 벗어나, 우리가 일본의 어떠한 것을 알고 있고, 어떠한 것을 알지 않으면 안 되는지 냉정하게 생각해 볼 시기이다. 임진왜란과 정유재란, 그리고 36년간의 국권침탈이라는 불행한 역사가 남긴 상처가 아직 치유되지 않고 남아 있는 상황에서, 이대로만 머무를 수 없는 시대적 요청이 있기 때문이다.

　이제는 일본에게 어떻게 대해야 하는지 말만 앞세우는 우리가 아니라, 우리 자신을 되돌아보고, 우리가 무엇을 알아야 하고 어떻게 준비해야 하는지를 진지하게 생각해야 할 것이다. 일본에 대한 지식 축적은 현 시점에서 반드시 필요한 작업이다. 일본이 어떤 나라이고, 어떤 문화를 가지고 발전해 왔으며, 국민성은 어떠한지를 알아야, 양국 간의 미래지향적인 교류에도 영향을 끼칠 수 있을 것이다.

　그 첫걸음은 일본이 어떤 역사 속에서 어떤 문화를 형성하면서 현재의 일본에 이르게 되었는지를 알고자 하는 것일 것이다. 이 책은 일본의 역사와 문화를 비롯하여 최근의 일본인의 생활모습까지 일본에 대한 모든 것들에 대해 간략하게 정리해 놓은 것이다. 이 책이 일본을 이해하고자 하는 여러분의 갈증을 푸는 데에 조금이나마 도움이 되었으면 한다.

백양산 연구실에서
최광준

일러두기

1 일본의 인명, 지명, 서명 등의 표기는 국립국어연구원의 외래어 표기에 따랐으며, 전달력을 높이기 위해 한글 음으로 표기해야 할 필요성이 있는 것은 일부 한글 음으로 표기했다. 본문에 쓰인 한자는 모두 일본식 한자를 사용하고 일본어 음을 달았으며, 단 이해를 돕기 위해 표기한 한자에는 음을 달지 않았다.

외래어 표기법에 따른 일본어 가나의 한글 표기

가나			한글							
			어두				어중·어말			
ア カ サ タ ナ ハ マ ヤ ラ ワ	イ キ シ チ ニ ヒ ミ リ	ウ ク ス ツ ヌ フ ム ユ ル ン	エ ケ セ テ ネ ヘ メ レ	オ コ ソ ト ノ ホ モ ヨ ロ ヲ	아 가 사 다 나 하 마 야 라 와	이 기 시 지 니 히 미 리	우 구 스 쓰 누 후 무 유 루	에 게 세 데 네 헤 메 레	오 고 소 도 노 호 모 요 로 오	아 카 사 타 나 하 마 야 라 와 ㄴ	이 키 시 치 니 히 미 리	우 쿠 스 쓰 누 후 무 유 루	에 케 세 테 네 헤 메 레	오 코 소 토 노 호 모 요 로 오
ガ ザ ダ バ パ	ギ ジ ヂ ビ ピ	グ ズ ヅ ブ プ	ゲ ゼ デ ベ ペ	ゴ ゾ ド ボ ポ	가 자 다 바 파	기 지 지 비 피	구 즈 즈 부 푸	게 제 데 베 페	고 조 도 보 포	가 자 다 바 파	기 지 지 비 피	구 즈 즈 부 푸	게 제 데 베 페	고 조 도 보 포
キャ ギャ シャ ジャ チャ ヒャ ビャ ピャ ミャ リャ	キュ ギュ シュ ジュ チュ ヒュ ビュ ピュ ミュ リュ	キョ ギョ ショ ジョ チョ ヒョ ビョ ピョ ミョ リョ			야 갸 샤 자 자 햐 뱌 퍄 먀 랴	규 규 슈 주 주 휴 뷰 퓨 뮤 류	교 교 쇼 조 조 효 뵤 표 묘 료			캬 갸 샤 자 차 햐 뱌 퍄 먀 랴	큐 규 슈 주 추 휴 뷰 퓨 뮤 류	쿄 교 쇼 조 초 효 뵤 표 묘 료		

- 촉음(促音) ッ(っ)는 'ㅅ'으로 통일해서 적는다.
- 장모음은 따로 표기하지 않는다. 예 とうきょう(東京) 도쿄   おおさか(大阪) 오사카

2 이 책에서 사용한 약호는 다음과 같다.
- 단행본, 법전 : 『 』
- 단행본 속의 작품명, 법령, 영화 제목 : 「 」
- 인용, 대화 : " "
- 짧은 인용, 강조 : ' '

차례

들어가는 말 2
일러두기 3

1 일본의 개요

01 일본의 국토 8
02 일본의 행정구역 13
03 일본의 기후 27
04 일본의 인구 29
05 일본의 언어와 문자 31
06 일본의 외래어 32
07 일본의 국호 33
08 일본의 국기 34
09 일본의 국가 34
10 일본의 국화와 국조 35
11 일본의 연호 35

2 일본의 정치와 경제

01 일본의 정치 38
02 일본의 경제와 통화 41
03 일본의 공업 44
04 일본의 농업 46
05 일본의 임업 47
06 일본의 수산업 49
07 일본의 에너지 자원과 환경문제 51
08 일본의 노동문제 55
09 일본의 사회보장 57

3 일본인의 생활

01 일본인의 기질 62
02 일본의 길거리 풍경 63
03 일본의 장례문화 64
04 일본의 혼례문화 66
05 일본의 통과의례 67
06 일본의 가족제도 70
07 일본의 제례 71
08 일본의 취학제도 및 교육기관 72
09 일본인의 성(姓)과 이름 73
10 일본의 경축일 75

4 일본의 전통문화

01 일본의 연중행사 82
02 일본의 음식문화 86
03 일본의 의복문화 89
04 일본의 주거문화 91
05 일본인의 종교 94
06 일본의 마쓰리(祭り) 99

5 일본의 역사

- 01 원시시대(原始時代) 106
- 02 고대시대(古代時代) 108
- 03 중세시대(中世時代) 110
- 04 근세시대(近世時代) 114
- 05 근대시대(近代時代) 117
- 06 현대시대(現代時代) 121

6 일본의 문학

- 01 상대문학(上代文学) 126
- 02 중고문학(中古文学) 127
- 03 중세문학(中世文学) 128
- 04 근세문학(近世文学) 129
- 05 근대문학(近代文学) 130
- 06 현대문학(現代文学) 132
- 07 일본의 문학상 135

7 일본의 전통문화와 대중오락

- 01 일본의 전통예능 140
- 02 일본의 전통예도 144
- 03 일본의 도자기와 칠기 145
- 04 일본화(日本画) 147
- 05 일본 영화 148
- 06 아니메(アニメ)와 만가(漫画) 150
- 07 일본의 인기 스포츠 151
- 08 일본의 대중오락과 전통오락 155

8 일본의 각 지역과 주요 도시

- 01 일본 각 지역의 특징 166
- 02 일본의 주요 도시 191
- 03 일본의 세계유산 199
- 04 일본의 국보 및 중요문화재 201

9 일본의 매너

- 01 일본인의 인사와 방문 예절 204
- 02 일본의 접객 예절 205
- 03 일본의 식사 예절 206
- 04 일본의 비즈니스 매너 207
- 05 일본의 전화 예절 209
- 06 일본 숙박 장소에서의 예절 210

10 일본의 이모저모

- 01 현재의 일본인 214
- 02 일본 젊은 층의 패션 215
- 03 일본의 가요 215
- 04 일본 젊은 층의 유행어 217
- 05 일본의 방언 220
- 06 일본의 노벨상 수상자 220

1 일본의 개요

01 일본의 국토
02 일본의 행정구역
03 일본의 기후
04 일본의 인구
05 일본의 언어와 문자
06 일본의 외래어
07 일본의 국호
08 일본의 국기
09 일본의 국가
10 일본의 국화와 국조
11 일본의 연호

01 일본의 국토

일본은 유라시아 대륙의 동쪽에 위치하고 있으며 북동쪽에서 남서쪽으로 약 3,000여km에 걸쳐 있다. 온대기후에 속해 있어 사계절의 구분이 뚜렷하고, 남북으로 길게 위치하고 있어 지역 간의 기후 차이가 크다.

일본은 홋카이도(北海道), 혼슈(本州), 시코쿠(四国), 규슈(九州)라는 4개의 큰 섬과 6천 800여 개[1]의 크고 작은 섬으로 이루어져 있다. 위치는 동경 122도에서 154도, 북위 20도에서 46도(쿠릴열도 포함)에 걸쳐 있으며, 면적은 37만 7,915km^2로 한국의 약 4배, 한반도의 1.7배가 넘는다. 또한 섬나라인 만큼 배타적 경제수역은 일본 영토의 12배로 세계 6위이다.

일본의 가장 동쪽은 도쿄도(東京都)의 미나미토리시마(南鳥島)이고, 가장 서쪽은 오키나와현(沖縄県)의 요나쿠니지마(与那国島)이다. 최남단은 도쿄도의 오키노토리시마(沖ノ鳥島)[2]이고, 최북단은 홋카이도의 에토로후토(択捉島)이다.

일본은 지리적으로 한국과 가장 가까이 위치하고 있으며, 부산에서 후쿠오카(福岡)까지는 약 2백여km, 쓰시마(対馬)까지는 49.5km밖에 떨어져 있지 않다. 맑은 날에는 부산의 해운대와 태종대에서 육안으로도 쓰시마를 볼 수 있고, 쓰시마의 가미쓰시마(上対馬)에서도

---

1 본토 섬 5개와 주변 섬 6,847개를 합하여 총 6,852개이다.
2 도쿄에서 1,740km 떨어져 있으며, 만조 시 면적이 가로 2m, 세로 5m, 높이 약 70cm에 불과한 바윗덩이이다. 거리상으로도 일본 본토보다 중국이나 필리핀에 더 가깝다. 일본은 1988년 파고가 높으면 전체가 물에 잠기는 이 바위에 방파제를 쌓고 콘크리트를 바르는 공사를 벌여 지름 50m, 높이 3m의 인공 섬으로 만들고 일본의 최남단 영토라고 주장하고 있다.

부산의 야경이 보일 정도이다.

또한, 일본은 효고현(兵庫県) 아카시시(明石市)의 동경 135도 경계선상의 시간을 전국 표준시로 정하고 있는데, 한국은 일제강점기 때 정해진 일본 표준시를 그대로 사용하고 있어 양국간에는 시차가 없다.

일본은 배타적 경제수역에 있어서 한국, 중국과 의견 차이를 보이고 있으며, 영토 문제에 있어서도 한국과는 독도 문제, 중국과는 센카쿠열도(尖閣列島) 문제, 러시아와는 북방의 4개 섬인 하보마이군도(歯舞群島), 시코탄토(色丹島), 구나시리토(国後島), 에토로후토와의 문제 등 풀어야 할 과제가 매우 많다.

↗ **간몬교** 야마구치현(山口県)의 시모노세키시(下関市)와 후쿠오카현(福岡県)의 규슈시(九州市)를 연결하는 다리로, 길이 1,068m로 1973년도에 완공되었다.

일본의 4개의 큰 섬은 다리와 터널 등으로 연결되어 있다. 혼슈와 홋카이도를 연결하는 세이칸터널(青函トンネル), 혼슈와 시코쿠를 연결하는 3개의 혼시가교(本四架橋), 혼슈와 규슈를 연결하는 간몬교(関門橋) 등이 대표적이다.

일본은 지질학상으로 이토이가와시즈오카 구조선(糸魚川静岡構造線)을 경계로 동서로 나누어 동일본(東日本)과 서일본(西日本)으로 구분한다. 이토이가와시즈오카 구조선은 니이가타현(新潟県)과 시즈오카현(静岡県)를 잇는 140km~150km 거리로, 3개의 단층대로 구성되어 있으며 동쪽이 서쪽보다 많이 솟아 있다.

일본의 국토는 약 70%가 산지로, 동일본과 중부지방은 산맥이 남북 방향으로 뻗어 있고, 서일본은 동서 방향으로 솟아 있다. 특히 일본 혼슈의 중부지방에 있는 히다산맥(飛騨山脈), 기소산맥(木曽山脈), 아카이시산맥(赤石山脈)을 합쳐 일본알프스(日本アルプス)라고 부른다. 이는 메이지정부(明治政府)가 오사카(大阪) 조폐국에 초빙한 야금(冶金) 기사인 영국인 윌리엄 고우랜드(William Gowland)가 1881년 간행된 『일본안내(日本案内)』라는 책에서 히다산맥에서 보이는 주변을 유럽 알프스산맥

↗ **일본알프스** 현재는 히다산맥을 북알프스, 기소산맥을 중앙알프스, 아카이시산맥을 남알프스라고 부르고 있다.

에 빗대어 소개한 것에서 유래되었다.

일본에서 가장 높은 산은 후지산(富士山)으로 높이가 3,776m인데, 일본알프스에는 3,000m 전후의 높은 산들이 많아 일본의 지붕3이라고도 불린다.

● 높이 3,000m 이상의 일본 주요 산

순위	산 이름	높이(m)
1	후지산(富士山)	3,776m
2	기타다케(北岳)	3,193m
3	오쿠호타카다케(奧穗高岳)	3,190m
4	아이노다케(間ノ岳)	3,189m
5	야리가타케(槍ヶ岳)	3,180m

일본의 평지는 전 국토의 4분의 1밖에 되지 않는다. 평야는 하천에서 나온 흙과 모래로 만들어진 퇴적평야가 많은데, 대표적인 평야로는 간토평야(関東平野), 아오모리현(青森県)의 쓰가루평야(津軽平野) 등이 있다. 주위가 산으로 둘러싸인 분지는 국토의 중앙부에 많으며, 교토분지(京都盆地), 규슈의 히토요시분지(人吉盆地) 등이 유명하다. 지대가 주위보다 높은 대지(台地)로는 도쿄의 무사시노 대지(武蔵野台地)와 지바현(千葉県) 북부의 시모우사 대지(下総台地) 등이 대표적이다. 유명한 산지로는 간토 산지(関東山地), 기이 산지(紀伊山地), 주코쿠 산지(中国山地)가 있고, 산맥에는 앞에서 언급한 산맥 이외에 오우산맥(奥羽山脈)이 널리 알려져 있다. 또한 아사마고원(浅間高原), 노베야마고원(野辺山高原) 등 유명 고원 외에도 타마구릉(多摩丘陵)과 같이 도쿄에서 가까운 곳에 위치한 구릉도 있다.

일본의 하천은 길이가 짧고 유속이 빠른 것이 특징이다. 이것은 수력발전에는 좋으나 계절에 따른 수량의 변화가 심해 홍수가 나기 쉽다는 단점이 있다. 일본 하천의 물은 공업용수와 농업용수, 그리고 생활용수로 사용된다. 일본에서 가장 긴 강은 시나노가와(信濃川)4로, 니이가타현에서 나가노현(長野県)에 걸쳐 흐르며, 길이가 376km나 된다.

일본에서 가장 넓은 호수는 시가현(滋賀県)의 비와호(琵琶湖)로, 둘레가 241km, 면적은 670.3km^2에 이르며, 가장 깊은 곳의 수심은 103m나 된다고 한다. 또한 홋카이도의 마슈호(摩周湖)는 세계에서 가장 물이 맑은 호

↗ 비와호에 떠 있는 시라히게신사(白髭神社)의 도리이(鳥井).

---

3 일본에는 3,000m 이상의 산이 21개, 2,000m 이상의 산이 532개나 있다.
4 상류는 나가노현에서는 지쿠마가와(千曲川)라고 불린다.

수로 알려져 있다.

  일본의 해안은 동쪽은 태평양, 서쪽은 한국의 동해, 북쪽은 오호츠크해, 서남쪽은 동중국해 등으로 둘러싸여 있다. 해안선은 대개 리아스식 해안이다. 일본 근해를 흐르는 대표적인 해류로, 난류는 태평양 연안을 따라 북으로 흐르는 구로시오(黒潮)와 구로시오의 일부로 규슈의 남쪽에서 서쪽으로 갈라져 동해를 따라 북상하는 쓰시마해류(對馬海流)를 들 수 있다. 한류로는 오호츠크해에서 태평양으로 흐르는 오야시오(親潮)와 시베리아에서 동해측으로 흐르는 리만해류(リマン海流)가 있다. 이들 해류들은 여름에 냉해를 입히거나 계절풍에 영향을 주어 동해 쪽에 큰 눈을 내리게 하는 등 일본의 기후에 큰 영향을 끼친다.

↗ 아소오악(阿蘇五岳) 아소산의 정식 명칭으로 그중 나카다케(中岳)는 현재까지도 분화활동을 하고 있다. 사진의 나카다케의 분화구.

  일본은 환태평양조산대[5]에 위치하고 있어 크고 작은 지진과 화산활동이 빈번하다. 구마모토현(熊本県)의 아소산(阿蘇山)은 칼데라[6] 산으로 둘레가 약 128km나 되며, 농업과 목축업이 이루어지고 있는 것으로 유명하다.

  1923년 9월 1일 발생한 간토대지진(関東大震災)[7]은 진도 7.9로, 인명 피해가 142,807명에 달해 일본 재해 사상 가장 큰 피해를 남겼다. 인명 피해자 중에는 한국인들도 많이 포함되어 있었다. 실제로 당시의 혼란한 상황 속에서 오사카아사히신문(大阪朝日新聞)은 재일한국인이 불을 내고 우물에 독약을 넣었다는 기사를 실어 많은 일본인들이 '폭도화한 조선인(暴徒と化した朝鮮人)'을 두려워하여 자경단(自警団)을 조직해 많은 무고한 조선인과 중국인이 억울하게 희생당했다.

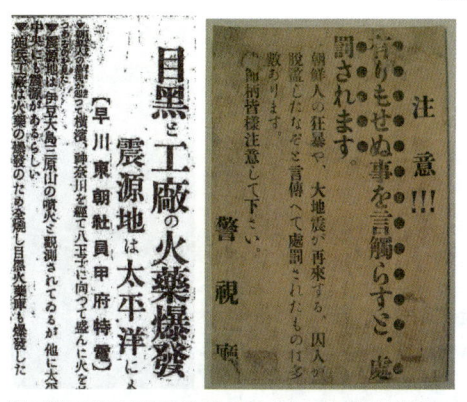
↗ 재일조선인이 방화를 일으키고 있다는 기사를 실은 오사카아사히신문.
↗ 유언비어를 퍼뜨리며 선동하는 자에게 경고하는 경시청의 전단지.

  1995년 1월 17일 발생한 한신·아와지 대지

---

5 안데스산맥, 로키산맥, 일본열도, 필리핀의 여러 섬, 뉴질랜드에 이르는 태평양을 둘러싸고 있는 산악 지대를 말한다.
6 화산의 폭발로 인하여 분출구 주변이 커다랗게 움푹 팬 지역.
7 가나가와현(神奈川県) 북서쪽 바다 80km를 진원지로 11시 58분 32초에 발생했다.

진(阪神淡路大震災)8은 진도 7.3으로, 긴키(近畿) 지역을 중심으로 효고현(兵庫県), 오사카부(大阪府), 교토부(京都府)에 걸쳐 막대한 피해를 남겼다. 특히 진원지에 가까운 고베시(神戸市)가 가장 큰 피해를 입었다. 사망자가 6,434명, 행방불명자와 부상자가 43,792명, 가옥 손실이 10만 채가 넘었다. 피해 총액은 약 10조 엔을 넘었다.

2007년 7월 16일 니가타현 주에쓰오키 지진(新潟県中越沖地震)9도 진도 6.8로, 사망자 15명, 부상자 2,345명, 피해액은 1조 5천억 엔에 달했다.

2011년 3월 11일에 일어난 동일본대지진(東日本大震災)10은 일본 지진 관측 사상 가장 큰 진도 9.0을 기록했다. 지진 여파로 인해 해안에는 파고 10m 이상의 쓰나미(津波)11가 발생하여 피해를 가중시켰다. 인명 피해는 2011년 10월 6일에 작

↗ 동일본대지진 후에 발생한 쓰나미로 피해를 입은 마을.

성된 일본 경찰청의 기록에 의하면, 사망자 15,821명, 중상자 5,940명, 행방불명자 3,926명이다. 또한 쓰나미에 의한 복합적인 여파로 후쿠시마(福島) 제1원자력 발전소 설비가 피해를 입어 방사능 누출 사고까지 일어났다. 방사능 유출로 인한 피해는 2012년 12월 현재도 진행되고 있어 후쿠시마 원전 반경 20km 내의 주민들을 모두 다른 지역으로 피신시켰으며, 이에 따른 피해가 눈덩이처럼 불어나고 있다.

일본 국내에는 108개의 활화산(活火山)이 있다. 가고시마(鹿児島)의 사쿠라지마(桜島)

↗ 사쿠라지마.

↗ 후지산.

---

8 진원지는 아와지시마(淡路島) 북쪽 바다의 아카시해협(明石海峡)으로 오전 5시 46분 52초에 발생했다. 자세한 희생자 수는 조사기관에 따라 다르지만 2,889명이 희생되었다고 한다.
9 10시 13분 23초에 발생했다.
10 14시 46분 18초에 발생했다.
11 해일.

에서는 지금도 계속 화산재가 분출되고 있어 주민들이 밖에 세탁물을 널지 못할 정도이다. 2000년에는 도쿄의 미야케지마(三宅島)에서 화산이 분화하여 섬 주민 전원이 대피한 예가 있고, 2011년 1월에도 규슈 남부의 기리시마야마(霧島山)의 신모에다케(新燃岳)[12]에서도 분화가 있었다. 후지산(富士山)은 휴화산으로 1707년에 분화한 후 지금까지는 활동이 없었다. 그러나 동일본대지진 이후 후지산의 분화가 다시 거론되기 시작했다.

일본은 화산 활동이 빈번한 만큼 온천도 많은데, 일본 전역에 약 3천 곳 이상의 온천지가 있다.

02 일본의 행정구역

현재 일본은 행정상으로 1개 도(都), 1개 도(道), 2개 부(府)와 43개의 현(県) 등 모두 47

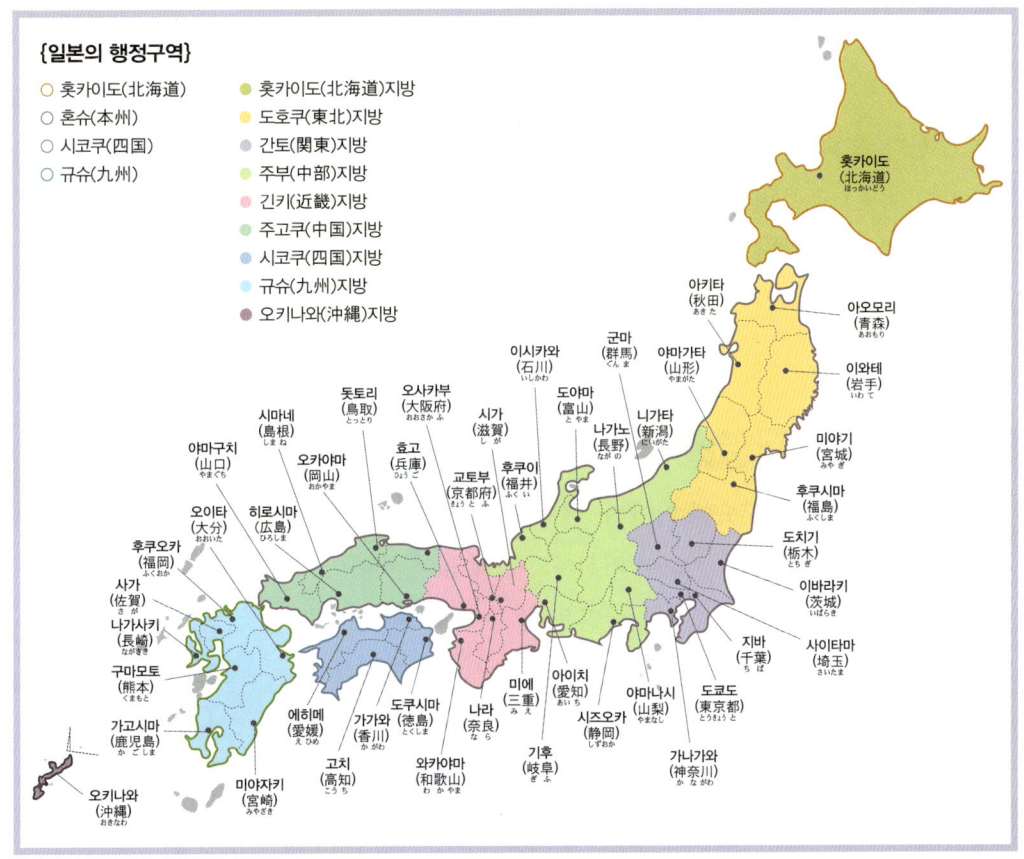

---

12 높이 1,421m의 활화산이다.

개 행정구역으로 나뉘어져 있다.

도도부현(都道府県)13은 시(市) 등을 포함한 넓은 의미의 지방 공공 단체를 말하며, 의결기관으로서 의회, 집행기관으로서 지사(知事), 보조기관으로서 부지사(副知事)를 두고, 교육위원회, 선거관리위원회, 감사위원회 등을 둘 수 있다. 또한 자치권을 가지므로 조례 등의 규칙을 제정할 수 있다. 도도부현의 구분은 대개 산이나 하천을 경계로 나뉜다.

또한 일본은 인구 50만 이상의 도시를 정령지정도시(政令指定都市)14로 지정하여 특별한 권한을 주고 있다. 정령지정도시로 인정이 되면 행정구역과 같은 수준의 재정 관리를 할 수 있고, 행정구역의 권한을 위양 받을 수 있다.

일본의 면적 상위 지역

순위	도도부현(都道府県) 명	면적(㎢)
1	홋카이도현(北海道)	83,456㎢
2	이와테현(岩手県)	15,278㎢
3	후쿠시마현(福島県)	13,782㎢
4	나가노현(長野県)	13,562㎢
5	니가타현(新潟県)	12,583㎢
6	아키타현(秋田県)	11,612㎢
7	기후현(岐阜県)	10,621㎢
8	아오모리현(青森県)	9,607㎢
9	야마가타현(山形県)	9,323㎢
10	가고시마현(鹿児島県)	9,187㎢

일본은 행정상 국토를 태평양 측과 동해 측으로 나누기도 하고, 동일본과 서일본으로 나누기도 한다. 또한 전국을 8개의 지역으로 구분하기도 한다. 홋카이도(北海道), 도호쿠(東北), 간토(関東), 주부(中部), 긴키(近畿), 주고쿠(中国), 시코쿠(四国), 규슈(九州)로 나누는데, 오키나와(沖縄)는 규슈 지방에 넣기도 하고 따로 구분하기도 하여 9개의 지역으로 나누는 경우도 있다.

홋카이도 지방(北海道地方)

홋카이도(北海道)는 혼슈에 이어 두 번째로 넓은 섬으로, 일본 전체 면적의 21%를 차지한다. 일본의 가장 북쪽에 위치하며 러시아와 접해 있어, 홋카이도의 가장 북쪽에 있는 왓카나이시(稚内市)에서는 러시아의 사할린을 볼 수 있다. 아한대기후에 속해 있어 겨울이 길지만 장마와 태풍의 영향은 거의 받지 않는다. 중심지는 도청이 있는 삿포로시(札幌市)이다.

홋카이도는 원주민인 아이누 민족이 독자적인 문화를 발달시킨 곳으로 메이지시대(明治

---

13 도(都)는 한국의 특별시, 부(府)는 광역시, 현(県)은 도(道)에 해당한다.
14 말 그대로 정령(政令)으로 지정된 인구 50만 이상의 도시를 말한다. 정령도시는 도도후켄(都道府県)과 같은 행정권, 재정권을 갖는다. 2012년 4월 현재 정령시는 요코하마(横浜)를 비롯하여 총 20개이다.

時代)15 이전에는 에조치(蝦夷地)라고 불렸으며, 메이지시대에 들어서 개발되기 시작했다.

홋카이도는 넓은 토지와 서늘한 기후로 낙농업이 발달했으며, 또한 일본에서 수산업이 가장 발달한 곳으로, 특히 구시로항(釧路港)은 일본에서 제일가는 어항으로 손꼽힌다. 사로마호(サロマ湖)는 일본에서 가리비 양식이 가장 활발한 곳이기도 하다.

삿포로시에서는 유제품과 맥주를 비롯한 식품공업이, 아사히가와시(旭川市)에는 제지와 펄프 공업을 중심으로 한 산업이 발달했다.

원시림에 둘러싸여 태고의 자연을 느낄 수 있는 시레토코5호(知床五湖).

홋카이도는 원시의 자연환경이 그대로 보존된 곳이 많으며, 노후 생활지로 후쿠오카와 함께 가장 인기 있는 지역이기도 하다. 홋카이도의 동쪽 끝 연안에 위치하고 있는 시레토코(知床)는 2005년 유네스코 세계자연유산에 등재된 곳으로 대표적인 관광 명소 중 하나이다.

홋카이도와 혼슈를 연결하는 세이칸터널(青函トンネル)16은 세계에서 가장 긴 해저 터널로 1988년에 완공되었다. 터널 길이는 총 53.9km로, 이중 해저 부분은 23.3km이다. 터널 중간에 두 개의 역이 개설되어 있다.

도호쿠 지방(東北地方)

도호쿠 지방(東北地方)은 혼슈의 북쪽과 북동쪽에 위치한 아오모리현(青森県), 이와테현(岩手県), 미야기현(宮城県), 아키타현(秋田県), 야마가타현(山形県), 후쿠시마현(福島県)의 6개현을 이른다. 북쪽 지방이기 때문에 날씨는 도쿄에 비해 전반적으로 서늘한 편이다. 동해 쪽은 강설량이 많고 태평양 쪽은 냉해 피해를 많이 입는다.

아오모리현의 네부타마쓰리(ねぶた祭)와 미야기현의 현청 소재지인 센다이시(仙台市)에서 열리는 다나바타마쓰리(七夕祭)는 일본 각지에서 많은 관광객을 불러모은다.

이와테현의 전통공예품인 남부철기(南部鉄器)는 철을 두드려서 만드는 수공예품으로 해외에서도 인정받고 있다.

섬세함과 중후한 느낌이 특색인 남부철기. 1975년 일본의 전통공예품으로 지정되었다.

---

15 메이지천황의 통치 시기인 1868년~1912년을 말한다.
16 아오모리현(青森県)의 쓰가루반도(津軽半島)와 홋카이도의 오시마반도(渡島半島)를 연결한다.

또한 아오모리현 남서부에서 아키타현 북서부에 걸쳐 펼쳐져 있는 시라카미 산지(白神山地)의 너도밤나무 원시림은 세계 최대로 유네스코 세계자연유산에 등록되어 있다.

미야기현의 마쓰시마(松島)는 일본 3대 절경 중 하나로 260여 개의 섬으로 이루어져 있는 유명한 관광지이다.

↗ 바라보는 장소와 계절에 따라 각각 다른 경관을 즐길 수 있는 것으로 유명한 마쓰시마.

간토 지방(関東地方)

간토 지방(関東地方)은 일본의 중심이 되는 지역이다. 일본열도의 중앙에 위치한 이바라기현(茨城県), 도치기현(栃木県), 군마현(郡馬県), 사이타마현(埼玉県), 지바현(千葉県), 도쿄도(東京都), 가나가와현(神奈川県)을 말하며, 전 인구의 3분의 1이 이곳에 거주하고 있다.

도쿄도와 가나가와현, 지바현, 사이타마현을 도쿄권이라고 하고, 여기에 야마나시현(山梨県)을 합쳐 수도권이라고 한다. 도쿄권과 수도권은 철도와 도로망이 잘 연결되어 있어 출퇴근이 가능하다. 수도권의 인구는 약 3천 500만 명에 달한다.

이바라기현에는 유명 전기기기 메이커인 히타치제작소(日立製作所)가 있는 히타치시(日立市)와 연구학원 도시로 유명한 쓰쿠바시(筑波市)가 있다.

도치키현은 유네스코 세계문화유산인 닛코토쇼구(日光東照宮)[17]와 전통공예품인 도자기 마시코야키(益子焼)로 유명하다.

지바현에는 일본의 관문인 나리타국제공항(成田国際空港)과 도쿄디즈니랜드(東京ディズニーランド)가 자리하고 있다.

↗ 일본 천황이 거주하는 황거.

↗ 오다이바에 위치한 일본 최대의 민영 방송국인 후지TV의 사옥.

---

[17] 에도막부의 초대 장군인 도쿠가와 이에야스(徳川家康)를 모시는 사당이다.

도쿄는 일본의 수도로서 정치, 경제, 문화의 중심지이다. 도쿄에는 국회의사당, 천황이 거주하는 황거(皇居)를 비롯하여 대부분의 주요 기관이 자리하고 있다. 또한, 1980년대부터 개발된 도쿄임해부도심(東京臨海副都心)에는 방송국, 국제전시장, 오다이바 해상공원(お台場海浜公園) 등이 건립되어 데이트 장소와 관광지로서 인기가 높다. 특히 도심부와 연결하는 교통편인 유리카모메(ゆりかもめ)는 무인열차로 유명하다.

가나가와현에는 일본 유수의 게이힌공업지대(京浜工業地帯)가 위치하고 있다. 현청 소재지인 요코하마(横浜)는 19세기에 개항된 항구도시로 일본을 대표하는 무역항이다. 해변 지역에는 미나토미라이21(みなとみらい21)라는 도시개발계획으로 세워진 랜드마크타워(ランドマークタワー) 등의 고층건물이 위용을 자랑하고 있다.

간토 지방의 대부분은 간토평야로 이루어져 있으며 그 중앙을 서쪽에서 동쪽으로 도네가와(利根川)가 흐르고 있다. 기후는 전체적으로 온화하고 겨울은 맑은 날이 많다.

주부 지방(中部地方)

주부 지방(中部地方)은 니가타현(新潟県), 도야마현(富山県), 이시카와현(石川県), 후쿠이현(福井県), 야마나시현(山梨県), 나가노현(長野県), 기후현(岐阜県), 시즈오카현(静岡県), 아이치현(愛知県)이 속해 있는 지역이다.

일본열도의 중앙에 위치한 지방으로, 긴키 지방(近畿地方)과 간토 지방을 연결하는 교통의 대동맥 지역이다. 중앙의 산악지대에는 일본알프스가 자리잡고 있으며, 동쪽에는 노비평야(農尾平野)와 에치고평야(越後平野)가 펼쳐져 있다.

니가타현은 유명한 쌀 품종 중 하나인 고시히카리(こしひかり)의 산지로 연간 생산량이 65만 톤이나 된다.

도야마현의 다테야마(立山) 마을에 있는 구로베댐(黒部ダム)은 일본 최대의 아치식 돔형 댐으로 유명하다. 또한, 고카야마(五箇山)에 있는 갓쇼즈쿠리(合掌造り)[18] 집단 마을은 기후현의 시라카와고(白川郷)와 함께 유네스코 세계문화유산에 등록되어 있다.

↗ 갓쇼즈쿠리 양식으로 지은 고카야마의 민가.

---

18 눈이 쌓이지 못하도록 지붕의 경사를 합장한 모양처럼 급경사가 지도록 지은 건축 양식.

이시카와현 가나자와시(金沢市)에 있는 겐로쿠엔(兼六園)은 일본의 3대 정원 중 하나로, 에도시대(江戸時代)19의 대표적인 정원 양식을 감상할 수 있다.

↗ 계절에 따라 다른 정취를 느낄 수 있는 겐로쿠엔. 사진은 겐로쿠엔의 상징인 고토지등롱(徽軫灯籠) 주변의 봄과 겨울 풍경.

1998년 제18회 동계올림픽이 열렸던 나가노현은 현 면적의 약 80%가 산지로, 북부에는 스키장이 많아 겨울 스포츠의 요람이라 불린다. 도쿄에서 나가노까지는 나가노신칸센(長野新幹線)이 연결되어 있다.

시즈오카현은 기후가 온화하여 차와 밀감이 많이 나며 일본을 대표하는 상징 중의 하나인 후지산이 자리하고 있다. 또한 이즈반도(伊豆半島)는 예로부터 기후가 온화하고 경치가 아름다워 휴양지로 유명하다.

아이치현은 나고야(名古屋)를 중심으로 공업이 발달한 지역이다. 나고야시는 인구 200만이 넘는 계획된 도시이며, 도요타시(豊田市)는 세계적인 자동차 공업도시로 유명하다. 또한 항공산업과 우주산업도 발달해 있다. 2005년에는 이세만(伊勢湾)에 주부국제공항(中部国際空港)이 개항해 교통이 한층 더 편리해졌다.

긴키 지방(近畿地方)

혼슈의 중서부로 예로부터 정치, 경제, 문화의 중심지로, 현재도 간토 지방과 함께 일본의 경제 및 문화를 이끌어 가는 지역이다. 긴키 지방의 키(畿)는 도읍이라는 의미로, 교토(京都) 남부와 오사카, 나라(奈良)를 중심으로 하는 지방을 기나이(畿内)라고 부른 데서 유래했다.

긴키 지방(近畿地方)은 교토부(京都府), 오사카부(大阪府)와 효고현(兵庫県), 시가현(滋賀県), 나라현(奈良県), 와카야마현(和歌山県), 미에현(三重県)을 포함하는 지역을 말한다.

---

19 1603년~1867년. 도쿠가와 이에야스(徳川家康)가 에도에 막부(幕府)를 세우고 통치하기 시작하여 도쿠가와 요시노부(徳川慶喜)가 천황에게 정권을 반환하기까지의 시대.

때로는 후쿠이현(福井県)과 도쿠시마현(徳島県)을 포함하여 긴키권이라고도 한다. 현재 서일본에서 가장 큰 중심도시는 오사카이다.

긴키 지방의 북동부에는 둘레만 약 240km에 달하는 일본 최대 호수인 비와호(琵琶湖)가 있고, 남쪽의 절반은 기이반도(紀伊半島)가 차지하고 있다. 기후를 살펴보면, 북부는 동해측 기후(日本海側気候), 중앙부는 세토나이카이식 기후(瀬戸内海式気候), 남부는 태평양측 기후(太平洋側気候)이다.

교토는 794년부터 1868년까지 천황들이 거주하던 곳으로, 천 년이 넘는 세월 동안 일본의 수도였던 곳인 만큼 지금도 기요미즈데라(清水寺), 긴카쿠지(金閣寺), 긴카쿠지(銀閣寺) 등과 같은 수많은 유적지가 잘 보전되어 있어, 일본인뿐만 아니라 외국인에게도 빼놓을 수 없는 대표 관광지 중 하나이다. 교토를 대표하는 특산물로는 녹차인 우지차(宇治茶)와 고급 직물인 니시진오리(西陣織)가 유명하다. 5월의 아오이마쓰리(葵祭), 7월의 기온마쓰리(祇園祭), 10월의 지다이마쓰리(時代祭)를 교토 3대 마쓰리라 한다.

또한 교토부와 시가현에 있는 17개의 절과 신사(神社), 성(城)을 합친 문화재가 유네스코 세계문화유산에 등록되어 있다.

오사카는 서일본 경제의 중심지로 에도시대부터 상업도시로 발전했다. 제품 출하액 기준으로 일본 제2의 규모를 자랑하는 한신공업지대(阪神工業地帯)가 위치하고 있다. 오사카만(大阪湾)의 센슈오

↗ 화려하고 섬세한 무늬가 특징인 니시진오리를 짜는 모습(上)과 니시진오리(下).

키(泉州沖)에 바다를 매립해 만들어진 간사이국제공항(関西国際空港)은 일본 최초로 24시간 이착륙이 가능한 공항이다. 또한 현재 오사카를 고도의 기능을 갖춘 국제 비즈니스 도시로 건설하기 위해 오사카만의 남항과 북항 지구 개발계획인 테크노포트 오사카(テクノポート大阪)가 진행되고 있다.

효고현의 현청 소재지인 고베시(神戸市)는 1870년대에 개항한 항구도시로, 아름다운 야경과 인공섬인 포트아이랜드(ポットアイランド)와 록코아이랜드(六甲アイランド)로 유명하다. 또한 고베시에는 혼슈와 시코쿠를 잇는 세계에서 가장 긴 다리인 아카시해협대교

↗ 아카시해협대교는 길이 3,911m에 이르는 현수교이다.

↗ **히메지성** 흰 회벽과 지붕의 모양이 날아가는 새의 날개와 비슷하여 백조성이라고도 불린다. 비교적 원형이 잘 보존되어 있다.

(明石海峡大橋)[20]가 있다. 히메지시(姫路市)의 히메지성(姫路城)은 1993년 일본 최초로 유네스코 세계문화유산에 등록되었다.

나라현은 710년부터 80여 년간 일본의 정치, 문화의 중심지였던 만큼 여전히 많은 유적들이 남아 있다. 나라에는 도다이지(東大寺)를 비롯하여 많은 사원과 신사가 있어 교토와 함께 국제적인 관광도시로 유명하다. 또한 가스가타이샤(春日大社) 근처의 가스가야마(春日山) 원시림은 고도(古都) 나라의 문화재로 유네스코 세계자연유산에 등록되어 있다.

와카야마현의 명물인 매실장아찌(うめぼし)는 기슈우메(紀州梅)라 하여 일본 전국에서 가장 유명하다. 또한 고대로부터 일본

↗ 구마노옛길의 정취를 가장 잘 간직하고 있는 다이몬자카(大門坂).

인의 신앙지로 일컬어지는 기이 산지(紀伊山地)의 영지(靈地)와 참배길인 구마노옛길(熊野古道)은 유네스코 세계문화유산에도 등록되어 있다.

주고쿠 지방(中國地方)

혼슈의 중앙 아래쪽에 있는 지역을 주고쿠 지방(中國地方)이라 한다. 규슈(九州) 지방과 긴키 지방의 중간에 위치한 지역으로, 북쪽의 산지 지역은 바람이 많고 눈이 많이 내리고,

---

20 혼슈와 시코쿠를 연결하는 혼슈시코쿠연락교(本州四國連絡橋)의 3개 루트 중 하나인 고베·나루토루트(神戶·鳴門ルート) 구간에 건설되어 있는 2개의 현수교 중 하나로 고베시와 아와지시마의 아와지시를 연결한다.

시코쿠(四国)와 마주보고 있는 세토나이카이(瀬戸内海) 쪽은 온난하고 비가 적다.

주고쿠 지방에는 돗토리현(鳥取県), 시마네현(島根県), 오카야마현(岡山県), 히로시마현(広島県), 야마구치현(山口県)이 속해 있다.

돗토리현은 일본에서 인구가 가장 적은 현으로 오염이 덜 된 청정지역으로 알려져 있다. 동해 연안의 돗토리사구(鳥取砂丘)는 매우 깨끗하고 아름다운 사구로 관광객들에게 인기가 높다. 돗토리대학(鳥取大学)의 건조지 연구센터에서는 지구의 사막화 방지와 건조지의 농업개발 등에 관한 연구가 이루어지고 있다. 한국의 강원도 동해시(東海市)와 사카이미나토(境港) 간에 페리가 운행되고 있다.

↗ **돗토리사구** 남북 2.4km, 동서 16km에 펼쳐 있는 일본 최대의 사구로, 1955년 일본의 천연기념물로 지정되었다.

시마네현은 고대로부터 신들의 회합 장소로 믿어져 온 이즈모타이샤(出雲大社)로 널리 알려진 곳이다. 이즈모와 이와미(石見) 지방은 제철공업이 발달하였다. 특히 과거 은의 산지로 유명했던 이와미 은산(石見銀山)은 세계문화유산에 등록되어 있다. 한국에는 독도와 관련하여 매년 영토 문제를 일으키는 곳으로 알려져 있는 지역이다.

↗ 인연을 맺어주는 신사로 유명한 이즈모타이샤.

오카야마현의 구라시키시(倉敷市)와 시코쿠에 있는 가가와현(香川県)의 사카이데시(坂出市) 간에 놓여 있는 세토대교(瀬戸大橋)[21]는 윗층은 차량, 아래층은 철도용으로, 병용 교량으로서는 세계 최장(最長)을 자랑한다.

↗ 상층에는 자동차, 하층에는 기차가 다니는 2층 구조로 유명한 세토대교.

---

21 혼슈시코쿠연락교의 하나인 고지마・사카이데루트(児島・坂出ルート)에 해당한다. 총 10개의 다리로 되어 있다.

히로시마현은 제철과 조선업이 발달한 현이다. 현청 소재지인 히로시마시(広島市)는 주고쿠 지방에서 가장 중심이 되는 도시로, 연안 어업이 발달했으며, 특히 굴의 산지로 이름이 높다. 또한, 일본 3경의 하나인 미야지마(宮島)22의 이쓰쿠시마신사(厳島神社)와 히로시마의 원폭 돔이 유네스코 세계문화유산에 등록되어 있다. 오노미치시(尾道市)와 시코쿠에 있는 에히메현의 이마바리시(今治市) 사이에는 혼슈시코쿠연락교(本州四国連絡橋)의 하나인 니시세토자동차도로(西瀬戸自動車道)23가 놓여 있다.

↗ 이쓰쿠시마신사와 도리이. 조수간만의 차를 이용한 설계로 국제적으로도 매우 드문 해상 목조 건축물이다.

혼슈의 가장 서쪽에 위치하는 야마구치현은 화학, 석유, 철강을 주축으로 한 중화학공업이 발달한 곳이다. 시모노세키시(下関市)는 항구도시답게 어업이 발달했으며 특히 복어가 유명하다. 또한 간몬터널(関門トンネル)은 혼슈와 규슈를 연결하는 세계 최초의 해저터널로 교통의 요충지 역할을 하고 있다. 한국의 부산과 시모노세키 간에는 식민지 시대부터 부관연락선(関釜連絡船)이 운행되고 있다.

시코쿠 지방(四国地方)

시코쿠 지방(四国地方)은 도쿠시마현(徳島県), 가가와현(香川県), 에히메현(愛媛県), 고치현(高知県)의 4개 현이 속한다. 시코쿠라는 명칭은 옛날에 4개의 나라가 존재했었다는 것에서 유래되었다. 시코쿠 지방은 험한 시코쿠 산지를 경계로 북쪽을 기타시코쿠(北四国), 남쪽을 미나미시코쿠(南四国)라고 한다. 기후는 계절풍의 영향을 받지 않아 온화하며 기온 차가 거의 없다. 그러나 강수량이 적어 농업에 지장을 주는 경우가 많다.

---

22 이쓰쿠시마(厳島)라고도 한다.
23 혼슈시코쿠연락교의 하나인 오노미치·이마바리루트(尾道・今治ルート)로, 애칭인 세토나이시마나미해도(瀬戸内しまなみ海道)로 많이 불린다.

도쿠시마현은 나루토해협(鳴門海峽)에서 생산되는 미역이 유명하다. 나루토해협은 소용돌이를 만들어내는 빠른 조수로 널리 알려져 있는데, 나루토시(鳴門市)와 효고현의 아와지시마(淡路島)을 잇는 오나루토하시(大鳴門橋)에서는 나루토해협의 소용돌이를 관람할 수 있다. 도쿠시마시(德島市)의 아와오도리(阿波踊り)는 400여 년간 이어져 온 마쓰리(祭り)로, 매년 8월 12일부터 시작되는데 일본 각지에서 많은 관광객이 찾아온다.

↗ 밀물과 썰물이 만나 만들어 내는 나루토해협의 소용돌이.

가가와현은 전국에서 면적이 가장 작은 현이지만, 시코쿠 지방 최대의 사누키평야(讚岐平野)가 위치하고 있다. 고보대사(弘法大師)[24]가 개수(改修)했다고 전해지는 만노이케(満農池)[25]가 있다.

에히메현은 아이치현과 함께 밀감의 산지로 유명하다. 최근에는 열대에서 재배되는 과일인 이요칸(伊予柑)과 키위를 재배하는 농가가 늘어나고 있다. 또한 진주 양식이 가장 활발한 곳이기도 하다.

고치현의 중앙부에는 고치평야(高知平野)가 동서로 넓게 위치하고 있다. 고치평야에서는 촉성재배법으로 쌀을 이모작으로 재배하고 있다. 이곳에서 수확한 농산물은 트럭과 페리로 도쿄로 운송되어 소비된다. 서부에 흐르는 시만토가와(四万十川)는 1급 하천으로 시코쿠 내에서는 가장 긴 하천이다. '일본의 마지막 맑은 하천(日本最後の清流)'이라는 시만토가와에는 지류를 포함하여 모두 47개의 저수교[26]가 놓여 있는데, 이것은 물에 잠길 시 떠내려온 유목이나 토사가 쌓여 홍수가 나는 것을 방지하기 위해서라고 한다.

↗ 시만토가와 저수교.

---

24 774년~835년. 구카이(空海)라고도 한다. 일본 진언종(真言宗)의 시조이며 서예가로도 유명하다.
25 농업용 저수지이다.
26 보통 때에는 수면 위에 드러나 있으나, 수량이 불어나면 물에 잠기도록 낮게 놓인 다리.

규슈 지방(九州地方)

혼슈의 남서쪽 아래에 위치한 지역으로, 한국과 가장 가깝다. 혼슈와는 시모노세키시와의 사이에 건설된 간몬교와 해저터널인 간몬터널, 신칸몬터널(新関門トンネル)로 연결되어 있다.

규슈 지방(九州地方)은 남부는 산지가, 북부는 평야가 많다. 또한 아소산(阿蘇山), 운젠다케(雲仙岳), 구주렌잔(九重連山), 사쿠라지마(桜島) 등 화산이 많은 지역이기도 하다.

↗ 운젠지고쿠(雲仙地獄) 운젠다케 남쪽 기슭에 위치한 곳으로, 유황 냄새와 수증기로 자욱한 풍경이 마치 지옥과 같다는 의미에서 붙여진 명칭으로, 관광코스로도 유명하다.

규슈 지방의 서부에서 북부로는 난류인 쓰시마해류(対馬海流)가 흐르고, 남부에도 난류인 구로시오(黒潮)가 흐르고 있어, 기온은 온난하고 강수량이 풍부하다. 특히 난세이제도(南西諸島)는 아열대성기후로 고온다습하다.

규슈 지방이란 일반적으로 후쿠오카현(福岡県), 사가현(佐賀県), 나가사키현(長崎県), 구마모토현(熊本県), 오이타현(大分県), 미야자키현(宮崎県), 가고시마현(鹿児島県)과 오키나와(沖縄)를 포함한 8개 지역을 말한다. 최근에는 오키나와현을 별도로 취급하는 경우도 있다.

↗ 하카타인형 하카타 지방의 흙으로 구운 인형으로, 사실적인 묘사로 유명하다.

후쿠오카현에는 규슈 제일의 곡창지대인 지쿠고평야(筑後平野)가 펼쳐져 있으며, 기타큐슈시(北九州市)와 후쿠오카시(福岡市)는 정령지정도시로 지정되어 있다. 공업도시였던 기타큐슈시에는 스페이스월드(スペースワールド)라는 우주 테마파크가 있으며, 최근에는 레저산업도시로 탈바꿈 하고 있다. 2011년 후쿠오카시에서 가고시마시(鹿児島市)까지 규슈신칸센(九州新幹線)이 개통되어 교통이 한결 편리해졌다. 또한 후쿠오카공항(福岡空港)은 도심에서 가장 가까운 국제공항으로 아시아의 관문 역할을 하고 있다. 후쿠오카의 공예품으로는 에도시대부터 이어져 온 하카타인형(博多人形)과 하카타직물(博多織) 등이 유명하다.

사가현에는 고대로부터 쌀농사를 지었던 흔적을 알 수 있는 요시노가리 유적(吉野ヶ里遺跡)이 역사공원으로서 공개되고 있어 국내외 관광객들에게 큰 인기를 끌고 있다. 또한

아리타야키(有田燒)²⁷, 가라쓰야키(唐津燒) 등의 도자기가 유명하다. 특히 세계적으로도 유명한 아리타야키는 임진왜란 때 끌려간 조선 도공 이삼평을 시조로 하며, 매년 신사에서 제례를 올린다.

↗ **요시노가리 역사공원** 요시노가리 유적지를 중심으로 조성되었다. 요시노가리 유적은 사가현 간자키군(神埼郡) 요시노가리 마을과 간자키시(神埼市)에 걸쳐 있는 요시노가리 구릉에서 발견된 야요이시대의 집단부락의 흔적으로 일본 최대 규모이다. 1986년 발굴 조사에 의해 발견되었으며, 현재도 계속 발굴 작업이 진행되고 있다.

나가사키현은 미쓰비시중공업(三菱重工業)의 나가사키조선소를 비롯하여 조선공업이 발달한 곳이다. 원자폭탄이 투하된 나가사키시(長崎市)의 평화공원에서는 매년 8월 9일 희생자를 위한 위령제가 열리며, 공원 안에는 세계 각국에서 보내온 평화를 상징하는 기념 조각물들이 놓여 있다. 사세보시(佐世保市)의 하우스텐보스(ハウステンボス)는 네덜란드식 정원 유원지로 규슈의 최대 테마파크이다. 부산과 배로 한 시간 남짓 걸리는 쓰시마(対馬)도 나가사키현에 속한다.

구마모토현은 규슈의 중앙에 위치한 현으로, 북쪽에는 지금도 화산활동을 하고 있는 아소산(阿蘇山)이 있고 남쪽으로는 규슈 산지(九州山地)라 불리는 높은 산들이

↗ **하우스텐보스** 중세 유럽인 17세기 네덜란드의 거리를 재현한 리조트이다. 하우스텐보스라는 명칭은 현재 네덜란드 여왕이 거처하는 '팰리스 하우스텐보스'의 재현을 허가받은 것에 기인한다. 한국 관광객들도 많이 찾는다.

---

27 선적한 항구의 이름을 따 이마리야키(伊萬里燒)라고도 불린다.

자리잡고 있다. 특히 일본의 3대 성(城) 중 하나인 구마모토성(熊本城)이 있어 많은 관광객들이 구마모토를 찾고 있다. 또한 비닐하우스 농업이 발달하여 토마토와 수박이 많이 생산된다.

오이타현은 후쿠오카현에 이어 규슈에서 두 번째로 공업이 발달한 지역이다. 벳푸(別府)에는 수백 개에 달하는 온천이 있어 한국 관광객들에게도 인기가 높다.

미야자키현은 축산업이 발달했으며, 휴가(日向) 지역의 호박이 유명하다. 기후는 남태평양 쪽이라 매우 따뜻하다. 구로시오의 영향을 받아 현의 남부 해안에는 아열대성 식물의 재배가 이루어지고 있다. 또한, 가고시마현과의 접경 부근에 펼쳐져 있는 화산군인 기리시마야마(霧島山)는 아직도 화산활동이 지속되고 있는 곳으로 유명하다.

가고시마현은 화산재 토양이 많은데, 이곳에서 재배되는 고구마로 만든 증류식 소주가 유명하다. 야쿠시마(屋久島)의 미야노우라다케(宮之浦岳)를 중심으로 한 지역이 유네스코 세계자연유산으로 등록되어 있다. 그중에서 특히 조몬삼나무(縄文杉)로 이름이 알려진 삼나무는 추정 수령이 3천 년 이상이라고 한다. 다네가시마(種子島)에 설치된 다네가시마 우주센터(種子島宇宙センター)는 인공위성 및 로켓 발사 기지로 일본 우주산업의 중심지가 되고 있다.

오키나와현은 역사적으로 류큐처분(琉球処分)[28] 이전까지는 일본과 중국 양국의

↗ **구마모토성** 임진왜란을 일으킨 가토 기요마사(加藤清正)가 1607년에 개축하여 7년에 걸쳐 완성하였다.

↗ **조몬삼나무** 처음에는 수령 7천 년 이상으로 추정되었으나 외측의 어린 가지의 수령이 2,700년으로 판정되고, 약 7,300년 전 발생한 화산 폭발에 의해 야쿠시마의 대형식물은 모두 전소된 것으로 판단되어 수령이 4천 년은 넘지 않는 것이 정설로 되어 있다.

↗ 3곳의 로켓발사대가 설치되어 있는 다네가시마우주센터.

---

28 1872년~1879년에 걸쳐 류큐 왕국의 국왕을 도쿄로 압송하여 후작에 봉하고 왕국을 폐하고 일본의 현으로 제정한 것을 말한다.

㉮ 복원된 슈리성의 정전(正殿) 경관.

간섭을 받는 독립적인 류큐 왕국(琉球王国)이었다. 이국적인 문화와 풍습으로 일본인들에게도 인기 높은 관광지이다. 1992년 옛 왕궁 터에 류큐 왕국의 슈리성(首里城)과 왕이 업무를 보았던 정전(正殿)이 복원되었으며, 왕궁 터는 유네스코 세계문화유산에 등록되어 있다. 2차 세계대전 후 미국에 속해 있다가 1972년 일본에 반환된 곳으로, 미군기지가 현재 오키나와 면적의 20%를 차지하고 있다. 평야가 적어 사탕수수와 파인애플을 재배하는 밭농사가 중심이 되고 있다.

03 일본의 기후

일본열도는 남북으로 길게 3,000여km에 걸쳐 있고, 계절풍과 해류의 영향을 받아 아열대기후부터 아한대기후까지 다양하게 나타난다.

일본은 아한대기후인 홋카이도와 아열대기후인 오키나와를 제외한 대부분의 지역이 온대기후로 사계절의 구분이 뚜렷한데, 최북단인 왓카나이(稚内)와 최남단인 난세이제도(南西諸島)의 나하(那覇)의 연평균 기온차는 16도에 달한다.

일본의 기후는 지역에 따라 크게 6개로 구분된다. 홋카이도는

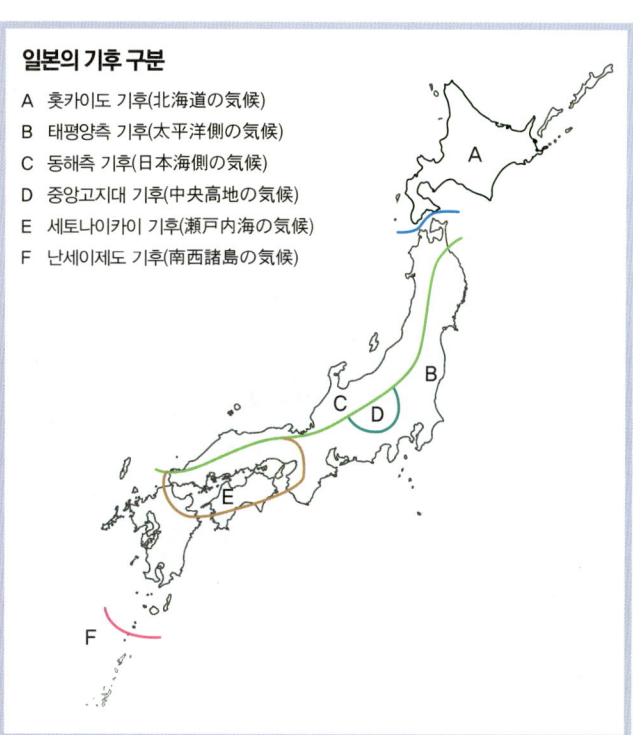

일본의 기후 구분
A 홋카이도 기후(北海道の気候)
B 태평양측 기후(太平洋側の気候)
C 동해측 기후(日本海側の気候)
D 중앙고지대 기후(中央高地の気候)
E 세토나이카이 기후(瀬戸内海の気候)
F 난세이제도 기후(南西諸島の気候)

아한대기후로, 여름은 시원하지만 겨울은 매우 춥다.

　태평양 연안 지역은 여름에는 남동쪽으로부터 불어오는 계절풍의 영향으로 무덥고 비가 많이 내린다. 도쿄의 여름 평균기온은 섭씨 약 30도 전후로 매우 덥고, 습도가 약 80%에 달해 에어컨이 없으면 생활하기가 힘들 정도이다. 반면 겨울에는 북서쪽에서 불어오는 계절풍의 영향으로 건조하고 맑은 날이 많다.

　이와 반대로 동해 연안 지역은 여름에는 고온건조하고, 겨울에는 북서쪽에서 불어오는 계절풍의 영향으로 눈이 많이 내리는데, 니가타현의 산간 지역에는 4m~5m 정도의 폭설이 내리기도 한다.

　중앙고지(中央高地)[29]는 내륙 지방으로 해류에 의한 계절풍의 영향을 받지 않아 1년 내내 강수량이 적으며, 또한 여름과 겨울, 낮과 밤의 기온차가 크다.

　세토나이카이 지역은 여름에는 시코쿠 산지(四国山地)가, 겨울에는 주고쿠 산지(中国山地)가 계절풍을 막아 주어 1년 내내 온난한 지역으로 맑은 날이 많고 비가 적게 내린다.

　난세이제도는 아열대성기후로 기온이 높고 강우량이 많으며, 매년 태풍 피해를 입는다.

　지역마다 계절적인 특징은 조금씩 차이가 있지만, 일반적으로 봄은 3월~5월, 여름은 6월~8월, 가을은 9월~11월, 겨울은 12월~2월로 나눈다.

　홋카이도를 제외한 지역은 대개 6월 초~7월 중순에 걸쳐 장마(梅雨)를 겪는다. 장마 때 비가 많이 내려 홍수 피해가 나기도 하고, 반대로 비가 적게 내려 농작물이 가뭄 피해를 입기도 한다. 또 8월과 9월 무렵에는 태풍에 의해 건축물 파괴, 농작물 피해, 송전선 등의 파괴, 침수, 유실, 토사 등 재산과 인명 피해를 입는 곳이 많은데, 일본 풍수해의 80%는 태풍에 의한 것이다.

↗ 태풍이 동반한 폭우에 의해 떠내려온 토사에 매몰된 집.

　일본의 평균기온은 1961년~1990년까지의 평균치에 비해 매년 0.3도 정도 상승하고 있으며, 최근에는 대도시에서 열대야 현상도 빈번하게 일어나 전반적으로 기온이 상승하는 것을 알 수 있다.

　일본의 1년 강수량은 1,600mm에서 1,700mm 정도로 세계 연평균 강수량 1,000mm에 비해 매우 많은 편이다.

---

29 중부지방의 산악지대로 야마나시현, 나가노현, 기후현이 해당된다.

04 일본의 인구

일본의 인구는 2012년 7월 현재 총무성 통계국(総務省統計局)의 발표에 의하면 1억 2천 665만 9천여 명으로, 세계 10위[30]의 인구 대국이다. 그러나 이 수치는 2011년 7월에 비해 26만 3천여 명이 감소한 것으로, 갈수록 심해지는 저출산으로 인해 2035년에는 1억 1천 67만 명까지 감소할 것이라 예상하고 있다.

일본의 인구는 1960년대 후반 1억 명을 넘은 이후 계속 증가하여 왔으나, 2005년 처음으로 감소를 나타낸 후, 2006년부터 다시 증가세를 보이다 2010년을 정점으로 지속적인 감소 추세에 있다.

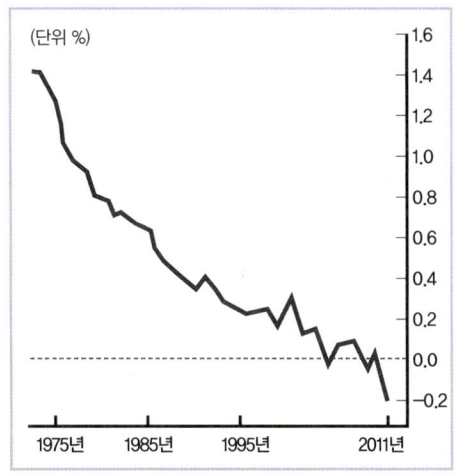

↗ 일본의 인구 대비 증감률. 〈일본 총무성 자료〉

일본에서 생활하고 있는 외국인은 190여 개국 220여 만 명에 이른다. 가장 많은 외국인은 중국인으로 65만여 명이며, 재일동포들을 포함한 한국인들도 59만여 명에 달한다.

일본에서 인구가 가장 많은 곳은 도쿄도(東京都)로 1,260만여 명이 살고 있다. 두 번째로 인구가 많은 곳은 가나가와현(神奈川県)으로 888만여 명이다. 이와 반대로 인구가 가장 적은 지역은 돗토리현(鳥取県)으로 59만 5천여 명이며, 다음으로 적은 지역은 시마네현(島根県)으로 72만 3천여 명이다.

일본의 3개 도시권인 도쿄, 오사카, 나고야의 50km권에 일본 인구의 44%가 거주하고 있어, 인구밀도는 $1km^2$당 약 343명으로 높은 편이다. 특히, 간토 지방(関東地方)과 긴키 지방(近畿地方), 후쿠오카 지방(福岡地方)의 인구밀도가 높은데 이중 도쿄의 인구밀도는 km^2당 5,700명이 넘는다.

2012년 현재 일본의 767개 시(市) 중 11곳이

도도부현(都道府県)의 인구 순위
*2012년 통계

순위	도도부현(都道府県)명	인구수(명)
1	도쿄도(東京都)	12,609,912명
2	가나가와현(神奈川県)	8,885,458명
3	오사카부(大阪府)	8,683,035명
4	아이치현(愛知県)	7,237,612명
5	사이타마현(埼玉県)	7,123,084명
6	치바현(千葉県)	6,149,799명
7	효고현(兵庫県)	5,586,182명
8	홋카이도현(北海道)	5,520,894명
9	후쿠오카현(福岡県)	5,038,574명
10	시즈오카현(静岡県)	3,769,685명

---

[30] 전 세계의 인구는 2012년 3월 현재 70억을 넘었다. 이 중 중국 인구가 13억 4천 명으로 1위이다. 2위는 인도, 3위는 미국이다.

인구 100만이 넘는 대도시이지만, 인구 1만 925명인 홋카이도(北海道)의 유바리시(夕張市), 1만 225명의 미카사시(三笠市), 4천 390여 명의 우타시나이시(歌志內市)와 같이 인구 감소로 인하여 시라고 하기에는 인구수가 너무 적은 곳들도 있다.

대도시는 과밀 현상으로 땅값이 올라가고 생활 공해가 발생하는 등 심각한 도시 문제가 발생하고, 농촌은 생산 인구가 일자리를 찾아 도시로 떠나면서 노령화가 심화되어 농지 경작이 불가능해지며, 마쓰리(祭り)[31] 등의 마을행사도 중단되고, 의료진 부족으로 인해 양질의 의료혜택을 받지 못하게 되며, 이용객 감소로 인해 철도와 버스 운행이 중지되고 이는 다시 농촌으로의 이주를 가로막는 요인으로 작용하는 등 부작용이 심각하다.

일본은 고령화와 저출산으로 인해 65세 이상의 인구 비율이 2012년 3월 현재 23.43%에 달한다. 일본인의 평균수명은 83세(남자 80세, 여자 86세)로, 이는 2012년 세계보건기구(WHO)의 발표에 따르면 평균수명이 193개국 중 1위이다. 65세 이상의 인구비율이 7%를

인구수 100만이 넘는 도시 *2012년 통계

순위	시(市)명	인구수(명)
1	도쿄도 23구(東京都23区)	8,949,447명
2	요코하마시(橫浜市)	3,689,603명
3	오사카시(大阪市)	2,666,371명
4	나고야시(名古屋市)	2,263,907명
5	삿포로시(札幌市)	1,914,434명
6	고베시(神戶市)	1,544,873명
7	후쿠오카시(福岡市)	1,474,473명
8	교토시(京都市)	1,474,473명
9	가와사키시(川崎市)	1,425,678명
10	사이타마시(さいたま市)	1,222,910명
11	히로시마시(広島市)	1,174,209명

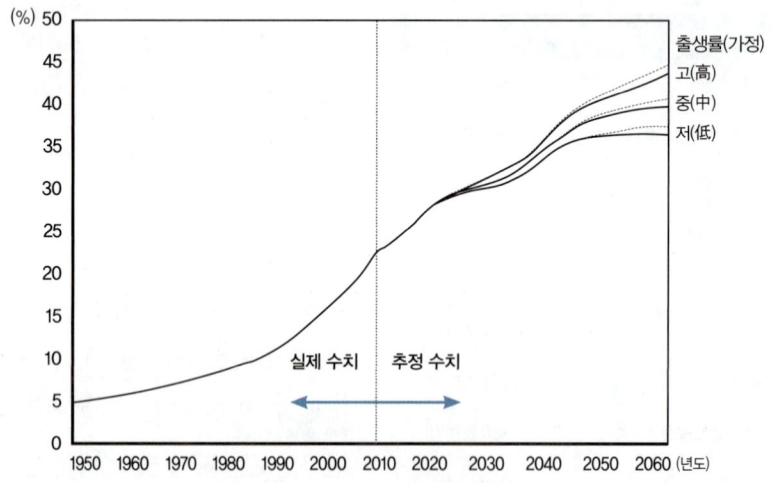

↗ 출생률에 따른 65세 이상 인구비율 예상 추이. 〈일본 총무성 자료〉

---

31 축제.

넘으면 고령화사회라고 하는데, 일본은 이를 넘어 65세 이상의 인구비율이 20%를 넘는 초고령사회[32]로 진입하였다. 이는 생활수준의 향상, 의학의 발달 등으로 평균수명은 늘었지만 출생자수가 점점 감소한 때문이다. 일본은 저출산 현상으로 15세 미만의 인구가 점점 줄어들어 2014년에는 일본의 인구 4명 중 1명이 65세 이상이 될 전망이다.

그러나 인구는 감소하지만 반대로 세대수는 증가 추세에 있다. 2012년 총무성 통계국 발표에 의하면 전국의 세대수는 5,417만 세대를 돌파하였다. 한 세대 당 평균인원은 2.34명이고, 세대수가 1인인 세대가 전체 세대의 30%를 차지한다.

일본의 산업인구를 살펴보면 약 6천 400만 명으로, 1차 산업 종사자가 4.2%, 2차 산업 종사자가 26.8%, 3차 산업 종사자가 67.7%를 차지하고 있다. 3차 산업인 상업, 운수, 통신, 서비스업 등의 종사자는 앞으로도 더욱 늘어날 전망이다.

05 일본의 언어와 문자

일본어는 일반적으로 한국어와 어순이 비슷하고, 같은 한자 문화권이라는 점에서 한국인이 배우기 쉬운 언어로 알려져 있지만, 공부를 하면 할수록 어려운 언어이다. 특히 한자는 음독과 훈독으로 발음되어 일본어 학습에 많은 어려움을 주고 있다.

일본어는 우랄알타이 어족에 가까운 언어지만 계통적으로는 여전히 밝혀지지 않은 부분이 많아 단정하여 말하기 어렵다.

일본어는 표음문자(表音文字)인 히라가나(平仮名)와 가타카나(片仮名), 그리고 표의문자(表意文字)인 한자(漢字)로 표기한다.

가나(仮名)는 7세기 『만요슈(万葉集)』라는 가집(歌集)에 고대 일본어를 표기하기 위해 한자의 음을 빌려 표기한 것이 시초로,

↗ 한자에서 변천된 히라가나(左)와 가타카나(右). ⓒpmx

---

[32] 일본 통계국의 국세조사 결과에 의하면 1970년 7.1%로 고령화사회, 1995년 14.5%로 고령사회, 2007년 21.5%로 초고령사회로 진입하였다.

『만요슈』에 쓰인 문자인 만요가나(万葉仮名)33로부터 유래하였다. 헤이안시대(平安時代) 때 만요가나에서 히라가나와 가타카나로 변화해 가는데, 히라가나는 만요가나에 쓰인 한자의 초서체에서, 가타카나는 만요가나에 쓰인 한자의 일부 내지는 전체를 이용하여 한자의 훈독을 위해 표시하던 것에서 비롯되었다고 알려져 있다. 이후 시간이 지남에 따라 글자에 대한 개인차와 집단간의 차이가 정리되어 12세기경 현재 사용하는 것에 가까워진 것으로 보고 있다.

현재 일본어를 표기할 때는 일반적으로는 히라가나와 한자를 병용하고, 외래어, 외국의 지명과 인명, 의성어와 의태어, 전보문, 전문용어 등에는 가타카나를 사용한다.

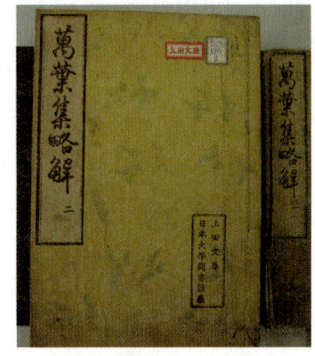

↗ 에도시대에 간행된 만요슈의 해설서.

일본에서 사용되는 한자는 간략화된 약자로, 읽는 방법에도 음독과 훈독 두 가지 방식이 있다. 현재 일본에서 사용되는 한자 수는 약 4만 자가 넘는데, 일본 문부과학성 문화심의회(文部科学省文化審議会)에서는 꼭 알아두어야 할 한자로 상용한자(常用漢字) 2,136자를 지정해 놓고 있다. 한자는 초등학교 1학년부터 배우며, 초등학교에서 배우는 교육한자(教育漢字)는 1,006자이다. 그러나 일본에서 신문을 읽는 등 일상생활에서 불편 없이 한자를 읽고 쓰려면 3,000자 정도는 알아야 한다.

06 일본의 외래어

일본어에는 외래어가 많다. 외래어는 가타카나로 표기하며 장음은 「ー」로 표기한다. 무로마치시대(室町時代)34 이전 중국을 경유해 들어온 한자어는 한어(漢語)로 별도 구분하며 외래어에 포함시키지 않는다.

덴푸라(でんぷら : 튀김), 다바코(たばこ : 담배) 등은 16세기 포르투칼에서 들어온 외래어이며, 비루(ビール : 맥주), 펜키(ペンキ : 페인트) 등은 에도시대 네덜란드에서 들어온 말이다.

---

33 신라시대 향가를 표기한 이두와 같은 문자로, 중국의 한자를 빌려서 일본말을 기록한 것이다.
34 아시카가 다카우지(足利尊氏)가 무로마치에 막부를 세운 1336년부터 오다 노부나가(織田信長)에게 패한 1573년까지의 기간.

　외래어가 본격적으로 일본에 들어온 것은 메이지유신(明治維新)[35] 이후로, 독일, 영국, 미국, 프랑스에서 신기술이 많이 유입되었기 때문이다. 철도 관련 용어는 영국 영어, 의학 용어는 독일어, 예술 용어는 프랑스어가 근본이 되어 널리 쓰였다.

　현재는 영어에서 온 외래어가 압도적으로 많은데, 바스(バス：버스), 도라이브(ドライブ：드라이브), 데파토(デパート：백화점)와 같이 일본식 영어로 변형된 것이 많다.

07 일본의 국호

　일본의 정식 국가 명칭은 니혼코쿠(日本国)이다. 일본의 국호가 성립되기 이전에는 와코쿠(倭国), 야마토(倭, 大和)라고 불렸다. 국명인 일본(日本)을 읽는 방법에는 '닛폰(にっぽん)'과 '니혼(にほん)' 두 가지 방법이 있는데, 국가적인 행사나 스포츠 대회에서는 어감이 강한 '닛폰'을, 국내에서는 '니혼'을 즐겨 사용하는 추세이다.

---

35 에도막부의 붕괴 후 중앙 집권적 통일 국가를 이룬 메이지정부에 의한 사회 정치적 변혁 과정. 일본 자본주의 형성의 기점이 되었다.

08 일본의 국기(国旗)

일본의 국기는 하얀 바탕에 태양을 상징하는 붉은 원이 그려져 있는데, 법률상으로는 일장기(日章旗)라고 하고, 일반적으로는 히노마루(日ノ丸)라고 부른다. 히노마루는 태양의 원이라는 뜻으로, 1870년 메이지정부(明治政府)가 일본 상선과 해군 함정 등에 게양하는 정식 깃발로 채택하였고, 1999년 「국기(国旗) 및 국가(国歌)에 관한 법률」에 의해 정식으로 국기로 결정되었다.

09 일본의 국가(国歌)

일본의 국가(国歌)는 기미가요(君が代)로 1999년 정식으로 국가로 지정되었다. "천황의 치세는 천 대에서 팔천 대까지 이어지기를. 작은 돌멩이가 바위가 되고 바위에 이끼가 낄 때까지 영원히 계속되기를"이라는 내용으로, 황통의 영원한 지속을 노래하고 있다. 가사는 작자미상으로 10세기에 편찬된 『고킨와카슈(古今和歌集)』에 수록되어 있는 단가(短歌)의 하나이다. 1880년 곡조가 붙여졌다.

↗ 기미가요.

10 일본의 국화(国花)와 국조(国鳥)

일본에는 법률상 정해진 일본 국화는 없다. 일본 황실을 대표하는 꽃은 국화(菊花)로, 16개 꽃잎의 문장(紋章)을 사용하고 있다. 하지만 일본인이 가장 좋아하고 일본과 연관 지어 제일 먼저 떠올리게 되는 꽃은 역시 벚꽃이다. 그런 이유로 대개 일본을 대표하는 꽃으로 국화와 벚꽃(桜)을 든다.

일본의 국조는 꿩으로, 일본 고유의 종(種)으로 1년 내내 관찰이 가능하며, 일본의 고문서와 옛날이야기에도 등장하는 점 등의 여러 가지 이유로 1947년 국조로 지정되었다.

↗ 일본 황실을 상징하는 16개의 국화 꽃잎이 새겨진 지붕 장식.

↗ 꿩이 그려진 일본의 옛날 화폐.

11 일본의 연호

연호는 국가 군주가 즉위하는 해에 붙이는 칭호로, 일본은 서력(西暦)과 함께 독자적인 연호도 사용한다. 일본이 중국 당나라의 영향을 받아 연호를 사용하기 시작한 것은 645년으로, 처음 사용한 연호는 다이카(大化)이다. 한 천황의 통치 시기에 여러 개의 연호를 사용하기도 하였으나, 메이지시대(明治時代) 이후 한 천황이 하나의 연호를 사용하게 되었다. 1989년 현재의 아키히토천황(明仁天皇)이 왕위를 계승함에 따라 쇼와(昭和)에서 헤이세이(平成)로 연호가 바뀌었다.

천황에 대해 일본은 헌법 제1조에 「천황은 일본 및 일본 국민 통합의 상징이다」라고 규정하고 있다. 일본의 초대 천황은 기원전 660년에 즉위했다고 기록된 진무천황(神武天皇)으로, 현재의 아키히토천황은 125대 천황이다.

● 메이지시대부터의 일본 연호

연호	사용 기간
메이지(明治)	1868년~1915년
다이쇼(大正)	1912년~1926년
쇼와(昭和)	1926년~1989년
헤이세이(平成)	1989년~

2 일본의 정치와 경제

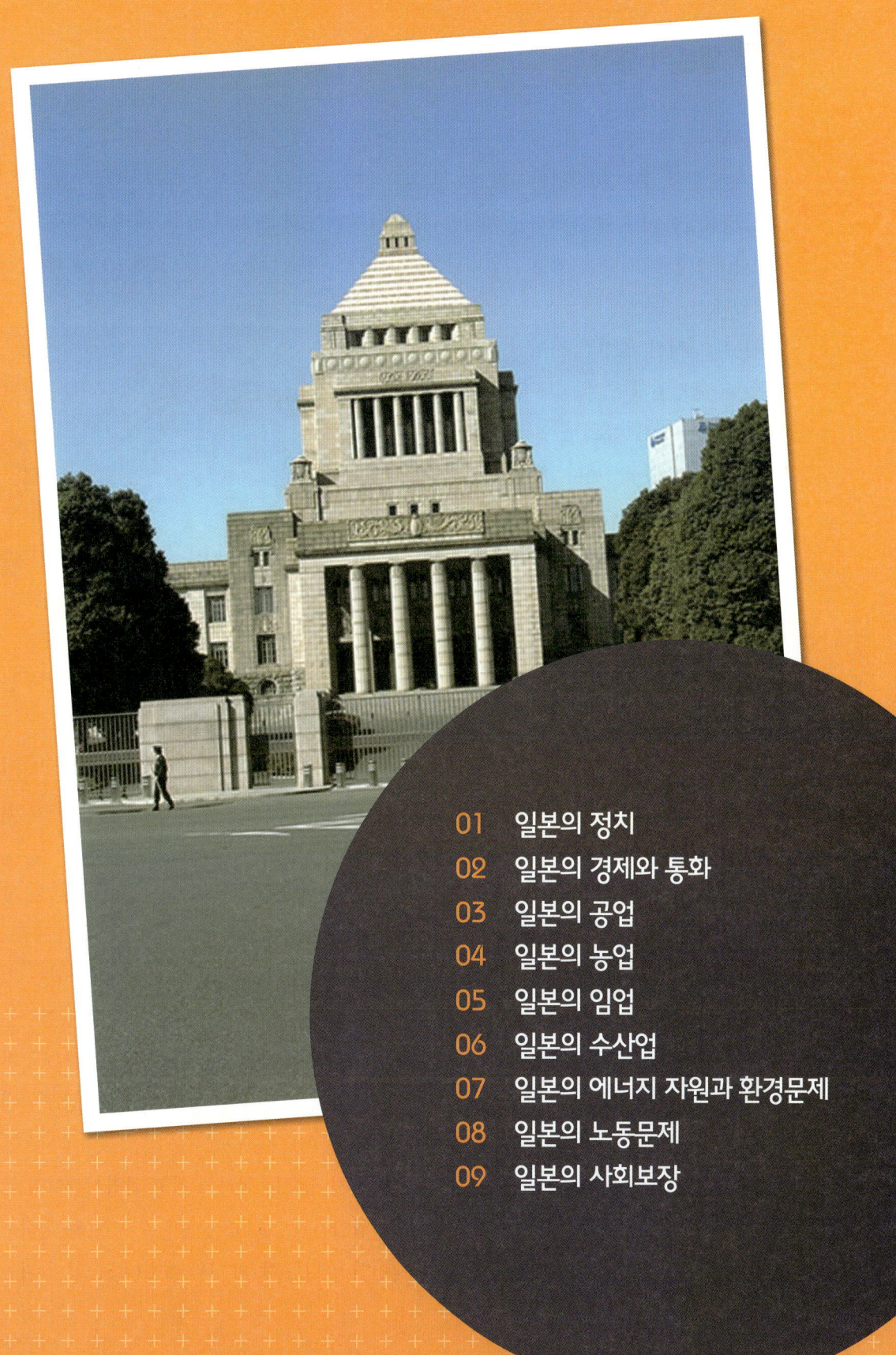

01 일본의 정치
02 일본의 경제와 통화
03 일본의 공업
04 일본의 농업
05 일본의 임업
06 일본의 수산업
07 일본의 에너지 자원과 환경문제
08 일본의 노동문제
09 일본의 사회보장

01 일본의 정치

일본의 국가형태는 입헌군주제이며, 정치체제는 의원내각제를 채택하고 있다. 일본에 내각제가 도입된 것은 1885년이지만, 이 시기의 내각은 천황이 임명한 대신(大臣)으로 구성되고, 각료들은 천황을 보필하는 책임을 지는 체제였기 때문에 의원내각제가 제대로 운영되었다고 보기는 어렵다. 현행 의원내각제는 1947년 「일본국헌법(日本国憲法)」에 의해 규정되었다.

일본은 행정권, 입법권, 사법권이 분리되어 있다. 행정권의 주체는 내각이며, 내각은 총리대신(総理大臣)과 여러 국무대신(国務大臣)으로 구성된다. 행정수반인 총리대신은 국회의원 중에서 선출되는데, 중의원(衆議院)과 참의원(参議院) 의원들의 투표로 중의원 의원 중에서 지명되고, 천황이 임명한다. 하지만 일반적으로 다수당

↗ 총리대신의 집무 거점인 총리관저. 2002년 새로 준공되었다.

의 대표가 총리로 지명되는 것이 관례이다. 국무대신은 총리대신이 지명하는데, 과반수는 국회의원에서 선출한다.

내각은 일반 행정사무 외에도 법률과 예산을 집행하고, 필요한 정령(政令)을 정하며, 법률안과 예산을 작성하여 국회에 제출하고, 최고재판소장 임명, 임시국회 소집, 국회해산 결정 등과 각 행정기관을 지휘 감독하는 일을 한다.

↗ 국회의사당 마주보는 방향에서 좌측이 중의원, 우측이 참의원이다.

2012년 9월 현재 일본 내각은 1부(府), 11성(省), 1청(庁)으로 이루어져 있다.

일본의 공무원에는 국가공무원과 지방공무원이 있다. 공무원의 인사와 근무환경 등에 관한 일반 업무는 인사원(人事院)에서 담당한다. 자위대 군인들은 국가공무원에 속하고, 경찰관과 소방관은 지방공무원에 속한다.

일본헌법에서 국회는 국가의 최고 권력기관이며 국가 유일의 입법기관으로 규정되어 있다. 일본 국회는 하원(下院)인 중의원(衆議院)과 상원(上院)인 참의원

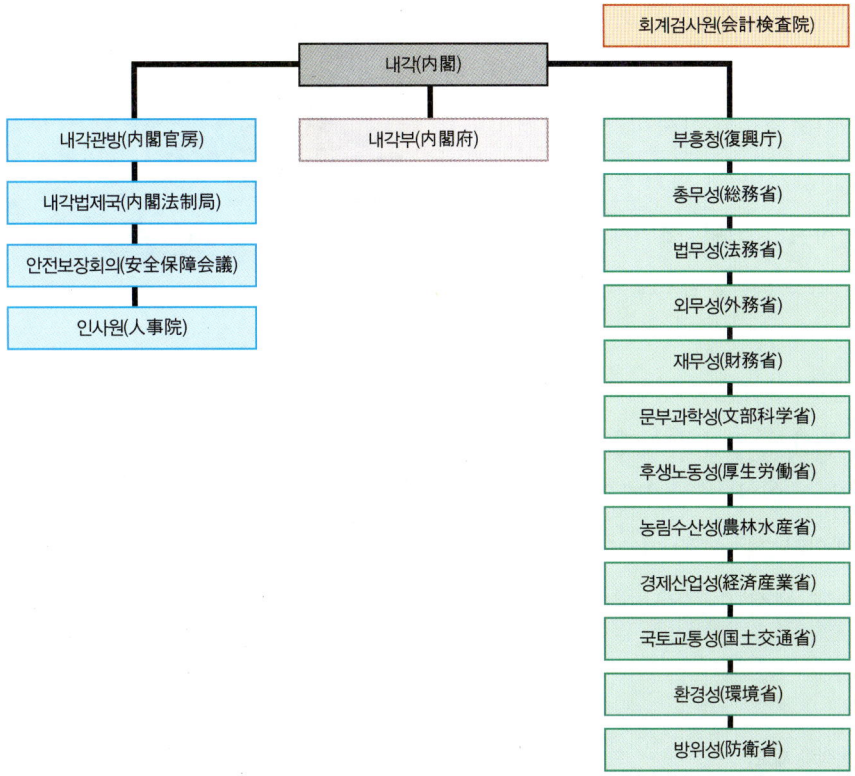

{일본의 내각조직도(2012년 9월 현재)}

(参議院)으로 구성되는 양원제를 채택하고 있다. 현재 중의원은 480명으로, 임기는 4년이지만 국회해산 시에는 중의원의 임기도 끝난다. 참의원은 242명이며, 임기는 6년이고, 3년마다 과반수를 교체하는 시스템으로 운영되고 있으며 해산은 불가능하다. 중의원과 참의원의 의견이 다를 경우 일반적으로 중의원의 의사가 채택된다. 중의원은 참의원보다 위치는 불안정하지만 권한은 더 크다고 볼 수 있다.

사법권을 행사하는 재판소(裁判所)[1]는 상급기관부터 나열하면 최고재판소, 고등재판소, 지방재판소, 간이재판소, 가정재판소로 나뉘어져 있다.

최고재판소는 한 곳만 설치되어 있으며 도쿄(東京)에 위치하고 있다.

↗ 일본의 사법권 최고 담당 기관인 최고재판소. ⓒWiiii

---

1 사법기관으로서의 재판소와 실제 법정에서 소송을 심의하는 재판소로 구분된다.

고등재판소는 도쿄와 오사카(大阪) 등 여덟 곳에 있다. 지방재판소와 가정재판소는 47개의 도도부현(都道府県)과 홋카이도의 하코다테시(函館市), 아사히카와시(旭川市), 구시로시(釧路市)에 각각 한 곳씩 모두 50곳이 설치되어 있다. 간이재판소는 전국의 주요 중소도시를 중심으로 438곳이 설치되어 있다.

ㄱ 길거리 유세를 펼치고 있는 일본 국회의원 선거 운동 모습.

일본은 국회의원, 지방단체장, 지방자치단체의원 등을 투표로 선출한다. 선거는 원칙적으로 보통선거, 직접선거, 평등선거, 비밀선거로 실시되며, 만 20세 이상이 되어야 선거권을 가질 수 있다. 피선거권은 만 30세를 넘어야 하는 참의원 의원과 도도부현의 지사(知事)를 제외하고는 모두 만 25세 이상이면 된다. 투표시간은 지역에 따라 차이가 있지만 대개 오전 7시에서 오후 8시까지다. 20대~30대의 투표율이 가장 저조한 것으로 알려져 있다.

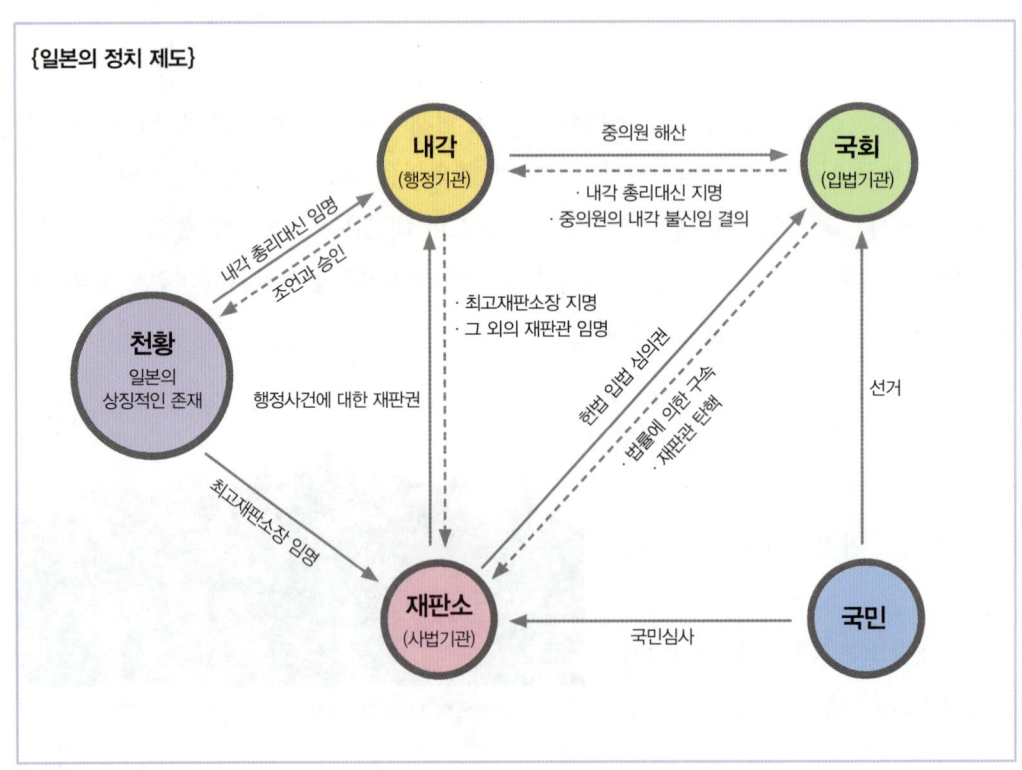

02 일본의 경제와 통화

일본은 수정자본주의 경제체제를 채택하고 있다. 최근까지 불경기가 지속되고 있지만 국내 총생산 규모로는 여전히 미국, 중국과 어깨를 나란히 하는 세계 3위의 경제대국이다.

일본 경제는 제2차 세계대전 이후부터 70년대까지 30년간 급속한 발전을 이루었다. 특히 패전 이후 붕괴상태에 가깝던 일본 경제는 1950년대 한국전쟁을 계기로 경제 발전이 급속도로 이루어졌고, 1955년부터 1973년까지는 고도경제성장기로 이 시기의 GDP 평균 증가율은 9%에 달했다. 또한 이 시기에는 노동집약적인 산업의 발달로 농촌에서 대도시로의 인구이동이 가속화되었다. 1973년부터 1991년까지는 안정성장기로 실질적인 GDP 증가율은 4.2%였다. 1973년 10월 제4차 중동전쟁이 발단이 된 석유파동으로, 원유 가격이 급등해 물가가 폭등하여 1974년에는 마이너스 성장이라는 결과를 낳기도 하였지만, 자동차 등 기술집약적인 제품의 수출 증가로 다시 성장세로 돌아섰다.

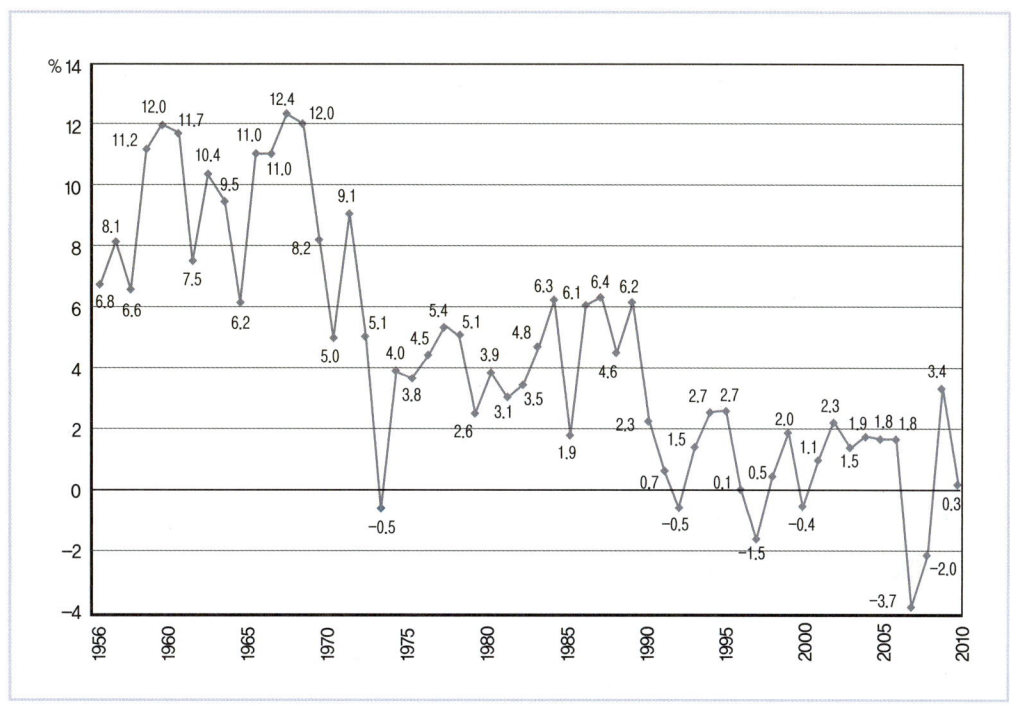

↗ 일본의 경제성장률 추이. 〈일본 내각부〉

1980년대 들어서 자동차를 비롯한 일본 제품의 미국 수출이 증가하면서, 미국의 노동자들이 일자리를 잃고 실업률이 증가하면서 미국 내에서 보호무역주의에 대한 요구가 거세어졌다. 이에 미국은 달러 강세로 인한 수출경제력 약화로 무역수지 불균형과 경상수지

적자가 확대되는 것을 막기 위해, 환율의 대외 불균형 조정을 요구하기에 이르렀다. 1985년에 행해진 이 플라자합의[2]로 합의 다음날 환율은 즉각 1달러 215엔으로 전날에 비해 20엔 하락했다. 이후 1987년 말에는 1달러 120엔으로 100% 평가절상되었다. 그러자 일본은행(日本銀行)은 엔고로 인한 내수불황과 핫머니의 유입을 염려하여 금융완화를 실시하였다. 이에 기업과 가계는 저금리로 대출을 받아 주식과 부동산에 투자하여 지가와 주가가 급격히 상승하고, 일본 기업들은 해외 자산 매입[3]에 적극적으로 관여하는 등 일본 경제는 엄청나게 팽창해 나갔다. 그러나 이 버블경기[4]는 1990년대 들어 실물경제가 후퇴하면서 1991년 붕괴되고, 주가와 자산 가치가 급격히 하락하면서 일본 경체가 침체기에 들어가기 시작했다. 2000년대에 들어서는 수출과 공업 생산 등의 호조에 힘입어 조금씩 나아지고 있었으나, 2007년 후반부터 2008년에 걸친 미국의 경제 불황과 금융 위기로 일본 경제도 다시 휘청거리게 되었고, 경제 위축으로 일본 국민들의 생활도 어렵게 되었다. 버블 붕괴 후 현재까지 이어지는 장기불황을 일본인들은 '잃어버린 20년'이라고 부른다.

↗ 플라자합의의 무대가 된 뉴욕 플라자호텔.

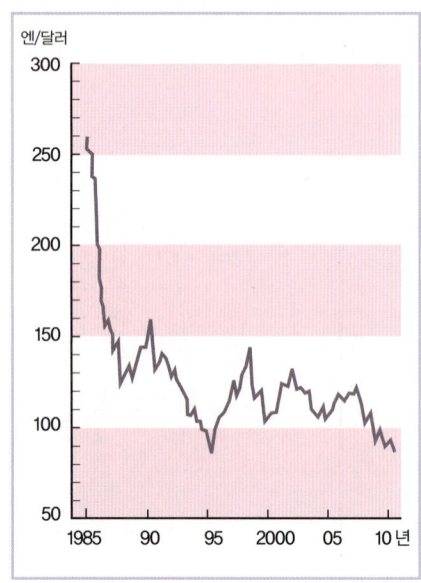

↗ 플라자합의 후, 일본 엔의 환율 변화.

전후 일본 경제는 농업을 중심으로 하는 1차 산업 위주였으나 1950년대부터 2차 산업과 3차 산업에 종사하는 인구가 점점 증가하여, 현재는 3차 산업 종사자의 비율이 약 70%로 가장 많고, 1차 산업 종사자는 4%밖에 되지 않는다[5].

---

2 1985년 9월 22일 뉴욕의 플라자호텔에서 G5의 재무부장관과 중앙은행 총재가 미국의 무역수지 개선을 위해 외환시장에 개입할 것을 결정한 회의로, 일본의 엔과 독일 마르크화의 가치가 인상되었다.
3 소니의 컬럼비아 영화사 인수, 미쓰비시의 록펠러센터 구입 등도 이 시기에 이루어졌다.
4 1986년 12월부터 1991년 2월까지 지속된 호경기.
5 『통계로 보는 일본 2010』, (재)일본통계협회

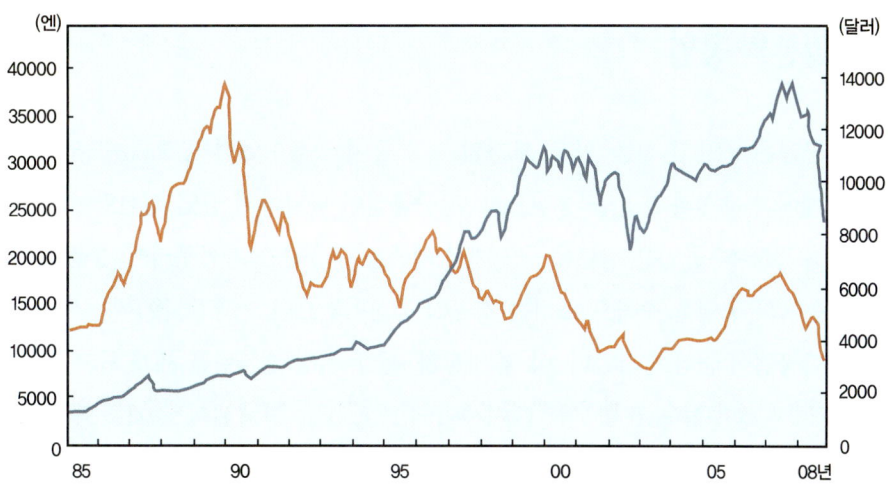

↗ 플라자합의 후 일본과 미국의 주가 변화.

일본의 소득세는 누진세로 연봉 2천만 엔 이상 소득자에게는 40%의 세율이 적용된다. 소비세는 5%인데 2012년 정부가 10%로 상향 조정하려고 노력 중이다. 이는 일본 정부가 경기 침체 등으로 인한 세수 부족을 매년 국채로 보충해 가고 있어, 1990년도 말에 166조 엔이었던 국채가 2009년도 말에는 581조 엔으로 늘어났기 때문이다. 이에 대해 세출을 줄이고 세입을 늘리는 것이 필요하다는 여론이 팽배하였지만, 저출산과 초고령사회가 된 일본은 금후 사회복지비용 등의 증가로 세출을 줄이는 일은 불가능하므로 세수를 늘리는 방법의 하나로 소비세 인상이 거론되고 있다.

일본의 통화단위는 엔(円)이며 '¥'으로 표기한다. 동전과 지폐가 일반적으로 사용되는데, 지폐는 1,000엔, 2,000엔, 5,000엔, 10,000엔의 4종류가 있고, 동전은 1엔, 5엔, 10엔, 50엔, 100엔, 500엔의 6종류가 있다. 50엔과 100엔짜리 동전은 버스나 공중전화, 자동판매기 등에 폭넓게 쓰인다. 1엔짜리는 소비세를 지불할 때 편리하게 쓰인다.

↗ 일본 화폐.

03 일본의 공업

일본의 공업은 19세기 직물, 양조, 도자기 제조 등이 중심이었던 공장제 수공업에서 제1차 세계대전 때에는 제철과 조선을 중심으로 한 중공업이 발달하여 공업 생산량이 농업 생산량을 앞질렀다. 일본의 공업은 원료를 수입해서 제품을 수출하는 가공무역이 발달했는데, 1945년 이전에는 섬유공업을 주축으로 하는 경공업 중심이었으나, 전후(戰後)에는 기계, 금속, 화학의 중화학공업이 중심이 되었다. 이 중 자동차, 선박, 철강 생산량은 세계 최고를 자랑한다.

2011년 일본 총무성(総務省)의 「헤이세이(平成) 21년 경제센서스 기초조사」에 의하면 일본의 제조업 수는 44만 8천 개로 이 중 고용자 300인 이하의 중소기업이 차지하는 비율이 99.5%이다. 또한 중소기업 중 고용인 20인 미만인 소규모 기업의 비율이 약 89%로, 이를 보면 일본의 경제는 중소기업에 달려 있다고 해도 과언이 아닐 것이다.

철강업은 일본의 대표적인 금속공업으로 생산고는 세계의 톱클래스에 속한다. 전기기기, 정밀기계 등의 생산도 활발하며, 특히 세계적인 기술력을 보유하고 있는 기계공업은 전 수출액의 70%를 차지한다.

일본의 자동차산업은 전후 연합국에 의해 항공기 관련 사업이 금지되자, 항공기 개발에 종사하던 기술자들이 자동차산업으로 옮겨 가면서 기술이 대폭 진보했다. 자동차산업은 1960년대에는 국내 소비 중심이었으나, 1970년대 이후에는 미국을 중심으로 한 수출에 중점을 두게 되었다. 이러한 상황은 미국의 자동차 시장에 심각한 타격을 주어 무역마찰의 원인이 되기도 하였는데, 1980년대 말부터는 미국을 중심으로 한 현지 생산 정책으로 마찰을 해소하기 위해 노력하고 있다. 2007년에는 처음으로 해외 생산량이 일본 국내 생산량을 앞서기 시작했다. 최근에는 하이브리드

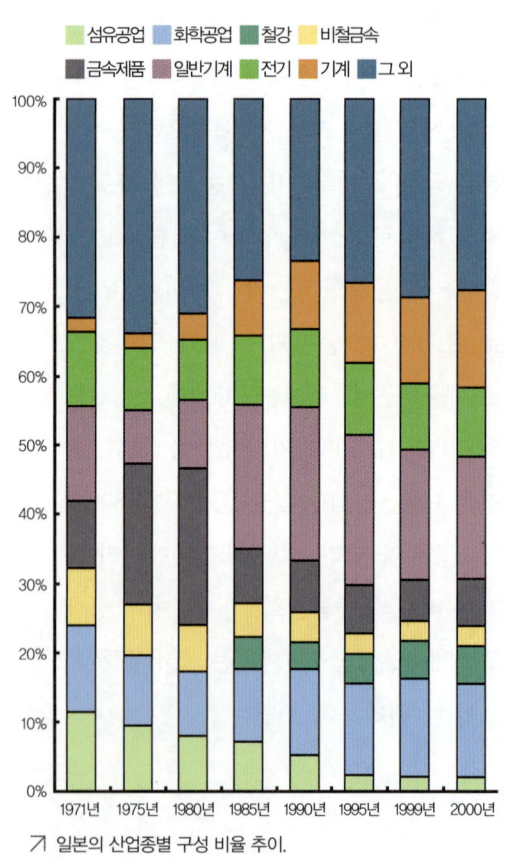

ㄱ 일본의 산업종별 구성 비율 추이.

자동차와 수소연료 전지자동차6 등의 개발과 생산에 박차를 가하고 있다.

화학공업은 합성고무를 생산하는 석유화학공업이 중심이다. 또한 화학 비료와 약품의 생산도 많이 이루어지고 있다.

섬유공업은 1945년 이전에는 일본의 공업을 주도하는 업종이었다. 현재는 값싼 중국 제품과 유럽의 명품에 밀려 1990년대에 비해 많이 침체되어 있다.

↗ 2012년 파리 모터쇼에서 선보인 일본의 하이브리드 자동차.

식료품공업은 농축산물과 수산물을 가공해서 식료품을 만드는 업종으로, 약 120여 만 명이 종사하고 있으며, 생산량 약 32조 엔으로 일본의 중요한 공업이다.

일본은 지하자원이 빈약하여 대부분의 공업원료와 동력자원을 외국에서 수입하고, 그 원료를 사용하여 생산된 제품을 외국으로 다시 수출하는 가공무역이 발달하였는데, 1980년대부터는 전자산업과 기술 집약적 공업을 발전시켜 왔고, 1990년대 이후 반도체, 생명공학 등 첨단산업 육성에 치중하고 있다.

일본은 2000년도에 들어서서는 인문·사회과학과 자연과학 분야에 중점 투자를 하고 있다. 2010년 일본의 연구개발비 총액은 17조 1,100억 엔으로, 이 중 15조 7,423억 엔이 자연과학 연구에 투자되었다. 또한 자연과학의 연구개발에 종사하는 인력은 2010년 현재 약 74만

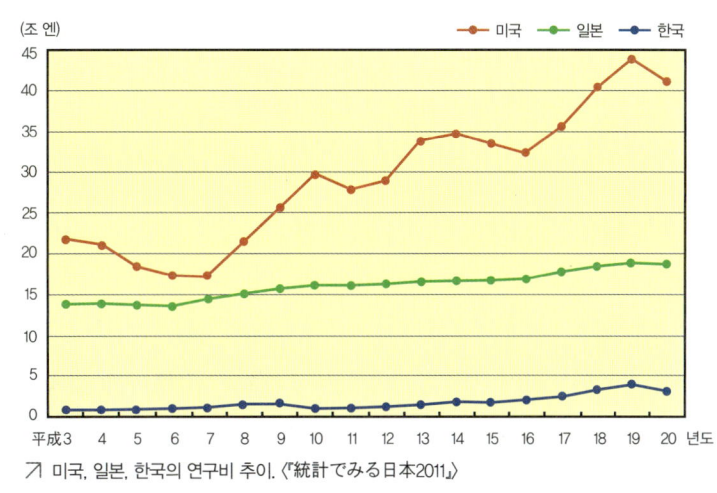

↗ 미국, 일본, 한국의 연구비 추이. 《統計でみる日本2011》

명 정도로, 일본이 과학 연구에 투자하는 규모는 상당하다. 총무성 통계국(統計局)의 자료에 의하면 2010년 산업종별로는 자동차, 정보통신, 의약품 순으로 많은 연구비가 투자되었다. 일본은 이뿐만 아니라 핵에너지, 항공우주, 해양과학, 생명과학, 환경보존 등 새로운 분야에도 다각도로 힘을 쏟고 있다.

---

6 공해를 일으키는 배기가스를 배출하지 않는다. 오직 물만 배출한다.

04 일본의 농업

일본은 산지가 많고 평지가 적어 농림수산성(農林水産省)의 발표에 따르면 2012년 7월 현재 총 경작면적은 454만 9천ha로 국토 전체의 12%밖에 되지 않는다. 일본의 농업은 가족 단위의 소규모 경작이 많은데, 한 농가당 평균 경작면적은 2012년 3월 현재 2.27ha이다. 이는 홋카이도(北海道)의 농지를 포함한 수치로, 홋카이도를 제외한 일본 농가의 평균 경작면적은 1.6ha에 불과하다. 홋카이도의 한 농가당 경작면적은 24.24ha이다. 일본 농가 중 경작면적이 2ha 미만인 농가가 전체의 80%를 차지한다.

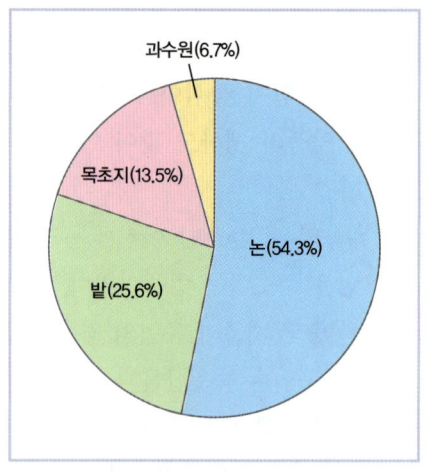

↗ 일본의 경지 종류별 면적 비율.
〈농림수산성 2012년 10월 공표〉

일본의 농가 수는 1960년의 437만 6천 호에서 2012년에는 161만 7천 호로 약 65% 정도 감소했다. 전후(戦後)의 고도성장으로 제조업과 서비스업의 경제가 성장함에 따라 농촌의 젊은 사람들이 일자리를 찾아 도시로 떠나면서 농촌은 65세 이상이 농업인구의 60%를 차지하게 되었고, 계속되는 농가의 고령화로 인해 경영 효율 저하로 농업을 포기하는 농가들이 늘고 있는 실정이다. 최근에는 새로운 기법으로 특수작물을 재배하는 농가가 조금씩 증가하여 2008년에는 농업인구가 7만 명이 넘었는데, 귀농한 사람들이 대부분을 차지한다.

쌀은 1960년대까지는 농업의 주축으로 농축산물 생산액의 절반을 차지하였으나, 2012년 현재는 축산 30%, 야채 25%에 이어 20%로 3위에 머무르고 있다.

홋카이도와 규슈 지방(九州地方)은 축산, 호쿠리쿠 지방(北陸地方)[7]과 도호쿠 지방(東北地方)은 쌀, 간토(関東)·도카이(東海)·시코쿠(四国) 지방은 야채와 과일 재배가 많이 이루어지고 있다.

일본의 농업 자급률은 2012년 12월 현재 약 39%에 지나지 않는다. 일본에서 자급자족이 가능한 것은 쌀 정도이고, 이외 부족한 것들은 전부 수입에 의존하고 있다. 특히 콩과 밀가루는 소비량의 약 95% 정도를 수입에 의존하고 있는데, 일본 총수입액의 8%나 된다. 또한 식생활의 서구화로 육류 소비가 증대되어 1960년대에는 쇠고기, 돼지고기, 달걀 등은

---

7 후쿠이(福井)·이시카와(石川)·도야마(富山)·니가타(新潟)의 4개 현을 이른다.

거의 국내 자급이 가능했으나, 현재는 쇠고기의 경우 소비량의 50%를 수입에 의존하고 있다.

1988년에는 대일무역수지를 개선하기 위한 미국의 압력으로 쇠고기와 오렌지가 그간의 수입할당을 폐지하고 관세화로, 1999년에는 쌀이 1993년의 일부 자유화에서 관세화로 바뀌었다.

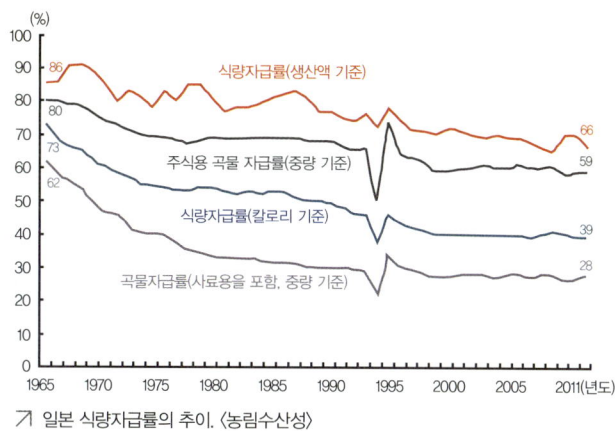
↗ 일본 식량자급률의 추이. 〈농림수산성〉

05 일본의 임업

일본은 국토의 70% 정도가 산악지대이며 삼림률은 67%에 달한다. 또한 국토가 남북으로 길게 자리해 여러 기후대가 존재하여 이에 따라 수종(樹種)도 매우 다양하지만, 현재 일본의 임업산업은 쇠퇴의 길을 걷고 있다.

전후(戰後)부터 1950년대에 걸쳐 일본에서는 전쟁으로 파괴된 건물 등의 재건을 위해 목재 수요가 급증했다. 그러나 전쟁 중의 난벌과 자연재해 등으로 공급이 수요를 따라가지 못하자, 일본 정부는 활엽수인 마을 근처 산의 잡목림과 깊은 산의 천연림을 벌목하고, 그 자리에 성장이 빠르고 경제적인 가치가 높은 침엽수림을 심는 확대조림정책(拡大造林政策)8을 실시했다. 또한 에너지혁명(エネルギー革命)9으로 가정의 연료가 숯과 장작에서 가스와 전기, 석유로 옮겨가던 시기와 겹쳐 값싼 잡목림과 활엽수보다는 건축 자재로 쓰이는 삼나무와

---

8 이 정책에 의해 심어진 인공림이 현재 일본 삼림 면적 2,500만ha 중 1,000ha를 차지한다.
9 1960년대 주연료가 석탄에서 석유와 천연가스로 전환된 것을 말한다.

노송나무의 경제적 가치가 더 높아졌기 때문이었다. 증가하는 목재 수요를 위해 일본 정부는 1964년 목재 수입을 전면 자유화시켰다. 국내 목재에 비해 저렴하고 대량 공급이 가능한 외국 목재에 대한 수요는 점점 높아가고, 엔고 현상으로 인해 수입량은 점점 증가해 1980년경을 정점으로 일본 국내의 목재 가격이 계속 하락하면서 기업의 경영이 힘들어지게 되었다.

1960년 임업에 종사하던 인구는 약 44만 명이었으나 2007년 현재 5만 명으로 대폭 감소했다. 힘든 일을 기피하는 젊은이들이 늘어난 탓도 있지만, 경제적으로 수지가 맞지 않기 때문이기도 하다. 임업에 의지했던 지역들은 임업의 쇠퇴와 함께 활기를 잃어가고, 젊은이들은 도시로 일자리를 찾아 떠나 고령화가 가속되는 등 심각한 문제를 낳고 있다.

1955년 일본의 목재 자급률은 90%를 넘었으나, 2011년 현재는 겨우 26.6%를 웃돌고 있으며, 목재 사용량의 77%를 외국 수입에 의존하고 있다. 목재의 최대 수입국은 호주, 캐나다, 러시아, 미국 순이며, 가장 많이 수입되는 수종(樹種)은 삼나무이다. 최근에는 통나무보다 펄프의 수입이 더 많아지고 있다. 자원보호를 이유로 통나무 수출을 꺼리는 국가들이 늘었기 때문이다. 수입된 나무들은 펄프용, 제재용, 합판용으로 쓰인다.

현재 일본은 국내 목재의 적채와 함께 비용 문제로 간벌을 하지 못하고 방치되어 제 기능을 잃어가는 인공림에 대한 문제가 환경문제로까지 대두되고 있다. 이로 인해 일본의 임업 관계자들이 각 단체장과 정부에 대해 임업 활성화에 대한 지원을 절실하게 요구하고 있다.

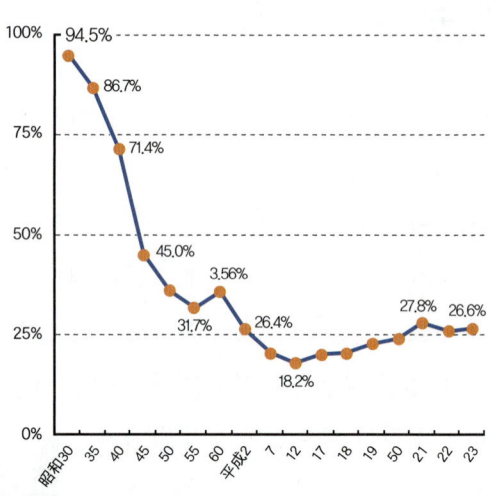

↗ 일본의 목재 자급률 추이. 〈임야청(林野庁)〉

06 일본의 수산업

일본은 세계 4대 어장 중 하나인 북서태평양어장에 속해 있어 수산업이 매우 발달했다. 북서태평양어장은 한류인 쿠릴해류와 난류인 구로시오(黒潮)가 만나 플랑크톤이 풍부하고

대륙붕이 발달하여, 세계 제1의 어획량을 자랑한다. 또한 리아스식 해안이 발달하여 항구가 들어서기에 좋은 입지를 제공한다.

훗카이도의 구시로항(釧路港), 아오모리현(青森県)의 하치노헤항(八戸港), 미야기현(宮城県)의 게센누마항(気仙沼港)과 이시노마키항(石巻港)은 10만 톤 이상을, 지바현(千葉県)의 조시항(銚子港)과 시즈오카현(静岡県)의 야이즈항(焼津港)은 남태평양과 인도양의 원양어업 기지로서 20만 톤 이상의 어획량을 올리고 있다.

↗ 홋카이도의 우토로항(ウトロ港) 풍경.

오호츠크해에서는 청어, 연어, 명태, 가자미 등이 많이 잡히고, 동해 쪽에서는 오징어, 게, 방어, 고등어가 많이 잡힌다. 시코쿠와 규슈의 어장은 도미, 전갱이, 참치 등의 어획량이 많다.

일본인에게 어패류는 예로부터 중요한 식자재 중 하나로, 일본인은 1인당 하루 약 80g의 어패류를 섭취한다. 이는 2009년 국제연합 식량농업기구의 자료에 의하면 세계 6위에 해당하는데, 인구수를 고려하면 실질적으로 어패류의 연간 소비량은 일본이 세계 1위라고 보아야할 것이다. 최근에는 젊은층을 중심으로 육류 섭취량이 증가하는 경향이 강하지만 건강을 생각하는 사람들도 많아져 수산물의 소비량은 현상을 유지하고 있다.

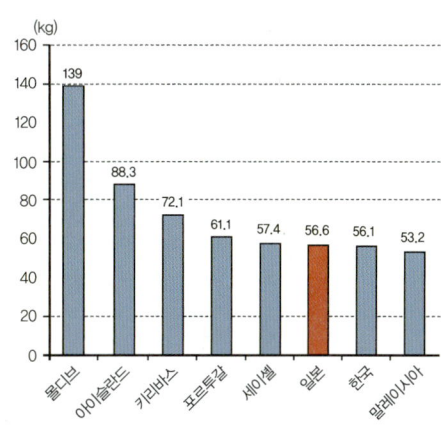

↗ 주요국의 1인당 연간 어패류 소비량.

일본의 연안어업은 10톤 미만이나 무동력 어선을 이용하는데, 주로 잡히는 어종은 정어리, 전갱이, 고등어, 오징어, 조개와 해초 등이다. 근래에는 바다로 흘러든 가정과 공장의 오폐수로 인해 어획량이 감소하고 있는데, 1985년 227만 톤을 최고점으로 하여 2011년 현재 113만 톤 정도로 약 50% 감소했다.

근해어업은 10톤 이상의 어선이 먼 바다에 나가서 조업을 하는데, 주로 정어리, 전갱이, 가다랑어와 같은 대중적인 생선을 주로 잡는다. 근해어업은 1970년대부터 1980년대 중반에 걸쳐 어획량이 증가해 일본 어업의 주축이 되었으나, 1977년 일본이 수산자원보호와

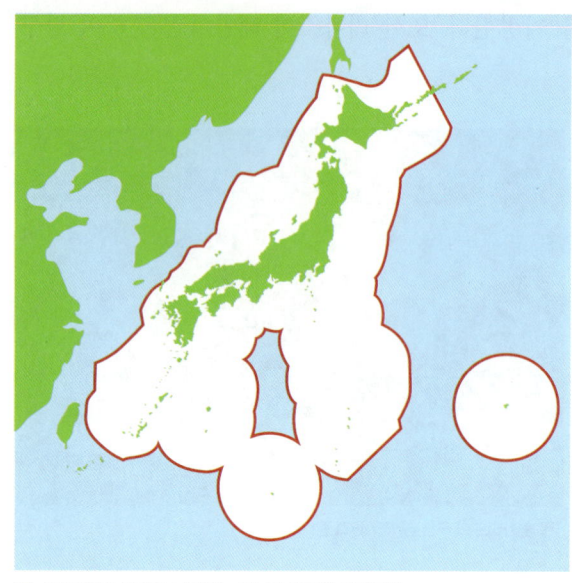

↗ 세계 6위의 면적을 자랑하는 일본의 배타적 경제수역.

자국의 어업 발전을 위해 200해리 경제수역을 받아들이면서 1980년대 말부터 어획량이 감소하고 있다. 외국의 어업수역 내에서 조업할 때는 입어료를 지불해야 하기 때문이다. 어획량은 1984년 696만톤을 피크로 2011년에는 224만톤으로 대폭 감소했다.

일본의 원양어업은 전후(戰後)의 경제성장과 함께 급속하게 증가해 근해어업과 함께 일본 수산업을 이끌어 왔으나, 1973년의 석유 파동으로 인한 어선의 연료비 부담과 1980년대부터의 엔고로 인하여 저렴한 수입 어패류로 대처되고 있어 급속하게 쇠퇴해 오고 있다. 1973년 399만 톤이던 어획량은 2011년 43만 톤에 그쳤다.

북태평양 수역에서는 일본, 러시아, 미국, 캐나다 등의 나라들이 연어와 송어 등을 잡고 있으며 동중국해에서는 일본과 한국, 중국이 어업협정을 맺고 조업하고 있다.

이런 변화하는 환경에서 일본의 수산업은 양식업을 중심으로 발전하고 있다. 양식장에서 부화시키거나 바다에서 잡은 치어(稚魚)와 치패(稚貝)를 가두리어장에 넣어 기르는 양식업과, 재배어업센터(栽培漁業センター)10에서 알을 부화시켜 치어를 어장에서 기른 뒤 연안 바다와 강에 방류하여 잡는 재배어업 방식으로 어업의 생산성을 높이고 있다. 이러한 양식 어종에는 미역, 다시마, 장어, 굴, 방어, 진주, 참돔, 가리비 등이 있고, 재배 어종에는 전복, 참돔, 광어, 감성돔 등 고가 어종이 많다. 2002년에는 참치 양식에도 성공하는 등 양식어업에 있어서 세계 최고의 기술을 보유하고 있다.

↗ 마쓰시마 굴양식 일본 최대의 굴 생산지이나 동일본 대지진으로 많은 피해를 입었다.

---

10 독립행정법인 수산종합연구센터 산하 조직으로 2009년 현재 일본 전국에 10개의 재배어업센터가 설치되어 있다.

일본의 어패류 자급률은 2011년 58%이며, 주로 수입되는 어종은 새우, 참치, 게, 조개 등이다. 일본의 수산물 총수입액은 2009년 조사에 의하면 약 1조 5천억 엔에 이른다.

어업 종사자수는 1960년대 60여 만 명에서 2011년 현재 지진 피해를 입은 이와테현(岩手県), 미야기현(宮城県), 후쿠시마현(福島県)을 제외하고 약 17만 8천 명으로 파악되고 있다. 이 중 65세 이상 남성 종사자수는 5만 4천 명으로 전체 종사자수에서 차지하는 비율이 약 30%를 넘는다. 농업과 마찬가지로 경제성 악화로 인해 최근에는 겸업을 하는 어민들이 늘고 있다.

07 일본의 에너지 자원과 환경문제

일본은 세계 4위의 에너지 소비국이다. 자원이 부족하여 에너지 대부분을 수입에 의존하고 있다. 특히 석유가 나지 않기 때문에 석유 위기가 올 때마다 큰 타격을 받고 있다. 최근에는 중국과 인도의 자동차 보급과 더불어 휘발유의 소비가 늘어나고, 이에 따라 국제 유가가 상승하자 일본에서도 대책 마련에 고심하고 있다. 일본의 에너지 자급률은 원자력을 포함하여 20% 정도밖에 되지 않는다.

경제산업성 자원에너지청(経済産業省・資源エネルギー庁)의 자료에 의하면 2009년 일본의 발전량은 천연가스(29.4%), 석탄(24.7%), 석유(7.6%)를 합한 화력발전이 전체 발전량의 61.7%를 차지한다. 1970년대 들어 두 번의 오일쇼크를 겪은 후부터는 천연가스와 석탄을 주축으로 발전량이 꾸준히 증가하고 있다.

1960년대까지 일본의 주력 에너지 발전(発電)이었던 수력발전은 2009년 현재 전체 발전량의 8%를 차지하며, 1960년대 중반부터 현재까지 거의 일정한 발전량을 유지하고 있다.

1963년 처음 가동한 원자력발전은 일본 정부에서도 CO_2배출량을 줄이고 전력 가격 안정화를 위해 원자력발전의 점유율을 늘이는데 주력하고자

↗ 일본의 정유 시설.

했으나, 2011년 후쿠시마 핵발전소 사고로 핵발전소에 대한 거부감이 커져 핵발전소의 전면 폐기를 주장하는 국민들의 요구가 거세 새로운 대체에너지의 개발이 시급한 실정이다.

원자력발전은 1970년대 오일쇼크 이후 발전량이 증가하여 현재 점유율 29.2%로 화력발전 다음으로 많은 발전량을 생산하고 있다. 일본에서는 냉각수로 해수를 사용하고 있기 때문에 원자력발전소는 바닷가 연안에 많이 건설되어 있다. 특히, 후쿠이현(福井県)을 중심으로 하는 와카사만(若狭湾) 연안과 후쿠시마현의 태평양 연안에 집중 설치되어 있다. 2012년 현재 일본의 원자력 발전소는 17곳에 54기가 설치되어 있다.

↗ 후쿠이현 쓰루가(敦賀) 발전소 1호기는 일본 최초의 경수로이다.
ⓒHirorinmasa

일본은 광물의 표본실이라고 불릴 정도로 다양한 지하자원이 매장되어 있다. 그러나 산출량이 매우 적어 수입 의존도가 높다. 일본에서 자급자족되는 지하자원은 시멘트와 화학비료의 원료가 되는 석회석, 유리의 원료가 되는 규소, 화학공업과 성냥의 원료가 되는 유황 정도이다.

원유는 석유화학공업의 원료와 화력발전, 자동차 연료 등 매우 중요한 자원이다. 일본에서는 니가타현(新潟県)과 홋카이도(北海道), 아키타현(秋田県)에서 소량이 산출되지만 대부분은 서남아시아에서 수입하고 있다.

석탄은 거의 100% 수입에 의존하고 있다. 주요 수입국은 호주, 인도네시아, 러시아 등인데 특히 호주와 인도네시아에서 수입되는 양은 전체에서 82%를 차지한다. 2010년 일본은

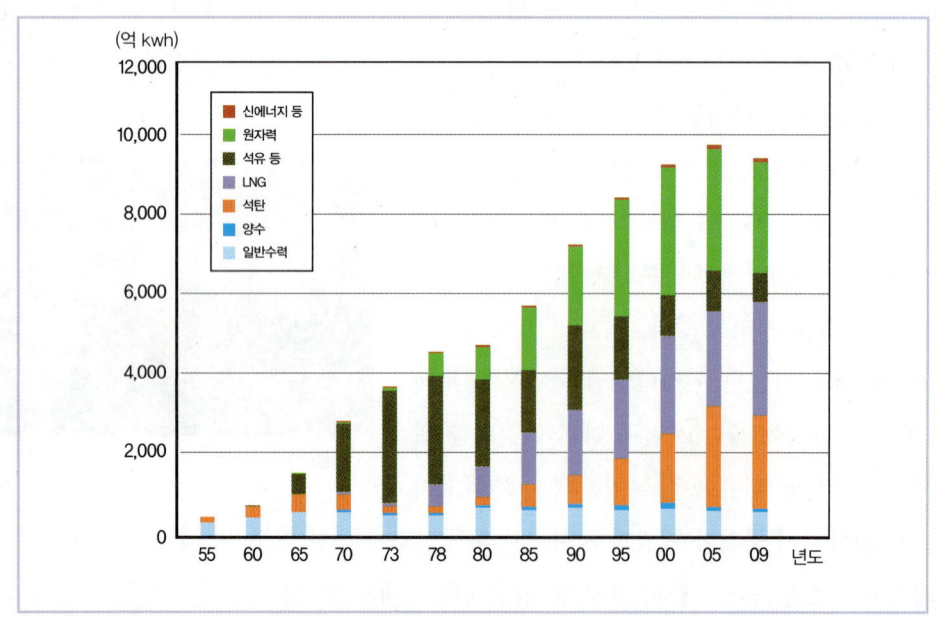
↗ 발전 전력량 추이(일반 전기 사업용). 〈자원에너지청〉

세계 석탄 수입국 1위였다.

천연가스의 국내 생산은 3.8%로 96.2%를 수입에 의존하고 있다. 철광석은 철강업의 주요한 자료로서 석탄과 마찬가지로 일본 국내에서는 거의 생산되지 않으며 호주, 브라질, 인도 등에서 수입한다.

일본의 수자원은 농업용수, 공업용수, 생활용수, 수력발전 등에 이용된다. 공업용수는 화학공업과 철광업, 제지공업, 펄프공업 등에 냉각용수와 세정용수 등으로 쓰인다. 대도시와 공업지대에서는 물을 사용하기 위해 댐 건설과 호수를 개발하는 등의 노력이 이루어지고 있고, 물의 사용 효율을 높이기 위해 하수도와 공장의 배수를 재처리하여 재이용하는 방법 등 다양한 노력이 시행되고 있다.

2000년 이후부터 이산화탄소의 과다 배출과 유해물질 발생으로 인한 지구온난화를 막기 위해 새로운 대체에너지원으로 태양열, 태양광, 지열, 풍력, 조력(潮力) 등의 자연에너지가 주목을 받고 있으나 일본에서는 아직 발전 실적이 미미한 실정이다.

한편, 일본의 고도성장은 심각한 산업공해를 동반했다. 환경오염은 소위 '4대 공해병'이라는 끔찍한 현실을 불러왔다. '4대 공해병'의 특징은 다음과 같다.

↗ 야마나시현(山梨県)에 있는 호쿠토사이토 태양광 발전소(北杜サイト太陽光発電所)의 모습.

□ **미나마타병** 구마모토현(熊本県) 야쓰시로해(八代海) 해안의 미나마타시(水俣市)에서 발생한 수은 중독에 의한 중추신경계 장애로, 주요 증상으로는 언어장애, 지각장애, 보행장애, 시력장애, 근력저하, 사지 뒤틀림 등을 보인다. 병명은 마을 이름을 따 미나마타병이라고 명명했다. 미나마타병은 근처에 있던 화학공장인 짓소(チッソ)의 폐수에서 흘러나온 유기수은에 오염된 어패류를 섭취한 것이 원인이 되어 발생했다. 1956년 처음 정식으로 환자가 보고 된 후, 1959년 병의 원인이 규명되었으나 후생노동성(厚生労働省)에서는 1968년에야 이를 인정했다. 1968년 니가타현에서 같은 증상을 보이는 미나마타병 환자가 발생했는데, 이것은 1965년 인근의 쇼와전공(昭和電工)에서 흘려보낸 폐수가 원인으로 밝혀져 만약 정부의 조치가 신속했더라면 충분히 막을 수 있었다고 보는 견해도 있다.

> □ **천식** 미에현(三重県) 욧카이치시(四日市市)에 있는 석유공단에서 배출한 아황산가스로 인한 대기오염이 원인이 되어 근처 주민들에게 천식이 발생했다.
> □ **이타이이타이병**[11] 기후현(岐阜県) 진즈가와(神通川) 상류 지역에 있는 미쓰이금속광업(三井金属鉱業)의 가미오카 광산(神岡鉱山)에서 흘려보낸 폐수 속에 있던 카드뮴이 원인이 되어, 강 하류의 도야마현(富山県) 주민들에게 발생한 병으로, 골연화증이나 골다공증 등의 증상을 보인다.

　이에 환경문제의 심각성을 인식한 일본 정부는 1971년 환경보호와 공해에 관한 업무를 담당하는 환경청(環境庁)을 설립하고, 2001년에는 환경성(環境省)으로 격상시켜 현재에 이르고 있다.

　1980년대에 들어서부터는 정부의 노력과 국민들의 의식수준 향상으로 환경오염이 많이 줄기는 했지만, 가정에서 버리는 쓰레기와 공장에서 버리는 산업폐기물의 처리 등 새로운 공해 문제가 심각하게 대두되고 있다. 이에 따라 일본은 1993년 환경기본법을 제정하는 등 자연을 살리고 환경오염을 줄이는 방향으로 정책들을 시행하고 있다. 이러한 환경문제는 일본뿐만 아니라 전 세계의 문제이기도 하며 우리들 모두의 과제이기도 하다.

　2012년 7월 일본 정부는 2010년 5월부터 시작한 미나마타병 보상 신청을 마감했다. 신청자는 65,151명으로 집계되었다. 미나마타병의 발병 후 환자 인정과 피해보상을 둘러싸고 40년이 넘는 세월 동안 주민과 해당 기업들 간의 소송이 이어졌고, 1995년 일본 정부는 미나마타병으로 인정받은 환자에 대해 일시불로 260만 엔을 지불하는 결정을 내렸다. 하지만 2004년 내려진 환자의 인정 범위를 더 넓혀야 한다는 일본 대법원의 판결 결과에 따라 잠재적 피해자에게도 보상을 지급하기로 결정하고 신청을 받았다. 최종적으로 피해자로 인정되면 1인당 210만 엔의 보상금이 지급된다. 그러나 미나마타병에 걸린 것이 알려질 경우, 자녀의 결혼 등에 악영향을 끼칠 것을 우려해 보상 신청을 하지 않은 피해자도 상당한 것으로 알려졌다. 피해자 단체들은 잠재적 피해자가 남아 있다며 구제신청 연장을 요구하고 있다. 또한 폐수 방출 중단 시점인 1969년 이전에 태어난 주민에게만 배상을 한다는 정책에 대해서도 논란이 계속 되고 있다.

---

11 고통이 상당하여 환자가 이타이 이타이〈이타이(痛い) : 아프다〉라고 호소한 것에서 병명이 붙여졌다.

08 일본의 노동문제

일본은 전후 GHQ[12]의 민주화 명령으로 많은 노동조합이 결성되었다. 전국적인 노동조합으로서 총평[13]과 동맹[14] 2대 조직이 있었다. 특히 총평은 매년 봄 '춘투(春鬪)'로 알려진 노동조건 개선 투쟁을 벌이고 있다. 1980년대 들어 노동운동이 재편되면서 1989년에는 총평과 동맹이 재편된 일본노동조합총연합회(日本労働組合総連合会), 약칭 '연합(連合)'이 결성되었다.

1993년 노동기준법이 개정되어 일본 기업에서의 최장 노동시간은 1일 8시간, 주당 40시간을 넘지 못하며, 휴일은 주 1회 또는 4주 4회 이상이 원칙으로, 초과근무를 지시할 경우에는 노조와의 협의가 필요하게 되었다. 이는 노동기준법 제36조에 근거해 만들어진 협정으로 '36협정'이라고 부른다. 이로 인해 관공서를 비롯한 대부분의 기업은 주5일제 근무를 도입하였으나, 일상화 되어 있는 초과근무 특히 퇴근해서 집에서 보는 업무에 대한 수당 미지급 문제, 연휴를 쓰지 못하는 일 등이 여전히 개선되지 않고 있다.

↗ 680만 명이 넘는 조합원을 보유하고 있는 연합 본부. 〈Lombroso 촬영〉

일찍이 일본 기업들은 대기업을 중심으로 종신고용제(終身雇用制)[15]와 연공서열(年功序列) 임금제[16]를 실시해, 근로자의 기업에 대한 충성심을 고조함과 동시에 경영에 협조적으로 참여하게 하는 관계를 유지해 왔다. 여기에 기업별 노동조합을 가미한 것이 일본의 대표적인 고용형태로, 이것이 일본 경제를 발전시키는 요인으로 인식되었다. 그러나 근래에는 능력주의, 성과주의로 임금체계가 변화는 추세이고, 성과 위주의 경쟁제도를 도입한 기업도 많이 늘어나면서, 직장에서의 이지메와 성과에 대한 압박으로 과로사와 자살이 증가해 사회적 문제가 되고 있다.

---

12 제2차 세계대전 후 연합국이 포츠담선언 및 항복문서에 입각한 대일점령정책을 추진하기 위해 일본에 설치한 연합국 최고사령부. 연합국인 미국이 GHQ 지령을 일본 정부에 하달하고 일본 정부가 실천에 옮기는 간접통치방식이 채택되었다.
13 일본노동조합총평의회(日本労働組合総評議会)의 약칭.
14 전일본노동총동맹(全日本労働総同盟)의 약칭.
15 기업이 일단 고용하면 별다른 일이 없는 한 정년을 보장하는 제도.
16 동일 기업에 장기 근속할수록 임금이 오르는 제도.

더욱이 2000년도에 들어와서는 후리타(フリータ)[17]와 파견, 계약, 파트 사원 등 비정규직 사원 등의 증가로 노동환경은 점점 열악해져 가고 있다. 아르바이트는 임금상승, 연금, 보험 혜택의 사각지대에 놓여 있다. 기업들도 신규채용을 줄이고 저임금에 또한 손쉽게 해고할 수 있는 비정규직을 선호하는 경향이다. 실제 2009년 서브프라임(subprime)[18]사태 시 위기를 느낀 일본 기업들은 파견사원과 비정규직 사원 등을 대량 해고했다. 특히 니트족(Neet族)[19]은 2001년 약 49만 명에서 2007년에 들어와서는 62만 명으로 증가해 일본의 심각한 사회문제로까지 대두되고 있다.

정규직의 비율도 1985년 83.6%에서 2008년에는 66.5%로 상당히 저하되었다. 특히 남성에 비해 여성의 정규직 비율이 많이 하락했다[20]. 여성의 정규직 상황을 살펴보면 1995년에는 60.9%였던 것이 2008년에는 46.5%로 급격하게 하락했다. 여성의 정규직 이외의 형태는 파트타임 33%, 파견과 계약 등 12.8%, 아르바이트 7.6% 순이다.

2012년 일본 총무성의 발표에 의하면 일본의 2012년 11월 실업률은 4.1%이며, 실업자 수는 약 271만 명 정도이다. 대졸자 초임의 월급은, 남자가 평균 20만 엔, 여자가 평균 16만 엔 전후로 2000년대에 들어와서 오르지 않고 있는 실정으로, 물가 상승에 의해 오히려 실질임금은 적어지는 현상이 벌어지고 있다.

↗ 아르바이트 모집 광고.

09 일본의 사회보장

일본은 사회보장이 매우 잘 되어 있는 나라 중의 하나이다. 일본의 사회보장은 생존권을 보장한 「일본국헌법(日本国憲法)」 제25조에 근거해 사회보험, 공적부양, 사회복지, 공중위생의

---

[17] 아르바이트로 생계를 이어가는 사람.
[18] 서브프라임 모기지 사태를 말한다. 2007년 발생한 서브프라임 모기지 사태는 미국의 TOP 10에 드는 초대형 모기지론 대부업체가 파산하면서 시작되어, 세계 국제금융시장에 신용 경색을 불러온 연쇄적인 경제위기를 말한다.
[19] Not Educaition, Employment or Training의 약자. 15세~34세 사이로 학교도 다니지 않고 일도 하지 않는 사람을 말한다.
[20] 『統計でみる日本2009』〈日本統計協会〉

네 가지로 나누어 운영되고 있으며, 사회보험에는 의료보험, 연금보험, 개호(介護) 보험[21], 고용보험, 노동자재해보상보험 등이 있다.

일본의 의료보험은 1922년에 제정된 일본 최초의 사회보장제도로, 샐러리맨이나 그 가족을 위한 건강보험과 자영업자, 농업종사자, 무직자, 일본에 거주하는 외국인 등을 대상으로 하는 국민건강보험이 있다.

국민건강보험은 1938년에 창설된 후, 1961년 전 국민 보험체제가 전면 실시되었다. 매월 보험료를 납부하면 병원에서 진료비의 20%~30%의 비용 부담으로 의료 서비스를 받을 수 있다. 건강보험의 보험료는 급여에 따라 이율 및 금액이 정해져 있으며, 근로자와 고용자가 절반씩 부담하는 시스템으로 되어 있다.

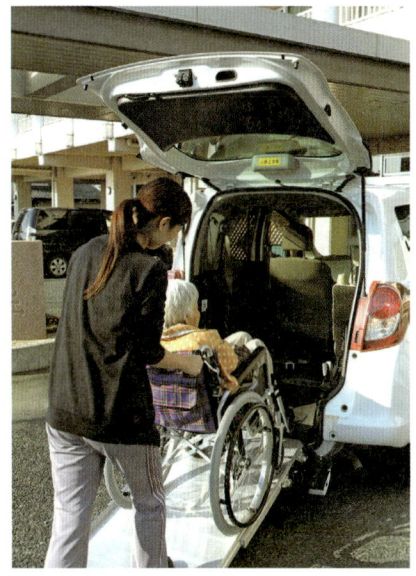
↗ 개호보험.

현재 일본의 연금제도는 1961년 전국민연금 가입이 확립된 이후, 1985년 고령화사회에서도 건전하고 안정된 연금제도의 수립을 위해, 국민공통으로 기초연금을 지급하는 제도로 개정되었다. 여기에 샐러리맨과 공무원은 각각 후생연금보험과 공제연금을 추가로 가입하고 있다. 납입료는 급여에 따라 다르며 고용주와 절반씩 나누어 부담하게 되어 있다.

개호보험은 빠르게 고령화되어 가는 일본에서 고령자의 개호문제가 노후 최대의 불안 요소로 인식되어 2000년 시행된 제도로, 독일에 이어 세계에서 두 번째로 도입되었다.

고용보험에 가입되어 있으면 해고나 도산, 계약 해지 등으로 일자리를 잃었을 경우 수당을 받을 수 있다. 보험료는 사업주와 근로자가 절반씩 부담한다. 수당은 실업일수만큼 지급되며, 최근 6개월간의 임금을 180으로 나눈 금액의 45%~80%를 지불받는다. 실업수당의

↗ 일본 직장인의 의료보험증.

---

[21] 병으로 보살핌이 필요한 고령자 등에게 제공되는 서비스로 각 지방행정기관에서 책임진다.

1일 하한액은 1,640엔이며, 상한액**22**은 수급자의 연령에 따라 다른데, 30세 미만은 6,295원, 30세~45세 미만은 6,990엔이다. 또한 수급일수는 10년 미만의 근로자는 90일, 20년 미만은 120일, 20년 이상은 150일로 정해져 있다.

노동자재해보상보험은 근로자가 업무상 또는 통근 시 재해를 입었을 경우, 근로자 또는 근로자의 부양자나 유족을 보호하기 위한 것으로, 근로자를 한 명이라도 고용하고 있는 사업주는 반드시 가입하도록 법으로 정해져 있으며, 보험료는 사업주가 전액 부담한다.

공적부양이란 생활보호제도로 생활이 어려운 사람들에게 국가가 주택, 생활비, 교육비 등을 원조하는 것을 말한다.

사회복지란 고령자와 장애자, 보호자가 없는 아동 등 일을 하기 어려운 상황에 처한 사람들을 보호하고 원조하는 제도이다.

공중위생은 보건소 등을 중심으로 감염과 전염병을 예방하고, 환경을 위생적으로 개선하는 것을 말한다.

일본은 현재 고령자의 인구비율이 약 23%로 초고령사회이다. 고령자의 증가에 의해 현재는 생산연령 인구 2.6명이 한 명의 고령자를 부양하고 있지만, 2060년에는 1.2명이 한 명의 고령자를 부양해야 하는 부담을 안고 있다.

이에 일본 후생노동성은 다음 세대의 부담을 덜어주기 위해 사회보장제도의 정비가 필요함을 인식하여, 2011년 사회보장개혁추진본부를 설치하여 모든 세대에 대응할 수 있는 사회보장을 위해 개정을 추진하고 있다.

예를 들면, 기존의 연금, 의료, 개호 등 고령자 중심의 보장에서 아이의 교육과 보육에 대한 지원을 추가하고, 단기근로자에게도 샐러리맨과 같은 사회보장을 받을 수 있도록 하고, 저소득층 고령자의 보험료를 경감 시키는 것 등이다.

또한 현재 초고령사회에 대한 대책으로 양로원의 건설, 시설 정비, 홈 헬퍼 등의 증원 등을 시행하고 있다. 제품이나 건물도 장애인과 노인들이 불편함 없이 사용할 수 있도록 하기 위한 공용품

↗ 플러그 양쪽에 튀어나온 부분을 가볍게 누르면 힘 들이지 않고 간단하게 플러그를 뺄 수 있게 고안된 공용품.

---

22 45세~60세 미만은 7,685엔, 60세~65세 미만은 6,700엔, 65세 이상은 6,395엔이다.

(共用品)의 서비스화도 함께 시행하고 있다. 아울러 이러한 고령자와 장애자가 사회로부터 소외되지 않도록 하기 위하여, 마음으로부터 차별 의식과 편견을 없애는 시민운동도 병행하여 실시하고 있다.

3 일본인의 생활

- 01 일본인의 기질
- 02 일본의 길거리 풍경
- 03 일본의 장례문화
- 04 일본의 혼례문화
- 05 일본의 통과의례
- 06 일본의 가족제도
- 07 일본의 제례
- 08 일본의 취학제도 및 교육기관
- 09 일본인의 성(姓)과 이름
- 10 일본의 경축일

01 일본인의 기질

일본인을 나타내는 특징 중 하나로 혼네(本音)와 다테마에(建前)를 들 수 있다. 혼네는 진심, 다테마에는 체면치레로 하는 겉마음을 뜻한다. 일본인은 상대방에게 '안 돼'라고 확실하게 거절 의사를 표현하는 것은 실례라고 여겨, 애매하게 표현하는 것이 습관화되어 있다. 예를 들어 일본의 화장실에 가면 '항상 화장실을 깨끗이 사용해 주셔서 감사합니다'라고 쓰여 있는데, 이것은 '화장실을 깨끗하게 사용해 주세요'라는 의미로 받아들여야 한다.

일본인들이 혼네와 다테마에를 가질 수밖에 없는 이유를 자연지리적인 요인에서 살펴보면, 이민족을 접할 기회가 없는 섬나라의 좁은 평야에서 유대감이 높은 공동체를 형성하며 살아왔기 때문에, 상대방이 '다테마에'로 말해도 '혼네'를 짐작할 수 있었으므로, 굳이 상대방의 마음을 상하게 하는 '혼네'로 말할 필요가 없었기 때문이었다. 또한 역사적인 요인으로는, 오랜 세월 동안 무사의 통치 하에 있던 일반 백성들은 목숨과 연결되는 의사 표현에 신중을 기할 수밖에 없었기 때문으로 보고 있다.

일본인의 또 다른 특징으로 '화(和)'의 정신을 들 수 있다. 일본 사회는 개인의 자유나 개성보다 학교, 회사, 사회 등의 '단체'가 우선시되며, 이 공동체의 질서와 안녕, 추구하는 목표를 위한 화합을 무엇보다도 우선시한다. 따라서 '화(和)'를 위해 자신의 감정을 제어할 줄 아는 사람을 높이 평가하고, 얼굴에 감정을 직접적으로 여과 없이 드러내는 사람을 몰상식하다고 여겨 경멸한다.

일본인들은 어려서부터 남에게 폐를 끼치지 않도록 교육받는데, 지하철에서 발을 밟으면 발을 밟힌 사람도 "스미마셍(すみません : 미안합니다)"이라고 인사한다. 상대방의 발 디딜 곳에 자기가 발을 놓아서 미안하다는 뜻으로, 상대방에 대한 배려 차원에서 하는 사과이다. 일본인들은 남에게 폐를 끼치지 않기 위해 여럿이 나란히 길을 걷는 것도 피한다.

또한 일본인들은 예절을 중시하는데, 인사를 할 때 부담스럽게 느껴질 만큼 허리를 굽히며, 특히 작별인사를 할 경우에는 이런 식의 인사를 여러 차례 되풀이한다. 일본인은 아침에 일어나서부터 저녁에 잠자리에 들 때까지는 물론이고, 식사 전후와 남의 집을 방문했을 때 등에 반드시 인사하는 습관을 가질 수 있도록 어려서부터 교육받는다. 이러한 모든 것들이 합해져 일본인의 기질을 이룬다고 볼 수 있다.

02 일본의 길거리 풍경

일본의 거리는 도시나 농촌 할 것 없이 비교적 깨끗한 편이다. 물론 장소에 따라 다르기도 하겠지만 자기 집이나 상점 앞은 깨끗이 청소하여 주변 사람이나 행인들이 불쾌감을 느끼지 않도록 하는 것이 당연하다고 여긴다.

일본 길거리에서 가장 많이 볼 수 있는 것 중의 하나는 자동판매기이다. 일본은 자동판매기의 나라라고 해도 과언이 아닐 정도로 종류가 다양하다. 신문이나 잡지, 담배, 술, 음료수는 물론 다코야키(たこ焼き)를 비롯하여 삼각김밥, 야키소바(焼きそば) 등의 따뜻한 음식까지도 자동판매기에서 구입할 수 있다.

2010년에는 도쿄(東京)의 시부야역(渋谷駅) 구내에 바나나 자동판매기가, 2011년 1월에는 역시 도쿄의 가스미가세키역(霞ヶ関駅)에 사과를 먹기 좋게 껍질을 깎아 주는 자동판매기가 설치되었다. 이러한 다양하고 기발한 자동판매기가 계속 개발되고 있는 덕분에 2011년 말현재 일본 전국의 자동판매기 대수는 약 3백 83만 3천 대로, 판매액은 무려 51억 7천 4백 90만 엔에 이른다. 여기에 환전기나 코인로커 등을 합하면 5백 8만 4천 대로, 판매액은 53억 2백 31만 엔[1]이나 된다.

↗ 역에 설치되어 있는 우산 자동판매기.

일본 거리의 또 다른 특색으로 코인파킹(Coin Parking)을 들 수 있다. 코인파킹은 동전을 넣고 차를 주차할 수 있는 24시간 무인시설로, 모든 것이 자동으로 처리된다. 2006년 불법주차 단속이 민간에게 위탁되면서 주차단속이 강화되고, 벌금도 도쿄(東京) 23구(２３区)의 경우 구에 따라 차이는 있지만 1만 엔 이상으로 비싸 도로뿐만이 아니라 옥외나 옥내, 주택가 주변에도 많이 설치되었다. 코인파킹은 대개 차를 주차시키면 아래에서 잠금장치가 올라와

↗ 코인파킹.

---

1 일반사단법인 일본자동판매기공업회 발표.

차를 고정시키며, 출차를 할 때에는 정산기에 주차시킨 곳의 번호를 누르고 표시되는 요금을 지불한 후 5분 이내에 출차하면 된다. 요금은 도쿄 시내의 경우 30분에 500엔인 곳에서 1시간에 600엔인 곳 등 다양하다.

기 역 주변이나 번화가에 설치되어 있는 자전거 주차장.

일본은 자전거 이용자가 많은 것으로도 유명하다. 교통비가 비싼 일본에서 자전거는 필수품으로 남녀노소 누구나 애용한다. 비오는 날 앞뒤로 아이를 태우고 우산을 쓰고 가는 젊은 엄마들도 있을 정도이다. 또한 파출소 경찰들도 자전거를 타고 순찰을 돈다. 자전거는 자동차와 마찬가지로 정해진 곳 외에 주차를 하면 견인되며, 견인료는 도쿄의 경우 23구마다 다르지만 1,000엔~3,000엔으로 비싼 편이다. 역 주변에는 대개 자전거 주차장이 마련되어 있으며, 도청앞역(都庁前駅)자전거 주차장의 경우 하루 이용료는 100엔, 한 달 이용료는 1,800엔으로 자동차에 비해 매우 저렴하다.

도쿄의 신주쿠(新宿)를 비롯하여 긴자(銀座), 아키하바라(秋葉原) 세 곳은 장소에 따라 토요일과 일요일 낮 12시부터 오후 5시~6시까지 자동차를 통제하여 '보행자 천국' 즉 차 없는 거리를 실시하고 있다. 민간단체들이 경찰을 도와 질서 유지를 위해 봉사하는데, 사람들이 편하게 쇼핑하고 거리에서 펼쳐지는 공연을 즐긴다는 점은 좋지만, 오히려 도심 중심부에 많은 인파가 몰려 범죄의 대상이 되기도 하고, 도로 통제로 우회하는 차량으로 인해 주변 도로가 극심한 교통체증을 겪는 등의 부작용도 낳고 있다.

03 일본의 장례문화

일본의 장례는 고인의 종교에 따라 불교식, 신도식(神道式), 기독교식 등으로 이루어지는데, 대개 불교식으로 치러진다. 이것은 예로부터 사람은 죽으면 모두 부처나 신이 된다고 믿어왔기 때문이다.

장례는 일반적으로 입관(入棺), 오쓰야(お通夜), 장례(葬儀)·고별식(告別式), 출관(出

棺)과 화장(火葬)의 순서로 진행된다.

일본은 대부분 화장을 하여 가족묘에 안치한다. 최근에는 장례식장에서 장례를 치르는 경우가 많고, 장례도 전문 장례회사에 맡기는 추세이다.

입관할 때는 흰색 기모노나 고인이 평소 즐겨 입던 옷을 입힌다.

오쓰야는 고인이 사망한 다음날 유족이나 친척, 가까운 친구들이 제단에 향을 계속 피우며 밤을 지새우는 것을 말한다. 오쓰야는 원래 유족과 친지만 참석했었으나, 요즘은 낮에 시간을 내어 문상을 갈 수 없는 경우 오쓰야에 참석하기도 한다.

↗ 일본 장례식장의 제단.

오쓰야 다음날은 장례식장에 영정과 고인의 시신(屍身)이 안치된 관을 중심으로 꽃으로 장식한 제단을 설치한다. 스님이 독경을 하고 유족과 친지가 모여 고인의 명복을 비는 장례가 끝나면, 고인의 친구나 고인과 교류가 있었던 문상객의 고별사 등으로 고별식을 치른다.

상복은 일반적으로 남자의 경우 검은색 정장에 흰색 와이셔츠와 검정 넥타이, 여자는 재킷이 딸린 검정색 원피스 종류를 입는다. 검은색 기모노(着物)[2] 상복은 원래 장례식 날에 입는 것이었으나 요즘에는 오쓰야 때도 입는 경우가 있다. 문상객도 검은색 정장을 입는데, 만약 학생이나 경찰관 등 제복을 입는 직업일 경우에는 제복을 입기도 한다.

고별식 후 이루어지는 화장에는 유족과 친지, 고인과 특별한 친분이 있었던 사람만 참석한다. 원래 장례와 고별식은 별개의 것이었으나 요즘에는 통합하여 지내는 경우도 많다.

고덴(香典)[3]은 장례식 때 유족에게 건넨다. 고덴은 고인과의 친분 관계에 따라서 다르지만 대개 5천 엔~1만 엔 정도로 한다.

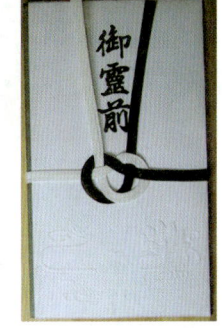
↗ **고덴 봉투** 고덴은 오쓰야나 고별식 때 유족에게 건네며, 금액은 홀수로 한다.

화장장에서 나올 때는 고인의 영혼이 찾아오지 못하도록 하기 위해 갈 때와 다른 길로 오는 풍습이 있다. 화장 후 유골함은 집의 불단에 안치하고 49일 동안 7일마다 제를 올린다. 유골함은 불교의 경우 49일째 절에 있는

---

2 일본 전통 의상.

3 부의금.

가족묘에 안치하는데, 화장장에서 바로 가족묘에 안치하는 경우도 있다.

일본에서는 장례가 끝난 후 고덴가에시(香典返し)라고 하여 장례 참석에 대한 답례로 탈상 인사 편지와 함께 차, 김, 과자, 수건 등을 넣어 보내는데, 불교는 49제, 신식(神式)[4]은 50일제(五十日祭), 크리스트교는 1개월 후의 소천기념일 제례 후에 보내는 것이 일반적이다. 지역에 따라 참석한 그날 바로 고덴가에시나 고덴의 반액을 돌려주는 곳도 있다.

장례식에 드는 비용은 평균 200만 엔 전후로 알려져 있다. 납골당에 드는 비용은 200만 엔~300만 엔 정도, 자택에 두는 부쓰단(仏壇)은 20만 엔~ 50만 엔 정도가 보통이다. 부쓰단은 개인별이 아니라 가족 단위이기 때문에 장례식 때마다 구입할 필요는 없다.

↗ 조상의 위패와 불상을 모시는 부쓰단. 〈©Gnsin〉

묘지는 영구사용료(永代使用料)라고 하여 일정 금액을 지불하고 빌리는 형식으로, 후손이 없을 경우 반환된다. 이 밖에 1년마다 묘지 관리비를 지불해야 한다. 관리비는 사원, 공공기관, 민간 등 경영자에 따라 다르지만 대개 1,000엔~1만 엔 정도이다. 관리비를 체납할 경우 묘지 사용권을 상실할 수도 있다. 근래에는 수목장(樹木葬)에 대한 관심도 높아지고 있다.

↗ 일본의 묘지는 주택가 주변에 있어 먼저 떠난 이를 가까이서 기릴 수 있다는 장점이 있다.

일본의 혼례문화

일본에서 결혼식은 일본의 전통 신앙인 신도(神道)에 따라 신식(神式)으로 올리거나, 크리스천은 아니지만 교회에서 올리는 것이 일반적이었다. 그러나 최근에는 호텔에서 결혼식을

---

4 신도(神道)의 의식.

올리는 경우가 점점 증가하고 있다.

일본에서는 결혼식과 피로연이 구분되어, 신사에서 올리는 결혼식에는 친지들만이 참석하고, 친구나 직장 동료 등은 식후에 열리는 피로연에 초대된다. 일본의 결혼식과 피로연에는 사전에 받은 초대장에 참석 의사를 밝힌 사람에 한해서만 참가할 수 있으며, 양가 모두 합쳐서 대개 50명~80명 정도의 하객이 모인다. 결혼식 경비에 관한 조사에 의하면, 결혼식과 피로연에 드는 비용은 평균 350만 엔 정도라 한다.

가 신사에서 올리는 일본의 전통 결혼식 장면.

결혼식 때 신랑 신부에게 건네는 축의금은 하객의 연령이나 신랑 신부와의 친분관계에 따라 조금씩 다르지만, 평균 3만 엔~5만 엔 정도로, 결혼 성수기에는 부담이 되는 금액이다.

일본인들의 결혼 연령은 2000년도에 들어서는 평균 초혼 연령이 남성 28.8세, 여성 27세였으나, 2010년 후생노동성(厚生労働省)의 통계에 의하면 남성은 30.5세, 여성은 28.8세로 점점 결혼이 늦어지고 있다. 또한 독신으로 지내겠다는 젊은이들도 늘어나고 있는데, 결혼 적령기 인구의 3분의 1 이상이 여기에 속한다.

일본은 결혼하면 여성의 경우 대개 남편의 성(姓)을 따른다. 그러나 직장 여성의 경우 거래처에 혼란을 줄 수 있다는 등의 이유로 예전 성을 유지하는 경우도 있다. 간혹 부인의 성을 따르는 경우도 있다. 혼인 신고는 살고 있는 주소지의 행정기관에 등록하면 된다.

일본에서 결혼 가능한 연령은 남자 만 18세, 여자 만 16세이며, 결혼 당사자 모두 미성년자인 경우 부모 중 한 쪽의 동의를 얻으면 된다.

05 일본의 통과의례(通過儀礼)

일본인이라면 누구나 자라나면서 거치는 통과의례가 있다. 대부분 어린아이의 무사안녕과 가정의 평안, 건강하게 장수하기를 기원하는 것에서 유래되었다. 주요 행사들을 정리해 보면 다음과 같다.

오비이와이(帯祝い)

오비이와이(帯祝い)는 오비(帯)는 '띠', 이와이(祝い)는 '축하'를 뜻하는데, 임신 5개월 경에 태아의 무사함과 임신부의 안전을 빌며 임신부의 배에 띠를 묶는 의식을 말한다.

시치고산(七五三)

시치고산(七五三)은 남자아이는 3세와 5세 때, 여자아이는 3세와 7세 때, 그해 11월 15일 신사에 가서 참배하고, 어린아이가 잘 성장하고 건강하도록 신에게 비는 행사이다.

↗ 화려하게 차려 입고 시치고산 행사에 참여한 아이들.

↗ **지토세아메(千歳飴)** 시치고산 때 부모가 아이의 장수를 기원하며 주는 홍백으로 물들인 긴 사탕.

야쿠도시(厄年)

야쿠도시(厄年)는 삼재(三災)[5]와 비슷한 것으로, 일생 중 재난을 맞기 쉬운 나이 즉 운수가 사나운 나이를 뜻한다. 일본인들은 이때를 잘 넘겨야 장수할 수 있다고 믿는다. 예로부터 내려오는 일본인들의 경험 철학 중 하나라 볼 수 있다.

야쿠도시는 남자의 경우 25세, 42세, 60세이고, 여자의 경우 19세, 33세, 49세이다. 해당 나이의 전후 해를 합쳐 3년을 조심해야 한다. 그중 남자 42세와 여자 33세가 가장 위험하다고 한다. 일반적으로 남자 42세는 사회에서 한창 일할 나이로 체력적으로 무리하기 쉬운 때이고, 여자 33세는 출산과 보육으로 몸이 상하기 쉬운 때이기 때문이다.

↗ 신사에서 판매하고 있는 액막이용 오마모리(お守り : 부적).

---

5 십이지(十二支)로 따지는 불길한 운수를 말함.

장수를 축하하는 행사

일본인들의 평균수명은 83세로 세계 최장수국 중 하나이다. 일본에도 예로부터 장수를 축하하고 건강을 비는 행사가 있는데, 전해 내려오는 것으로는 환갑(還曆. 61세), 고희(古希. 70세), 희수(喜寿. 77세), 슬수(傘寿. 80세), 미수(米寿. 88세), 졸수(卒寿. 90세), 백수(白寿. 99세)가 있다.

↗ 환갑을 맞이한 사람에게 보내는 빨간 잔찬코(ちゃんちゃんこ)와 하오리. 붉은색은 액막이를 한다고 믿어 빨간색 방석을 선물하기도 한다.

일본인들은 예로부터 환갑을 맞은 사람에게 빨간색으로 된 머리에 쓰는 모자와 소매가 없는 하오리(羽織)[6] 등을 선물한다. 평균수명이 길어진 요즘은 환갑 축하연은 거의 하지 않는다. 일반적으로 고희부터 축하연을 열거나 여행을 가거나 한다.

고희는 중국 두보(杜甫)의 시 구절에서 나온 '인생칠십고래희(人生七十古来稀)'에서 연유했다. 축하 선물은 환갑과 동일한데 단 보라색으로 준비한다.

희수는 한자「喜」자의 초서체가 '七' 아래에 '十七'이 붙은 것과 비슷한 것에서 유래했다. 축하 선물은 고희와 동일하다.

슬수는「八十」을 세로로 써 놓은 것이 슬(傘) 자의 약자와 비슷한 것에서 유래했다. 고희·희수와 같이 보라색의 것을 선물한다.

미수는 '八十八'을 조합하면 미(米) 자가 되는 것에서 유래했으며, 축하 선물은 환갑과 동일하며 붉은색이나 금갈색의 것을 선물한다.

졸수는 졸의 초서인 '卆'의 약자를 가로로 뉘이면 '九十'이 되는 것에서 유래했으며, 보라색의 것을 선물한다.

백수는 '百'에서 '一'을 빼면 '白' 자가 되므로 99세를 뜻하는 것으로 보았다. 축하 선물은 환갑과 같으며 흰색의 것을 준비한다.

예전에는 축하 선물의 색상을 각각의 축하연에 맞추어 준비했지만, 지금은 색상에 크게 구애받지 않는다. 축하연에 보내는 선물을 전문적으로 취급하는 곳도 많다.

---

6 일본 옷 위에 입는 짧은 겉옷.

06 일본의 가족제도(家族制度)

2012년 일본 총무성(総務省)에서 발표된 자료에 의하면, 2012년 3월 현재 일본의 세대수는 5,417만 1,475세대로, 2011년도에 비해 38만 8,040세대가 증가했다. 이는 1968년의 2,711만 5,293세대에 비하면 약 2배 증가한 셈이다. 그러나 세대당 구성 인구수를 보면 1968년에는 1세대당 3.76명이었으나, 2012년 현재는 2.34명으로 1.42명 감소했다.

세대의 인구수별 분포를 보면, 1980년에는 4인 세대가 차지하는 비중이 25%로 가장 높았고, 다음으로 많은 것이 1인 세대로 19.8%를 차지했으나, 1990년에는 1인 세대의 비율이 23.1%로 21.6%의 4인 세대를 앞질렀다. 2010년에는 1인 세대의 비율이 32.4%로 더욱 증가했다.

세대의 가족 유형은 친족세대, 비친족세대[7], 단독세대로 나누어지는데, 총무성의 자료에 의하면 2010년의 전체 세대수 5,184만 세대 중, 부부, 부부와 아이들, 편부와 아이들, 편모와 아이들 등으로 구성된 친족세대수는 3,451만여 세대로 전체에서 약 66%를 차지하며 가장 많았고, 다음은 단독세대로 1,678만 세대였다. 비친족세대는 45만 6천 세대로 가장 적은 비율을 차지했다.

또한 모자(母子) 세대수도 꾸준히 증가하고 있어 후생노동성의 발표에 의하면 2011년 현재 123만 8천 세대로, 22만 3천 세대인 부자(父子) 세대수의 5.5배에 이른다. 이는 이혼 후 모친 쪽에서 양육을 하기 때문인 것으로 보인다.

고령세대도 점점 증가하고 있어 일본의 새로운 사회문제가 되고 있다. 개호(介護) 보험이 실시되고는 있으나, 아직 부족한 부분이 많아 개호문제를 포함한 노인 문제가 커다란 사회문제로 대두되고 있다. 전후의 고도 경제 성장에 따른 대가족제도의 붕괴가 여러 가지 문제를 일으키고 있는 것으로 보고 있다. 또한 서구 문화의 유입으로 이러한 현상은 앞으로 점점 더 많은 문제를 양산할 것으로 예측되고 있다.

---

7 세대주와 친족 관계가 없는 사람이 동거하는 형태.

07 일본의 제례

일본의 제례는 신도(神道)로 분류되는 것도 많지만 대개 도교(道敎)와 불교에서 들어온 습속(習俗)의 영향을 많이 받았다.

일본은 고인의 기일에 맞추어 묘지에 가서 묘지를 청소하고 참배하는 것으로 제를 끝내는 경우가 많다. 물론 1주기의 경우에는 가족들이 모여 절에 가서 공양을 올리기도 한다. 고인의 명복을 비는 것도 33주기나 50주기로 마치는 경우가 일반적이다. 대부분 화장(火葬)을 하고 가족묘도 화강암 등의 돌로 만들기 때문에 벌초를 할 필요도 없으며 묘를 물로 씻어 청소하는 것으로 참배를 마친다.

일본은 옛날부터 '야오요로즈노 가미(八百万の神)[8]'라는 말이 있을 정도로 삼라만상에는 온갖 신들이 존재한다고 믿어 왔다. 이는 일본의 토속신앙으로, 오래된 나무, 길거리에 있는 돌 조각상 등 모든 것이 숭배받을 수 있는 환경을 제공한다.

일본인들의 종교는 이러한 토속신앙이 의식의 기저에 깔려 있는 상태에서 형성되어 온 것이라 신과 제사에 대한 개념이 다르다. 따라서 아이가 태어나면 신사에 가서 공양하고, 결혼식은 교회에서 올리고, 장례는 불교식으로 치르는 것에 대한 정서적인 거부감이 없다. 집 안에 불상과 신을 모시는 가미다나(神棚)를 설치해 놓고 가족의 안녕을 빈다.

↗ **가미다나** 집이나 사무실 등에 설치하고 신도의 신을 모시는 제단.

집을 짓거나 토목 공사 등을 할 때에는 공사를 시작하기 전에 토지신에게 땅을 쓸 수 있도록 허락을 구하는 지진제(地鎭祭)를 지내는데, 공사의 무사안녕을 비는 의식이라는 점에서 안전기원제라고도 부른다. 또한 농촌에서는 초봄에는 풍작을 위해, 초가을에는 풍작에 대한 감사를 담아 지진제를 올린다. 어촌에서는 풍어를 기원하고 어부의 무사를 기원하며 올리는 해신제도 있다. 모두 풍요와 무사안녕을 빈다는 점에서 종교와 관계없이 참여한다.

↗ 진화제(鎭火祭)를 올리고 있는 아타고신사(愛宕神社)의 제례 의식.

---

8 온갖 신. 무수히 많은 신.

08 일본의 취학제도 및 교육기관

현재 일본의 교육제도는 6·3·3·4제(制)로, 1947년에 실시된 '교육기본법'과 '학교교육법'에 따라 기존의 교육제도를 대규모로 개편하면서 제정되었다.

취학 전 교육 기관으로서는 유치원(幼稚園)이 있으며 대개 1년~3년제를 채택하고 있다.

초등학교(小学校)는 6살에 입학하며, 초등학교 6년과 중학교 3년은 의무교육이다.

일반 고등학교는 3년, 대학교는 4년 과정으로 되어 있고, 대학원에는 석사(2년)와 박사(3년)의 두 과정이 설치되어 있는데, 최근에는 석사과정과 박사과정을 구분하지 않고 연이어 교육하는 대학이 늘어나고 있다.

● 2012년 현재 일본의 학교 수 〈문부과학성 발표〉

구분	개수
대학(4년)	783개(사립 605)
단기대학(2년)	372개(사립 350)
고등학교(3년)	5,022개(사립 1,319)
중학교(3년)	10,699개(사립 766)
초등학교(6년)	21,460개(사립 220)
전수학교(2~3년)	3,247개(사립 3,038)
각종학교	1,393개(사립 1,384)

또한 직업에 필요한 기능을 중심으로 교육하는 5년제 고등전문학교와 2년 또는 3년 과정의 단기대학이 설치되어 있다.

일본도 명문고 입학뿐만 아니라 명문 대학에 입학하기 위해 사설학원인 주쿠(塾)나 요비코(予備校)에 의지하면서 준비를 하기 때문에 가정의 교육비 부담이 크다.

↗ 대학 입시 준비 학원인 요비코.

특히 근래에는 2006년 개정된 '교육기본법'의 교육제도 다양화 실현의 방편으로 중학교와 고등학교 교육과정을 통합하여 교육하는 중고일관교(中高一貫校)가 증가하고 있다. 중학교와 고등학교에서 겹치는 교육과정을 줄여 중학교에서 고등학교의 선행학습이 가능해진 시스템으로, 명문대학의 진학률이 올라가자 중고일관교에 우수 학생의 쏠림 현상이 나타나고 있다.

일본의 초·중·고등학교는 일반적으로 3학기제를 채택하고 있다. 1학기는 4월~7월, 2학기는 9월~12월, 3학기는 1월~3월이며, 여름방학은 대개 7월 하순~8월, 겨울방학은 12월 하순~1월 상순이다. 유치원부터 대학원까지 신학기는 모두 4월에 시작되며, 2002년부터 초·중·고등학교에서는 완전 주5일제 수업이 이루어지고 있다.

2012년 문부과학성(文部科学省)의 발표에 의하면 현재 고등학교 진학률은 98%, 4년제

대학 진학률은 54%이다. 하지만 저출산으로 인한 학생 감소로 최근에는 경영난에 빠져 문을 닫는 대학들도 나타나기 시작하면서 체제나 연구, 교육 내용 등 다양한 구조개혁이 진행되고 있다. 또한 국립대학은 2004년 교육과 연구를 활성화하고 민간 경영을 도입하여 대학 운영의 투명성을 확보하기 위해 법인화됨에 따라 무한 경쟁 시대에 돌입하였다.

현재 일본의 중·고등학교는 학생들이 교사들을 따르지 않는 학급붕괴, 교육붕괴 현상이 여러 학교에서 발생하고 있다. 교사에게 폭력과 폭언을 하는 학생들이 늘어나고 있어 교직의 이직율도 점점 증가하고 있다. 이러한 교육 부재 속에서 이지메, 등교거부, 청소년 범죄, 자살하는 청소년 수도 매년 증가하고 있어 사회 문제가 되고 있다.

↗ 도쿄대학(東京大学) 혼고(本郷) 캠퍼스에 있는 대강당인 야스다 강당(安田講堂).

09 일본인의 성(姓)과 이름

현재 일본인의 성(姓)은 30만 가지[9] 정도로 세계에서 가장 많다. 일본에서 일반 평민들이 성씨를 갖게 된 것은 메이지정부(明治政府)가 근대국가 건설의 기초로 호적 편찬을 실시하면서 1875년에 내린 「평민성씨필칭의무령(平民苗字必称義務令)」[10]에 의해서다. 이전까지는 귀족이나 무사만 성씨를 가질 수 있었다.

한국과 중국은 고대 씨족의 성씨를 현대에도 거의 그대로 사용하고 있으나, 일본의

인구가 많은 일본 성씨 베스트 10

순위	성씨	인원수
1	사토(佐藤)	190만여 명
2	스즈키(鈴木)	169만여 명
3	다카하시(高橋)	140만여 명
4	다나카(田中)	132만여 명
5	와타나베(渡辺)	109만여 명
6	이토(伊藤)	107만여 명
7	야마모토(山本)	107만여 명
8	나카무라(中村)	104만여 명
9	고바야시(小林)	101만여 명
10	가토(加藤)	85만여 명

《日本苗字大辞典》 芳文館丹羽基二著

---

[9] 한국은 약 270여 개, 중국은 약 500여 개로 추정된다.
[10] 1870년 「평민성씨허가령(平民苗字許可令)」이 내려졌으나 국민의 메이지정부에 대한 불신과 성씨를 사용하면 세금을 내야 한다는 불안감에 성씨를 사용하지 않자 내려진 명령.

성씨는 약 85%가 지명에서 유래되었으며, 이외에도 직업이나 글자의 의미, 대륙에서 귀화한 사람들의 성 등을 쓰고 있다.

재미있는 성씨의 예를 들어보면, 「六月一日」이라고 쓰고 우리하리(うりはり), 우리와리(うりわり), 구사카(くさか), 사이구사(さいぐさ), 무리하리(むりはり) 등으로 읽는다. 또한, 쓰쿠모(九十九), 니노마에(一), 쓰나시(十) 등 일본인들조차도 상상할 수 없는 방식으로 읽는 성씨도 있다.

일본에서 가장 많은 성씨는 사토(佐藤)로, 특히 훗카이도(北海道), 동북(東北), 간토(関東) 지방에 많다.

일본에서는 호적법에 의해 이름에 쓰는 한자(漢字)는 상용한자 2136자와 인명용 한자 861자를 합쳐 총 2997자 내에서 사용하게 되어 있다. 물론 이름에 한자 대신 가타카나(片仮名)를 쓰는 사람도 있다.

이름에도 유행이 있어 1920년 가장 많았던 남자아이의 이름은 기요시(清)였고, 2012년은 렌(蓮)이었다. 1920년 가장 인기 있었던 여자아이의 이름은 후미코(文子)였고, 2012년은 유이(結衣)였다.

2012년 출생 남녀 이름 베스트 10

순위	남	여
1	렌(蓮)	유이(結衣)
2	소타, 후타(颯太, 颯太)	히나, 하루나(陽菜, 陽菜)
3	히로토, 다이가(大翔, 大翔)	유나, 유이나(結菜, 結菜)
4	야마토(大和)	유아(結愛, 結愛), 히나타(ひなた), 고하루(心春)
5	쇼타(翔太), 미나토(湊), 유토(悠人), 다이키(大輝)	—
6	—	—
7	—	고코아, 고코나(心愛, 心愛)
8	—	린(凜)
9	소라(蒼空), 류세이, 류키(龍生, 龍生)	미오(美桜), 메이(芽依), 유나(優奈, 優奈), 미유(美結), 미사키(心咲)
10	—	—

10 일본의 경축일(祝日)

일본의 경축일은「일본국헌법(日本国憲法)」에 규정되어 있는 기념일을 축하하는 날로, 공휴일로 지정되어 있다. 일본에서「국민의 경축일에 관한 법률(国民の祝日に関する法律)」이 처음 제정된 것은 1948년으로, 2003년 개정되어 현재 연간 15일이 공휴일로 지정되어 있다.

또한 '해피먼데이 제도(ハッピーマンデー制度)'[11]로 1998년에는 성인의 날(成人の日)과 체육의 날(体育の日)이, 2001년에는 바다의 날(海の日)과 경로의 날(敬老の日)이 각각 월요일로 옮겨져 토·일·월 3일 연휴를 즐길 수 있게 되었다.

일본은 징검다리 공휴일인 경우 중간에 끼어 있는 평일도 공휴일로 하고 있다. 예를 들어 월요일과 수요일이 경축일인 경우 중간의 화요일을 공휴일로 하여 쉰다. 그래서 4월 29일 쇼와의 날(昭和の日)부터 5월 5일 어린이날(こどもの日)까지 이어지는 연휴가 생겨났는데, 이것을 골든위크(ゴールデンウィーク)라고 한다.

매년 날짜가 바뀌는 공휴일도 있다. 3월의 춘분(春分)과 9월의 추분(秋分)은 전년도 2월 1일자 관보에 국립천문대에서 확정한 날짜가 고지되는데, 이것을 토대로 다음 해 춘분과 추분 날짜가 정해진다. 일본에서는 석가탄신일과 크리스마스는 공휴일이 아니다.

일본의 경축일을 간단히 살펴보면 다음과 같다.

설날(元日) … 1월 1일

설날(元日)은 일본인에게 가장 중요한 경축일이다. 일본은 양력을 쓰기 때문에 달력에는 1월 1일만 공휴일로 표기되지만, 대부분의 관공서나 기업은 연말부터 1월 초까지 4일에서 7일간 쉬는 곳이 많다. 1월 1일에는 절이나 신사에 찾아가 가족의 건강과 행운을 비는 하쓰모데(初詣)[12]를 한다.

↗ 1월 1일 첫 참배를 하러 온 사람들.

---

11 원래 1월 15일이었던 '성인의 날'을 1월 둘째 월요일로 바꾸는 등 경축일을 월요일로 바꾸어 토요일에서 월요일까지 3일 연휴를 보낼 수 있도록 하는 제도.
12 그해에 올리는 첫 참배.

성인의 날(成人の日) … 1월의 두 번째 월요일

성인의 날(成人の日)은 20세[13]가 된 사람들을 성인으로 인정하고 축하하는 날로, 각 지방 단체마다 새로이 성인이 된 사람들을 위한 기념식이 열린다. 여자는 기모노로 차려 입고 남자는 양복을 입는다.

↗ 성인의 날 행사에 참가한 일본 젊은이들.

건국기념일(建国記念の日) … 2월 11일

건국기념일(建国記念の日)은 초대천황인 진무천황(神武天皇)이 기원전 660년에 즉위한 것을 기념하는 날이다. 1966년에 제정되어 1967년부터 시행되었다.

춘분(春分) … 3월 21일경

춘분(春分)은 자연을 기리고 생물에게 자비를 베풀자는 취지에서 정해진 날로, 불교에서는 히간(彼岸)이라고도 한다. 가족이 모여 성묘를 하기도 한다.

↗ 성묘 시 무덤을 씻을 물을 떠 가는 물통.

쇼와의 날(昭和の日) … 4월 29일

쇼와의 날(昭和の日)은 4월 29일은 원래 쇼와천황(昭和天皇)의 생일이었다. 1989년 쇼와천황 사망 후 쇼와천황이 생물학에 관심이 많았던 것을 기념하여 녹음의 날(みどりの日)이라고 불렀으나, 2007년 다시 쇼와의 날로 명칭이 바뀌었다.

헌법기념일(憲法記念日) … 5월 3일

헌법기념일(憲法記念日)은 현행 「일본국헌법」이 1946년에 공포되고, 6개월 후인 1947년 5월 3일에 시행되었는데, 1948년 이를 기념하고 국가의 성장을 기하기 위해 제정되었다.

↗ 헌법 시행을 기념하여 발행된 우표.

---

[13] 전년도 성인의 날 이후부터 금년 성인의 날까지 20세가 된 사람들.

녹음의 날(みどりの日) … 5월 4일

녹음의 날(みどりの日)은 쇼와천황이 사망한 1989년부터 2006년까지는 4월 29일이었으나, 2007년부터 4월 29일이 쇼와의 날로 지정되자, 자연을 보호하고 그 은혜에 감사하며 여유로운 마음을 가지자는 취지에서 5월 4일이 녹음의 날로 제정되었다. 골든위크를 존속시키자는 의견도 녹음의 날 제정에 힘을 실었다.

↗ 고이노보리(鯉のぼり) 강물을 거슬러 올라가는 잉어처럼 건강하게 장수하기를 기원하는 의미에서 단오날 만들어 다는 잉어 모양의 깃발.

어린이날(こどもの日) … 5월 5일

어린이날(こどもの日)은 어린이들의 건강과 행복을 축하하는 날이다. 원래는 단고노 셋쿠(端午の節句)라 해서 남자아이의 성장을 축하하는 날이었다.

바다의 날(海の日) … 7월 세 번째 월요일

바다의 날(海の日)은 바다의 은혜에 감사하고 해양국가로서의 일본의 번영을 기원하는 날이다. 국토교통성(国土交通省)의 주최로, 매년 주요 항구도시에서는 바다와 친근해지고 바다의 중요성을 환기시키기 위해, 승선체험 등 다양한 행사가 개최된다.

↗ 국토교통성에서 개최하는 바다축제 소식.

경로의 날(敬老の日) … 9월 세 번째 월요일

경로의 날(敬老の日)은 연장자에게 경의를 표하고 장수를 기원하는 날이다. 고령자 복지법(老人福祉法) 시행을 기념하여 1966년에 제정되었다. 전국에서 경로의 날 행사가 진행되며, 각 가정에서는 온 가족이 모여 식사를 하거나, 할머니 할아버지에게 선물이나 온천여행을 보내 드리기도 한다.

↗ 경로의 날 선물 광고.

추분(秋分) … 9월 23일경

추분(秋分)은 조상을 숭배하고 기리자는 취지에서 제정된 날로, 춘분과 같이 불교에서는 히간(彼岸)이라고 한다. 가족들이 모여 성묘를 하기도 한다.

체육의 날(体育の日) … 10월 두 번째 월요일

체육의 날(体育の日)은 국민의 심신 건강을 장려하는 날로, 각 지역에서 스포츠나 건강에 관한 여러 행사가 개최된다. 1964년 10월에 개최된 도쿄올림픽을 기념해서 1966년부터 경축일로 제정되었다.

문화의 날(文化の日) … 11월 3일

문화의 날(文化の日)은 문화활동을 진흥하는 날이다. 1946년 「일본국헌법」이 공포된 날로, 평화와 문화를 중시하는 헌법 내용을 기념하기 위해 제정되었다. 이날 문화 발전에 공헌한 사람에게 천황이 직접 문화훈장을 수여한다. 또한 지역에 따라 박물관 무료 입장을 실시하거나 다양한 행사를 개최하기도 한다.

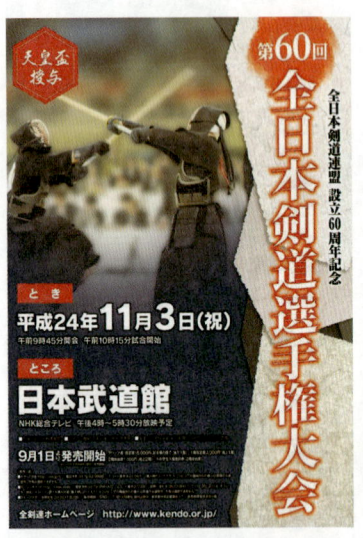
↗ 매년 문화의 날 일본무도관(日本武道館)에서 개최되는 전일본검도선수권대회의 포스터.

↗ 전통무도의 시합장, 콘서트장, 대학 입학식과 졸업식 등 다목적으로 이용되고 있는 일본무도관.

근로 감사의 날(勤労感謝の日) … 11월 23일

근로 감사의 날(勤労感謝の日)은 노동을 숭배하고 생산을 축하하며 서로 감사하자는

취지에서 제정된 날로, 원래 가을에 수확한 곡물을 신(神)에게 바치던 황실 행사였으나, 연합국 총사령부인 GHQ의 천황과 국가의 일을 분리하고자 한 정책에 의해 근로 감사의 날로 바뀌었다. 1948년 제정되었다.

천황탄생일(天皇誕生日) … 12월 23일

천황탄생일(天皇誕生日)은 천황의 생일을 축하하기 위해 제정된 경축일로, 1989년부터는 현 아키히토 천황(明仁天皇)의 생일인 12월 23일이 경축일로 되어 있다. 궁 내에서는 축하 의례와 일반인들의 축하를 받는 행사를 가지며, 이세신궁(伊勢神宮)에서는 천황의 생일을 축하하고 장수를 기원하는 천장제(天長祭)를 올린다.

↗ 황궁 앞에서 천황의 생일을 축하하고 있는 시민들. ⓒPhilbert Ono

4 일본의 전통문화

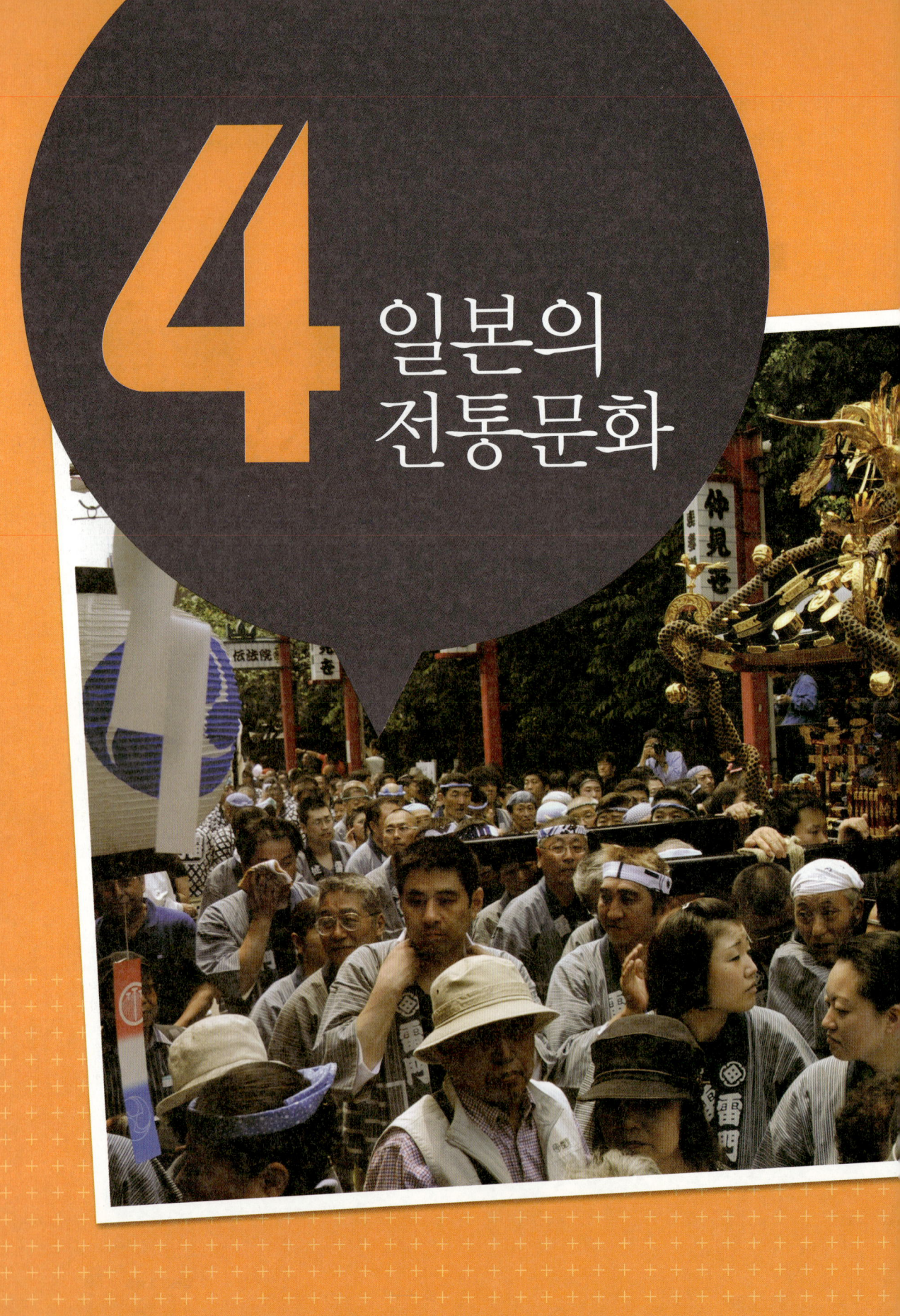

01 일본의 연중행사
02 일본의 음식문화
03 일본의 의복문화
04 일본의 주거문화
05 일본인의 종교
06 일본의 마쓰리(祭リ)

01 일본의 연중행사

일본은 현대와 과거가 공존하는 사회이다. 초현대적 건물이 즐비한 도쿄(東京) 거리에는 메이지시대(明治時代)의 건물들도 많이 남아 있다. 전통을 중요시하는 일본인의 사고방식 덕분에 건물도 전통 행사도 잘 보존되어 내려오고 있다. 일본의 주요한 연중행사를 월별로 살펴보면 다음과 같다.

1月의 행사 … 오쇼가쓰(お正月)

오쇼가쓰(お正月)는 새로운 한 해를 맞이하는 출발점으로 일본인들에게 가장 큰 행사이다. 요즘에는 산가니치(三が日)[1]나 마쓰노우치(松の內)[2]와 혼동하여 많이 쓰는데, 원래 오쇼가쓰는 1월 한 달간을 가리킨다. 1월 1일은 특별히 간지쓰(元日)라고 한다. 공식적인 휴일은 1월 1일 단 하루이지만 관공서나 기업 등 대개는 3일까지 연휴인 곳이 많다. 물론 1주일 정도 쉬는 회사도 많다.

설에는 문 앞에 가도마쓰(門松)를 세우거나 시메나와(注連繩)를 건다. 가도마쓰는 소나무와 대나무로 만든 장식으로 일본에서는 소나무와 대나무가 잡귀를 쫓는다는 속설이 있다. 시메나와는 짚으로 만든 금줄로 액운을 막고 잡귀를 쫓는다고 믿는다. 설 기간이 끝나면 가도마쓰와 함께 신사나 절에 가져가서 불에 태운다. 또 집 안에는 가가미모치(鏡餅)를 장식하는데, 가가미모치는 신불(神佛)에게 올리는 것으로 둥글납작한 떡 두 개를 포개어 놓는다. 1월 11일경 잘라 팥죽 등에 넣어 먹는다.

1월 1일에는 절이나 신사에 찾아가 하쓰모데(初詣)를 하며, 어른들은 아이들에게 세뱃돈인 오토시다마(お年玉)를 준다. 일본인들은 새해 첫날 좋은 꿈을 꾸면

↗ 설에 집 앞에 놓아두면 행운이 들어오고 액운을 막아준다고 여기는 가도마쓰.

↗ 시메나와.

↗ 그해의 풍작을 주관하는 신에게 바치는 공물인 가가미모치.

---

1 1월 1일~3일까지의 3일간을 말한다.
2 1월 15일까지의 기간을 가리키는데, 1월 7일까지로 보는 지역도 있다.

일 년이 좋다고 믿는데, 꿈에 보이면 제일 좋은 것은 첫 번째가 후지산(富士山), 두 번째가 매(鷹), 세 번째가 가지(なす)라 한다.

또한 일본인들은 연하장을 많이 주고받는데 주로 우체국(郵便局)에서 판매하는 것을 많이 이용한다. 우체국에서도 인기 있는 아이돌을 광고모델로 기용하여 적극적으로 홍보를 하며, 우체국에서 정한 날짜까지 연하장을 부치면 1월 1일에 각 개인에게 배달해 준다. 우체국 연하장에는 경품번호가 있어, 1월 15일경 추첨을 통하여 많은 경품을 준다.

12월 31일은 절에서 제야의 종을 치고 도시코시 소바(年越しそば)³를 먹으며 새해를 맞이한다.

새해에는 오조니(お雑煮)와 오세치요리(おせち料理)를 먹는다. 오조니는 찹쌀로 만든 떡과 야채를 넣어 만든 일본식 떡국으로, 간토 지방(関東地方)은 네모난 찰떡을 넣어 만들고, 간사이 지방(関西地方)은 동그란 찰떡을 넣어 만든다.

오세치요리는 2, 3일의 설 연휴 동안 다 함께 먹을 수 있도록 찬합에 담아 준비한 음식으로, 연휴 동안 여자들의 일손을 덜어 준다. 요리 재료는 지방마다 조금씩 다르지만 도미, 청어 알, 다시마는 꼭 들어가는데, 도미(たい)는 일본어로 경사스럽다(おめでたい)는 말의 끝 발음과 같아서이고, 다시마(こんぶ)는 기쁘다(よろこぶ)는 말과 발음이 비슷하기 때문이며, 청어 알은 자손의 번영을 의미하기 때문이다.

↗ **오세치요리** 설에 먹는 요리로, 굽거나 조리거나 초절임 등을 하여 만들어 오랜 시간을 두고 먹을 수 있다.

2월의 행사 … 세쓰분(節分)

세쓰분(節分)은 원래 계절이 바뀌는 때를 의미했으나, 최근에는 입춘 전날인 2월 3일경을 말한다. 가족 중 도깨비 가면을 쓰고 도깨비 역할을 하는 사람에게 볶은 콩을 던지면서 '도깨비는 나가고 복은 들어와라(鬼は外！福は内！)'라고 외친다. 그 해의 건강과 복을 비는 행사로 자기의 나이만큼 뿌린 콩을 먹는 습관이 있다. 절이나 신사에서는 유명 연예인을

↗ 절에서 열린 세쓰분 행사.

---

3 12월 31일 밤에 먹는 메밀국수로 일명 '해를 넘길 때 먹는 국수'이다.

초청해서 콩을 뿌리는 행사를 하기도 한다.

3월의 행사 … 히나마쓰리(雛祭り, 桃の節句)

히나마쓰리(雛祭り)는 3월 3일 여자아이의 건강을 기원하는 행사로, 각 가정에서는 히나인형(雛人形)4을 장식한다. 히나인형에 나쁜 액운을 전부 옮겨서 강에 떠내려 보내면 액운이 없어진다는 의미에서 시작되었다. 헤이안시대(平安時代)5 부터 시작된 행사로, 당시의 히나인형은 종이로 만들었다. 무로마치시대(室町時代)6에 들어와서 3월 3일로 정착되었으며, 호화스러운 궁중의 행사로 발전

↗ 히나인형을 진열해 놓은 히나단(雛壇).

하였고, 이것이 전해 내려와 지금의 히나마쓰리가 되었다. 히나인형은 저렴한 것도 있지만 100만 엔을 넘는 고가의 것도 있다. 모모노 셋쿠(桃の節句)라고도 한다.

4월의 행사 … 하나미(花見)

하나미(花見)는 꽃구경을 말하는데 특히 벚꽃놀이를 가리킨다. 벚꽃이 개화하면 활짝 핀 벚꽃나무 아래에서 밤낮을 가리지 않고 먹고 마시며 벚꽃을 즐긴다. 벚꽃을 감상하기 좋은 자리를 차지하기 위해 밤을 새서 지키기도 하는데, 대학이나 회사에서는 보통 신입생이나 신입사원이 담당하는 경우가 많다. 또한 모든 매체에서 전국의 벚꽃 개화기를 예보한다. 도

쿄의 우에노공원(上野公園)에는 4월 초 벚꽃이 만개하면 전국 각지에서 벚꽃을 보러 오는 사람들로 초만원을 이룬다. 아오모리(青森)의 히로사키공원(弘前公園), 나가노(長野)의 다카토성지공원(高遠城址公園), 나라(奈良)의 요시노야마(吉野山)는 일본의 3대 벚꽃 명소로 꼽힌다.

↗ 벚꽃놀이를 즐기는 일본인들.

---

4 일본 전통 의상을 입혀 만든 왕과 왕비, 대신, 궁녀, 반주자 등의 인형을 말한다. 히나단에 장식한다.
5 794년~1192년 사이의 시기.
6 교토(京都)의 무로마치(室町)에 막부를 세우고 통치를 한 1333년~1573년 사이의 시기.

5월의 행사 … 단고노 셋쿠(端午の節句)

단고노 셋쿠(端午の節句)는 단오(端午), 창포절(菖蒲の節句)이라고도 한다. 현재는 5월 5일 어린이날로 정해져 있는 경축일로 공휴일이지만, 원래는 남자아이의 성장을 축하

↗ 남자아이의 건강한 성장을 기원하며 장식하는 무사 인형. 오월인형(五月人形)이라고도 한다.

↗ 가시와모치(柏餅) 팥소를 넣은 찰떡을 떡갈 나무 잎에 싼 것으로 단오날 먹는다.

하는 날이었다. 현재에도 그 전통과 관습이 남아 있어, 남자아이가 있는 가정에서는 고이노보리(鯉のぼり)를 세우고 무사 인형(武者人形)을 장식한다.

7월의 행사 … 다나바타마쓰리(七夕祭り)

다나바타는 7월 7일 밤이라는 뜻으로, 마을에서 선택된 여인이 7월 7일 밤까지 신(神)의 옷이 될 옷감을 다 짜면, 신이 그것을 입고 가면서 마을의 액운이 없어진다는 일본 고대의 신앙과 중국의 견우성(ひこぼし)과 직녀성(織り姫)의 전설이 융합되어 변하면서 내려온 행사로, 단자쿠(短冊)라는 가늘고 긴 색지에 소원을 써서 대나무 장대에 매달아 장식한다.

↗ 단자쿠에 소원을 써서 매단 다나바타 마쓰리 장식.

다나바타마쓰리(七夕祭り)는 전국 각지에서 개최되는데, 특히 센다이(仙台)의 다나바타마쓰리가 성대하기로 유명하다.

8월의 행사 … 오본(お盆)

오본(お盆) 때는 고인의 혼령이 돌아온다고 여기기 때문에 가족이나 친척이 모여서 성묘를 하고 참배한다. 오본은 대부분 8월 13일부터 15일에 행해지지만, 도쿄 일부 지역이나 규슈(九州) 일부 지역에서는 7월 13일부터 16일 사이에 행사를 하는 경우도 있다. 대개의 기업들은 8월 15일을 전후하여 3일~5일간을 오본야스미(お盆休み)라 하여 여름휴가로 쉬는

경우가 많아 역, 공항, 도로 등은 귀성객으로 엄청난 혼잡을 이룬다. 관공서는 정식으로는 오본야스미가 없지만 이 기간 중 유급휴가를 얻는 사람이 적지 않다.

11월의 행사 … 시치고산(七五三)

시치고산(七五三)은 아이의 성장을 축하하는 날로 남자아이는 3세와 5세, 여자아이는 3세과 7세가 되는 해의 11월 15일에 신사에 가서 아이의 무사 성장을 감사하고 행복을 기원한다. 유아사망률이 높았던 시기에 시작된 관습으로, 아이의 장수를 바라는 의미에서 가늘고 긴 지토세아메(千歲飴)를 먹인다.

일본 3대 본오도리 중 하나인 니시모나이(西馬音内) 본오도리.

12월의 행사 … 오미소카(大晦日, 섣달 그믐날)

오미소카(大晦日)는 1년의 마지막 날인 12월 31일을 말한다. 오미소카의 밤에는 도시코시소바를 먹으며 해를 넘긴다. 도시코시소바에는 장수와 행복을 비는 의미가 담겨져 있다.

각 방송국에서는 특별프로그램이 방송되며, 국영방송인 NHK에서 방송되는 홍백가요전(紅白歌合戦)은 오미소카를 대표하는 인기 프로그램이다. 새해가 시작되는 밤 12시가 되면 일본 각지의 절에서는 사람의 번뇌를 몰아내는 108번의 제야의 종을 치는 행사를 하는 등, 일본 전역에서 한 해를 보내고 새해를 맞이하는 다양한 행사가 거행된다.

도시코시소바.

02 일본의 음식문화

일본은 지역에 따라서 음식 맛이 다른 것이 특징이다. 도쿄를 중심으로 한 간토 지방은 음식이 식어도 맛이 달라지지 않도록 진한 간장과 설탕으로 조미를 하는 것이 특징으로, 옛날부터 신선한 해산물 요리가 발달했다. 생선초밥, 장어구이, 튀김, 메밀국수가 대표적인 음식이다. 교토(京都)와 오사카(大阪)를 중심으로 하는 간사이 지방은 재료의 본 풍미를 최대한 살리는 것이 특징으로, 음식의 맛은 연하고 담백하게 소금으로 맛을 낸다.

일본인들은 아침식사로 아이들은 빵, 우유, 달걀프라이 등 서양식을, 부모들은 밥과 미소시루(みそ汁)7 중심의 일본식 식사를 하는 경우가 많으므로 두 가지를 준비하는 가정도 적지 않다. 점심은 대부분의 초·중·고등학교에서는 학교급식이 이루어지고, 회사원은 히가와리런치(日替わりランチ)8나 정식, 우동,

↗ 일본의 조식(朝食).

메밀국수, 카레 등을 자주 찾는다. 덮밥도 남녀노소를 가리지 않고 인기가 높은데, 덮밥은 밥 위에 얹은 식재료에 따라 규돈(牛丼)9, 오야코돈(親子丼), 가이센돈(海鮮丼)10 등이 있다. 요시노야(吉野家), 마쓰야(松屋) 등의 규동 전문점은 저렴한 가격으로 인기가 높다. 저녁은 주로 일본식으로 많이 먹는다.

일반적으로 일본식 가정 식사는 밥과 미소시루가 중심이며, 주로 먹는 반찬으로는 쓰케모노(つけもの)11, 두부, 생선구이, 나물무침, 조림, 니쿠쟈가(肉じゃが)12, 샐러드, 돈가스 등으로 보통 한 끼에 2가지~4가지의 반찬을 먹는다. 우메보시(梅干し), 멘타이코(めんたいこ)13도 인기 높은 반찬 중 하나이다.

일본 요리는 1인식 상차림이 기본이며, 하나의 접시에 여러 마리의 생선을 담아 서로 나누어 먹거나 하지 않는다. 근래에는 바쁜 직장생활로 인해 슈퍼나 편의점에서 조리된 반찬을 사 먹는 가정이 점점 늘고 있다.

↗ 닭고기를 계란과 섞어 요리한 것을 얹은 오야코돈.

↗ 가이센돈.

↗ **우메보시** 소금에 절인 매실을 말린 후 차조기 잎을 섞어 담은 매실장아찌.

---

7 일본식 된장국.
8 매일 바뀌는 특별히 준비된 메뉴.
9 쇠고기덮밥.
10 해산물덮밥.
11 무, 양배추, 가지 등의 채소 절임.
12 쇠고기감자조림.
13 명란.

▶ 일본의 대표적인 발효식품인 낫토.

　일본인들 사이에서도 좋아하는 사람과 싫어하는 사람이 뚜렷이 나뉘어지는 대표 음식으로 낫토(納豆)를 들 수 있다. 낫토는 청국장 콩을 발효시킨 것으로, 낫토가 끈적해질 때까지 휘저어 섞어 밥 위에 올려 먹는다. 요즘에는 다이어트 음식으로 주목 받고 있다.

　세대를 떠나서 많은 일본인들이 즐기는 음식으로 나베(鍋) 요리가 있다. 나베는 대표적인 겨울 요리로 '냄비 요리'라는 말 그대로 냄비에 야채와 여러 가지 재료를 넣어 끓여 먹는 것인데, 넣는 주재료에 따라 어묵나베, 김치나베, 굴나베, 모쓰나베(もつ鍋)[14] 등으로 이름을 붙인다. 외국에도 잘 알려져 있는 스키야키(すき焼き)[15]도 나베 요리의 일종이다. 나베는 다른 일본 요리와 달리 하나의 냄비에 넣고 끓여서 각자 덜어 먹는다.

　일본 요리는 맛을 보기 전에 먼저 눈으로 즐기는 음식이 많다. 대표적인 것으로 가이세키요리(懷石料理)를 들 수 있다. 가이세키요리는 원래 다도 모임에서 접대하던 음식이었으나, 지금은 일본을 대표하는 정통 고급 코스요리의 대명사가 되었다. 가이세키요리는 식재료의 맛이 훼손되지 않도록 조리한 후, 요리의 색깔, 양 등을 세심하게 고려하여 조화를 맞춘 그릇에 정갈하게 담아내는 것이 특징이다.

▶ **가이세키요리** 차를 즐기기 위한 요리는 懷石라 하고, 술을 즐기기 위한 연회 요리는 會席로 구분한다. 사진은 懷石이다.

　최근에는 건강식에 대한 관심이 높아져, 육류보다 생선이나 야채, 두부를 기름을 거의 쓰지 않고 된장으로 맛을 내는 일본 전통요리가 인기를 얻고 있다. 그러나 젊은 세대들 사이에서는 여전히 패스트푸드의 인기가 높다. 일본의 고유 패스트푸드점에는 롯데리아(ロッテリア)와 모스버거(モスバーガー) 등이 있다.

　일본 젊은이들에게 인기 높은 음식 중 하나로 라면을 들 수 있다. 라면은 지역의 특성에 따라 맛이 다른데, 지역을 대표하는 라면으로 삿포로(札幌) 미소라면(味噌ラーメン)은

---

14 곱창요리 즉, 곱창찌개.

15 전골.

△ 홋카이도의 명물 미소라멘.

된장을 푼 담백한 국물 맛으로 인기가 높고, 간토 지방은 육수에 간장으로 맛을 낸 쇼유라면(醬油ラーメン)이, 후쿠오카의 하카타(博多)는 돼지 뼈를 우려낸 진한 국물이 특색인 돈코쓰라면(豚骨ラーメン)이 유명하다.

이밖에 역에서 파는 도시락을 에키벤(駅弁)이라고 하는데 각 역마다 지역의 특색을 살린 천 종류가 넘는 에키벤이 여행객들에게 색다른 즐거움을 안겨 주고 있다.

일본인들은 식기(食器)로는 주로 도자기와 옻칠 그릇을 사용하고, 젓가락은 나무로 만든 것을 사용한다.

△ 에키벤.

03 일본의 의복문화

일본을 대표하는 고유의 민족의상은 기모노(着物)이다. 기모노는 '입는 것'이라는 뜻으로, 일본에 양복이 보급되기 이전까지는 의복을 가리키는 말이었으나, 메이지시대 이후 양복을 입는 사람이 늘어남에 따라 양복과 구별하기 위해서 일본 의복을 기모노, 즉 와후쿠(和服)라고 이르게 되었다. 그러나 현대에는 다도와 꽃꽂이, 전통 여관, 게이샤(芸者) 등과 같이 일본 전통과 관련 있는 일을 하지 않는 일본인들은 기모노(着物)는 입는 방법이 쉽지 않고 움직이는데도 불편해 특별한 날이 아니면 거의 입지 않는다. 일반적으로 양복과 캐주얼한 복장으로 일상생활을 하고 있다.

젊은 세대들은 스트리트 패션을 선호한다. 이러한 패션은 시대적인 음악과 서브컬쳐(subculture)[16]의 영향을 받고 또 다른 패션의 흐름을 형성해 가기도 하는데, 일본의 젊은 이들은 유행을 맹목적으로 좇지는 않으며, 자신의 개성을 잘 살려 입는 것을 선호한다.

일본에는 유니클로(UNIQLO)나 자라(ZARA) 등과 같은 젊은 세대들이 선호하는 패션을 빠르게 파악하는 SPA[17] 의류업체 매장이 점점 늘어나고 있다. 또한 하라주쿠(原宿) 거리엔

---

[16] 사회의 지배적 문화와는 달리, 청소년이나 히피 등의 특정 사회 집단에서 생겨나는 독특한 문화를 가리킨다. 대중문화, 도시문화, 청소년 문화 등이 있다.
[17] 자사의 기획브랜드 상품을 직접 제조, 유통까지 하는 회사. 소비자의 라이프스타일을 정확하게 파악하여 짧은 주기로 이를 즉시 반영시켜 상품을 기획한다.

힙합 관련 용품을 판매하는 상점이 많은데, 아프리카 현지인들을 종업원으로 고용해서 젊은이들의 관심을 끌고 있다.

일본 중·고등학교는 일반적으로 교복을 입는다. 두발 자유화를 실시하지만 가방과 신발은 교칙으로 엄격하게 규정하고 있다. 일본 여학생의 교복 스커트 길이는 원칙적으로는 무릎 정도나 더 길지만, 지도교사가 없는 학교 밖에서는 미니스커트 정도로 짧게 입는 여학생들이 많다.

일반적으로 현재 기모노라 불리고 있는 것은 와후쿠 중 나가기(長着)[18]를 말한다. 기모노는 몇 십만 엔에서 비싼 것은 몇 백만 엔 하는 것도 있어, 일반 서민들이 사 입기에는 부담스러운 가격이다. 일본의 전통 의상에 대해 간단히 살펴보면 다음과 같다.

후리소데(振袖)

소맷자락이 긴 기모노를 후리소데(振袖)라고 하는데, 후리소데는 소매의 길이가 114cm인 것은 오후리소데(大振袖), 95cm~100cm는 주후리소데(中振袖), 85cm 정도는 고후리소데(小振袖)라고 한다. 미혼 여성이 입는 가장 격식 있는 옷으로, 결혼식이나 성인식 때에 입는다.

결혼한 여성이 입는 기모노는 도메소데(留袖)라 하는데, 도메소데에는 구로토메소데(黒留袖)와 이로토메소데(色留袖)가 있다.

구로토메소데는 기혼 여성의 가장 격식 차린 기모노로 친족의 결혼식 등에 입고, 이로토메소데는 구로토메소데 이외의 기모노를 말하는데, 축하행사나 격조 있는 다도회 등에 입는다.

↗ 후리소데를 입은 미혼 여성들의 모습.

↗ 구로토메소데를 입은 여성의 모습.

↗ 이로토메소데를 입은 여성들의 모습.

---

18 기장이 긴 일본 옷.

하오리(羽織)

하오리(羽織)는 기모노 위에 입는 짧은 겉옷을 말한다. 양복으로 말하면 재킷에 해당된다. 하오리는 코트와 달리 실내에서 벗을 필요가 없다.

하카마(袴)

하카마(袴)는 기모노 위에 입는 하의이다. 허리에서 발목까지 덮는 길이로, 바지처럼 생긴 것도 있으나 스커트 모양의 것도 있다. 예로부터 남자의 예복으로 간주되어 왔다. 신사(神社)의 무녀(巫女)도 하카마를 입으며, 특히 현대에는 여성의 졸업식이나 성인식 때 입는 기본 예복이 되었다.

↗ 위에 하오리를 걸치고 아래 하카마를 입은 신랑의 모습.

유카타(浴衣)

유카타(浴衣)는 여름에 입는 옷으로, 원래는 목욕을 하고 난 후에 입는 면으로 만든 얇은 홑옷이었다. 그러나 요즘에는 색이나 무늬가 세련되어져 불꽃놀이나 축제 때에 많이 착용한다. 기모노보다 가격도 훨씬 저렴하고 입는 방법도 쉬워 젊은 층이나 외국인들에게도 인기가 높다.

기모노를 입을 때는 다비(足袋)와 조리(草履)를 신지만, 유카타를 입을 때는 게타(下駄)를 신는다.

↗ 유카타를 입은 모습.

04 일본의 주거문화

일본의 전통 주택은 목조건물로, 예로부터 고온다습한 기후로 인해 통풍에 중점을 두고 지어져, 천정이 높고 창문이 많은 구조로 이루어져 있다. 방바닥에는 다다미(畳)를 깔고, 후스마(襖)와 쇼지(障子)로 방을 구분한다. 또한 오시이레(押入れ)

↗ 일본 방.

라는 벽장이 있어 이불 등 간단한 수납을 할 수 있다. 다다미는 여름에는 습기를 흡수하고, 겨울에는 냉기를 막아주는 역할을 한다. 다다미 1장의 크기는 보통 가로가 90cm, 세로가 180cm로, 다다미가 깔린 방인 경우 다다미 장수로 넓이를 알 수 있다. 3조(畳)라면 다다미 3장이 깔린 방을 의미한다.

일본에는 단독주택을 선호하는 사람이 많은데, 목조건물은 지진에는 강하지만 화재에는 취약해 근래에는 경량철골과 콘크리트 건물을 많이 짓는다.

현대 일본의 주택은 크게 단독주택과 공동주택으로 나눌 수 있다. 공동주택은 다시 아파트와 맨션으로 나뉘는데, 일본의 아파트는 대부분 목조와 경량철골로 지어진 2층 연립주택으로, 대개 주인이 거주하며 관리한다. 방음이 취약하고 목욕탕 등이 잘 구비되어 있지 않은 대신 집세가 저렴하여 대학생들에게 인기가 높다. 대단지의 설비가 잘 되어 있는 고층건물은 맨션이라고 한다.

↗ 일본의 아파트. ©MC MasterChef

맨션이나 아파트 구조를 말할 때는 보통 L(Living), D(Dining), K(Kitchen)를 써서 말한다. 만약 3LDK라면 방이 3개에 거실, 식당, 부엌이 있는 집이라는 의미이다. 1LDK, 1DK, 2LDK, 2DK, 1K 등 다양한 구조가 있다. 서양식 맨션이라도 방이 여러 개인 경우 방 한 곳은 다다미가 깔려 있는 경우가 많다.

일본 주택의 특징 중 하나로 화장실과 욕실이 분리되어 있는 것을 들 수 있다. 욕실은 다시 세면대와 목욕탕으로 구분되어 있는 가정도 많다.

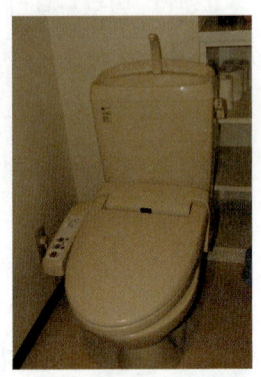

↗ 변기의 물통 위에 수도꼭지가 달려 있어 손을 씻을 수 있도록 되어 있는 일본 화장실의 변기. 손을 씻은 물은 변기 물통에 모여 재활용된다.

도쿄는 집세가 비싸기로 유명한데, 도쿄 내에서도 차이가 있기는 하지만 지하철역에서 도보로 10분 정도 걸리는 곳에 1DK의 공간을 얻으려면 매달 10만 엔 전후의 월세를 내야 한다. 일반적으로 도쿄 23구(区) 내에서 2LDK의 맨션을 구입하려면 3천만 엔~5천만 엔 정도의 비용이 든다. 2012년 일본 대기업의 대졸 신입사원 월급이 20만 엔이 조금 넘는 것을 고려하면 엄청난 가격이다.

일본에는 전세가 없고 월세만 존재한다. 일본에서 집을 구할 때는 집 주인에게 주는 보증금인 시키킨(敷金)과 부동산에 주는 수수료인 레이킨(礼金)을 준비해야 하는데, 금액은 모두 한 달 치 월세와 동일하다. 따라서 일본에서 집을 구하려면 최소한 첫달에 월세 3개월 치에 해당하는 돈을 준비해야 한다.

일본의 주택과 관련된 주요 용어들을 살펴보면 다음과 같다.

쇼지(障子)

쇼지는 창호지문으로 빛이 들어오는 방의 출입구나 창문 등에 사용한다. 전통적인 일본 주택에서는 필요한 양식이지만, 서양식 건축물의 증가에 따라 점점 사라져 가고 있다.

↗ 문틀에 창호지를 바르는 모습.

후스마(襖)

후스마는 다다미방을 나눌 때나 벽장문을 만들 때 사용된다. 문의 안팎으로 두꺼운 종이를 바르기 때문에 빛이 들어오지 않는다. 그림이 그려진 후스마는 인테리어 효과도 낸다.

도코노마(床の間)

도코노마(床の間)는 다다미방 한쪽에 바닥을 한 층 높인 공간으로, 꽃이나 액자 등을 걸어 장식한다. 옛날에는 신을 모시는 장소로 쓰였다. 도코노마의 앞이 상석이므로 손님이 왔을 경우에는 양보한다.

↗ 도코노마.

다다미(畳)

다다미는 헤이안시대부터 사용되어져 왔다. 당시에는 사람이 앉는 장소에만 깔았으며, 무로마치시대에 들어와서 방에 깔기 시작했다.

↗ 다다미.

후린(風鈴)

후린(風鈴)은 유리나 도자기 등으로 만든 작은 종으로, 주로 여름에 집 처마 밑에 달아 놓는다. 고대 일본시나 노래를 종이에 적어 후린에 달면 바람에 흔들리며 아름다운 종소리를 낸다. 뜨거운 여름에 청량한 후린 소리를 들으며 더위를 잊는 것이 일본인들의 여름 풍경 중 하나이다.

↗ 후린.

고타쓰(こたつ)

일본에서 겨울을 나려면 반드시 필요한 난방기구 중의 하나이다. 테이블 밑에 전기히터가 설치되어 있어 발을 넣으면 몸이 따뜻해진다. 고타쓰에서 책을 읽기도 하고, 밥을 먹기도 하며, 텔레비전을 보면서 담소도 나눈다. 일본인들의 겨울 필수품이자 애용품이다.

이로리(いろり)

방 중앙을 사각형으로 파서 불을 피울 수 있게 한 공간으로, 일본 전통 주택에서 난방, 요리, 조명 등의 기능을 담당하였다. 천장에 줄을 걸어 불 위에 주전자나 냄비 등을 걸 수 있게끔 되어 있다. 요즘에는 시골 농촌의 오래된 집에서나 볼 수 있다.

↗ 고타쓰.

↗ 이로리.

05 일본인의 종교

일본인의 종교관은 다신교적으로, 신도(神道)를 중심으로 불교, 크리스트교, 신흥종교가 공존하고 있다. 일본인은 아기가 태어나면 신사에 가서 아이의 무운장수를 기원하고, 결혼은 교회에서 하고, 장례식은 절에서 불교식으로 치르는 사람도 많다.

문부과학성(文部科学省) 발표에 따르면 2010년 현재 일본 신도계(神道系) 신자수는 약 1억 2백만 7천 명, 불교계는 약 8천 4백 6십만 명, 크리스트교계는 277만 명, 그 외 943만 명으로, 모든 종교인수를 합하면 약 2억 명으로 일본의 전체 인구수보다 많은 것에서 일본인들의 유연한 종교관을 알 수 있다. 현재 일본에는 18만 개가 넘는 종교 법인이 존재한다.

신도(神道)

신도(神道)는 일본의 토속신앙으로 일본 종교의 근간이 되며 신도수가 가장 많다. 신도라는 말은 국외에서 전래된 불교와 구분 짓기 위해 사용한 말이다. 신도는 야오요로즈(八百万)라 하여 세상에는 수많은 신들이 있다고 믿으며, 따라서 각 신사(神社)마다 모시는 신이 다르다. 일본 전국에 등록된 신사는 8만여 곳이 넘는다.

신도는 메이지시대부터 국가 종교로 천황을 살아 있는 신으로 숭배하는 역할을 했으나, 패전 후 천황과 국가 권력을 분리하는 정책에 의해 국가 종교로서의 역할을 마감했다.

신사 입구에는 인간과 신이 사는 곳을 경계 짓는 도리이(鳥居)가 세워져 있으며, 신사 앞에는 대개 고마이누(狛犬)라는 신사를 지키는 상상의 동물상이 놓여 있다. 고마는 고구려를 말하는데, 고마이누는 고구려에서 전해졌다고 알려져 있으며 잡귀를 쫓는다고 한다.

↗ **고마이누** 신사와 절의 입구나 본전·본당 등에 마주보게 놓는다.

신사에 참배할 때는 일반적으로 일단 옷매무새를 다듬은 뒤 물을 떠서 왼손, 오른손 순으로 씻고, 손에 물을 받아 입을 헹궈 몸을 정갈하게 한 뒤, 시주함에 돈을 넣고, 방울을 흔들어 소리를 내고 두 번 절한 뒤 손뼉을 두 번 치고 다시 한 번 절을 하는 순서로 진행한다.

신사의 가장 정점(頂点)에 있는 미에현(三重県)의 이세신궁(伊勢神宮)은 외궁(外宮)과 내궁(内宮) 및 별관 등 총 125개에 이르는 건물을 포함하는 신사의 총칭으로, 이세시(伊勢市)의 3분의 1에 해당하는 면적이며, 반나절 참배길,

↗ 손을 씻는 데미즈야(手水舎).

↗ 이세신궁의 내궁 가구라덴(内宮神楽殿).

하루 참배길, 1박2일 참배길 등이 있다. 내궁은 일본 건국신화에 등장하는 해의 신으로 일본 황실의 조상신으로 숭배 받는 아마테라스오미카미(天照大御神)를 모시고 있다. 외궁은 식물(食物)과 곡물을 관장하는 도요우케오미카미(豊受大御神)를 모시고 있다. 이세신궁은 20년마다 내·외궁의 정전(正殿)과

14개 별궁의 사전(社殿)을 새로 지어 옮긴다. 이는 도장(塗裝)을 하지 않은 나무를 땅에 고정시킨 후, 땅에서 조금 띄워서 마루를 깔고, 풀로 지붕을 엮는 방식으로 일본에서 가장 오래된 건축양식으로 지어져 건축물의 수명이 짧기 때문이라고 한다.

후쿠오카(福岡)에 있는 다자이후텐만구(大宰府天満宮)는 헤이안시대 학자요 정치가로 현재는 학문의 신으로 추앙받는 스가와라노 미치자네(菅原道真)를 모시는 신사로, 정월 초 첫 참배에는 학업성적 향상이나 수험합격 기원을 위해 전국에서 200만이 넘는 참배객들이 모인다.

7 다자이후텐만구 경내와 소원을 적어 걸어 놓은 에마(絵馬)들.

시마네현(島根県)의 이즈모타이샤(出雲大社)는 인연의 신(神) 오쿠니누시노미코토(大国主命)를 모시는데, 사랑이 이어지기를 바라는 커플들에게 인기가 매우 높다. 특히 매년 10월에 모든 신들이 인연을 이어주기 위해 이 신사에 모인다고 믿는다. 이즈모타이샤에서 참배할 때는 두 번 절하고 네 번 손뼉을 치고 한 번 절한다.

불교(仏教)

일본에 불교(仏教)가 전래된 것은 6세기 중반으로, 백제의 성왕이 불교 경전과 불상을 일본에 전한 것이 계기가 되어 전파되었다. 신도(神道)와 함께 일본인의 정신적 문화 형성에 크게 작용해 왔다. 문부과학성 발표에 따르면 2010년 현재 일본에는 약 200여 개의 종파에 약 77,000여 사찰이 있다고 한다.

국가와 귀족 중심의 종교였던 불교는 가마쿠라시대(鎌倉時代)[19]에 들어서면서 정토사상(浄土思想)[20]의 보급과 선종(禅宗)[21]의 전래에 영향을 받아 민중의 구제를 위해 힘쓰면서

---

[19] 1192년~1333년. 미나모토노 요리토모(源頼朝)가 가마쿠라(鎌倉)에 막부를 설치하고 통치한 시대를 말한다.
[20] 아미타불을 믿으면 정토에 왕생할 수 있다고 믿는 대승불교 사상.
[21] 내적 관찰과 자기 성찰에 의해 자기 심성의 본원을 참선하여 연구할 것을 주창한 불교 종파.

대중화 되어 왔다. 이 시기에 생겨난 여러 종파 중 특히 어려운 설법이나 힘든 수행 대신 '나무묘호렌게쿄(南無妙法蓮華経)'라고 암송하는 것만으로도 구제받는다는 일련종(日蓮宗)과 '나무아미타불'이라고 염불을 외는 것만으로도 구제받는다는 정토종(浄土宗)은 현재 일본 불교 신자의 대부분을 차지하고 있다.

↗ 일본의 승려들.

일본 불교에는 삭발을 한 수행 승려와, 삭발을 하지 않고 결혼해서 가족을 이루는 승려가 있다. 일본 고대에도 처자식이 있는 승려에 대한 기록이 있으며, 메이지시대 때 이를 공식적으로 인정하면서 승려가 가족을 이루는 것에 대한 거부감이 점차 사라졌다. 일반적으로 일본 사찰은 법인제로 운영되므로, 주지가 부당하다고 여겨지면 해고하기도 하며, 주지의 자손이 승계를 거부하면 제자를 들여 절을 잇게 하기도 한다.

나라현(奈良県)에 있는 호류지(法隆寺)는 성덕종(聖德宗)의 총본산이며, 607년 건축된 것으로 추정되는 세계에서 가장 오래된 목조건축물로, 1993년 유네스코 문화유산에 등록되었다. 담징이 그린 것으로 유명한 금당의 벽화는 1949년 화재에 의한 소실로 수장고에 보관되어 있으며, 현재는 복원 그림이 걸려 있다. 도다이지(東大寺)는 화엄종(華厳宗)의 총본산으로 대불로 유명한데, 불상의 높이는 무려 14.7m에 이른다.

↗ 호류지의 금당과 오층탑.   ↗ 도다이지 대불전과 국보로 지정되어 있는 도다이지의 대불. ⓒMass Ave 975

크리스트교(キリスト教)

문부과학성에 따르면 2010년 현재 일본의 크리스천 수는 약 277만 명으로 전체 인구에서 차지하는 비율은 2%로 매우 낮다.

크리스트교(キリスト教)는 1549년에 스페인 예수회 소속의 프란시스코 자비엘(Francisco Xavier)이라는 선교사에 의해 처음 일본에 소개되었으며, 이후 오다 노부나가

↗ 1931년 자비엘 신부를 기념하기 위해 세운 히라도 자비엘기념교회(平戸ザビエル記念教会).

(織田信長)[22]의 옹호를 받으며 성장하였다. 그러나 16세기 말 크리스트교 신자가 신도(神道) 교도와 불교도를 탄압하는 사건이 늘어나자 이를 우려한 도요토미 히데요시(豊臣秀吉)[23]가 1587년 바테렌추방령(バテレン追放令)[24]을 내려 금지시켰다. 하지만 당시 남만과의 무역 이익 등을 고려하여 실제로는 포교를 묵인하는 형식적인 제제에 그쳤다.

그러나 1596년 풍랑으로 도사국(土佐国)[25]에 표착한 스페인 함선 산·펠리페호가 산적한 화물을 모두 도사국 영주에게 몰수당하자 선원들이 화풀이로 '스페인은 침략의 첫걸음으로 선교사를 보낸다'고 했는데, 이에 분노한 히데요시가 선교사 26명을 처형하면서 직접적인 박해를 받기 시작하였다.

크리스트교가 다시 수용된 것은 메이지시대로, 이전의 카톨릭 중심에서 벗어나 프로테스탄트와 정교회가 주축이 된 포교가 시작되었다. 일본에서 크리스트교가 법적으로 자유롭게 포교를 개시한 것은 세계 2차대전 후이다.

크리스트교는 포교의 수단으로 교육사업에 적극적이었는데, 도쿄의 아오야마학원대학(青山学院大学), 조치대학(上智大学), 메이지학원대학(明治学院大学), 릿쿄대학(立教大学) 등과 교토의 도시샤대학(同志社大学) 등은 모두 크리스트교에서 설립한 대학들이다.

일본은 교회 자체도 크지 않고 신도수도 적어 담임목사가 다른 직업을 갖고 있는 경우가 많으며, 일요일 아침 예배만 보는 곳이 대부분이다.

↗ **오우라성당(大浦天主堂)** 일본에 현존하는 최고(最古)의 목조 고딕 양식의 성당으로, 교회로는 유일하게 국보로 지정되어 있다.

---

22 1534년~1582년. 일본 전국 통일의 기초를 마련한 장수.
23 1537년~1598년. 일본을 전국 통일한 장수로, 임진왜란을 일으킨 것으로 유명하다.
24 바테렌은 포르투갈어로 카톨릭 사제를 이름. 신부(神父).
25 현재의 고치현(高知県).

그 외의 종교들

전후(戰後) 일본에는 새로운 종교들이 많이 생겨났는데, 그중에서 가장 큰 조직력을 가진 것이 소카학회(創価学会)로, 1930년 마키구치 쓰네사부로(牧口常三郎) 등이 니치렌(日蓮)의 불법(佛法) 정신에 근거한 교육실천을 목적으로 설립한 소카교육학회(創価教育学会)가 전신이다. 1952년 종교법인으로 인정받았다. 2007년 현재 교단 발표에 의하면 회원 세대 수는 827만 세대이다. 회원 수는 1,200만 명에서 2,000만 명으로 알려져 있으나, 실제로는 이 숫자의 30%~40% 정도라는 견해도 있다.

↗ 도쿄 시나노마치(信濃町)에 있는 소카학회 본부. ©GcG(WPJA)

소카학회는 유치원부터 대학까지 운영하고 있으며, 출판과 예술에도 관여하고 있다. 또한 기관지로 1개 일간지와, 1개 격주간지, 2개의 월간지를 발행하고 있다. 또한 1964년에는 공명당(公明党)을 결성해 정치적으로도 성장했다.

덴리쿄(天理教)는 에도시대(江戸時代) 말기에 만들어진 종교로, 나카야마 미키(中山みき)를 교주로 하며, 나라현(奈良県)의 덴리시(天理市)를 본거지로 하는 포괄 종교 법인이다. 이 밖에 1984년에는 옴진리교(オウム真理教)가 만들어져 1995년에 도쿄 지하철역에서 사린가스 사건을 일으켜 사회적으로 문제를 야기하기도 하였다. 또한 중국에서 전래된 음양도(陰陽道)라는 종교 단체도 있다. 한국의 통일교를 비롯하여 많은 신흥종교들이 일본에서 포교활동을 하고 있으나, 일본인들은 신흥종교보다는 오래전에 일본에 정착한 불교, 신도(神道), 기독교에 대한 관심도가 더 높다.

06 일본의 마쓰리(祭り)

마쓰리는 원래 '제사 지내다, 신으로 받들어 모시다'라는 마쓰루(祭る)에서 온 말로, 신에 대한 감사와 기원(祈願), 신을 숭배하고 신과 교류하는 의식을 가리키는 것이었다. 일본에는 전국적으로 수백 년의 전통을 이어 내려오고 있는 마쓰리가 많은데, 현대에는 제사의 기능보다 오락의 기능이 더욱 강화되었다.

2005년에 실시한 '전국 신사 제사제례 총조사(全国神社祭祀祭礼総合調査)'에 의하면,

일본의 신사에서 실시되는 마쓰리는 연간 약 30만 건이다. 이외에도 자치단체에서 실시하는 마쓰리나 소규모 연중행사를 포함하면, 일본에서는 1년 내내 전국 각지에서 셀 수 없을 만큼 많은 마쓰리가 열리고 있다고 볼 수 있다.

일본의 3대 마쓰리는 일반적으로 도쿄의 간다마쓰리(神田祭), 교토(京都)의 기온마쓰리(祇園祭), 오사카(大阪)의 덴진마쓰리(天神祭)를 들 수 있다. 일본의 전통 마쓰리에 대해 간단히 살펴보면 다음과 같다.

도쿄의 간다마쓰리(神田祭)

간다마쓰리(神田祭)는 도쿄의 간다묘진(神田明神)에서 주관한다. 원래 음력 9월 15일에 개최되었으나 현재는 매년 5월 중순경에 열리고 있다. 일본 천하를 통일한 도쿠가와 이에야스(德川家康)가 전쟁에 나갈 때 간다묘진에서 승리를 기원하는 기도를 올리게 한 것에서 유래했다고 한다.

5월 15일이 근접한 토요일 아침 8시에 신을 모신 미코시(御輿)[26]가 헤이안시대 복장을 한 사람들에게 둘러싸여 신사를 출발하며, 무녀 등의 복장을 한 젊은 여성이 4명씩 꽃을 바친다. 간다묘진이 위치한 지역의 일대를 돌며 미코시, 다시(山車)[27], 무사 복장을 한 행렬 등이 합류하는데, 거리에 늘어선 현대적인 건물들과 고풍스러운 행렬의 모습이 대비되어 더욱 장관을 이룬다. 이 행렬은 오후 7시에 신사(神社)로 돌아온다.

다음 날은 각 자치회마다 준비한 미코시를 메고 행진한 뒤 신사로 들어가는데, 약 100기(基)에 달하는 미코시를 짊어진 일행이 뿜어내는 역동적인 열기와 참배객들로 마쓰리의 흥겨움은 최고조에 이른다.

축제 기간 중 인근 공원에서 개최되는 일본북 페스티벌(太鼓フェスティバル)에는 전국 각지에서 명성이 높은 일본북 공연 단체들이 출연해 마쓰리의 분위기를 돋운다. 간다묘진이 위치한 곳에는 기업들이 많이 소재해 있어 자치회의 미코시 제작에 동참하기도 한다.

---

26 신체(神体)나 신위(神位)를 실은 가마.
27 마쓰리 때 끌고 다니는 장식을 한 수레.

교토의 기온마쓰리(祇園祭)

기온마쓰리(祇園祭)는 교토의 야사카신사(八坂神社)에서 열리는 제례로, 천 년이 넘는 역사를 자랑한다. 매년 7월 1일부터 31일까지 열리며, 일본의 마쓰리 중 행사기간이 가장 길다. 요이야마(宵山, 7월 14일~16일), 야마보코순행(山鉾巡行, 7월 17일)[28], 미코시토교(神輿渡御, 7월 17일) 등이 볼만하다.

요이야마는 마쓰리의 전야제로 이날 밤에는 유서 깊은 가문과 전통 있는 가게에서 대대로 전해 내려오는 병풍을 공개해 '병풍축제(屛風祭)'라고도 불린다.

야마보코순행은 869년경 교토에 퍼진 유행병을 잠재우기 위해 시작된 것으로, 다시에 호화롭게 장식된 수십 기의 야마보코를 세우는데, 다시 중에는 높이가 20m를 넘는 것도 있다.

마쓰리의 중심 행사인 미코시토교는 야사카신사에 모셔져 있던 3기(基)의 미코시를 옮기는 행사로, 낮의 조용한 야마보코순행과 달리 천여 명이 넘는 사람이 가마를 지는데, 그 호쾌함이 좌중을 압도한다.

오사카의 덴진마쓰리(天神祭)

덴진마쓰리(天神祭)는 오사카텐만구(大阪天満宮) 신사를 중심으로 열리는 마쓰리로, 6월 하순의 길일(吉日)부터 7월 25일까지 약 한 달간 열린다. 951년부터 시작된 마쓰리로 천 년이 넘는 역사를 자랑한다. 특히 신을 배에 태워 오사카시(大阪市) 도심부를 흐르는 오카와(大川)를 거슬러 올라갔다 내려오는 후나토교(舟渡御)는, 수십 척의 배가 밝히는 등불이 강물에 비춰지면서 매우 아름다운 광경을 만들어 내는 것으로 유명하다.

---

28 산 모양으로 장식한 대(台) 위에 창·칼 등을 꽂은 다시(山車).

아오모리(青森)의 네부타마쓰리(ねぶた祭)

네부타마쓰리(ねぶた祭)는 아오모리현(青森県) 아오모리시(青森市)에서 매년 8월 2일부터 7일까지 개최되는 여름 마쓰리로, 해마다 300만 명 이상의 관광객이 찾는다. 사카노우에노 다무라마로(坂上田村麻呂)가 전쟁 때 등(灯籠), 피리, 북을 사용해 적을 혼란시켰던 것에서 유래했다고 한다. '네부타'라는 색채가 화려한 무사 그림이 그려진 등을 끌고 춤을 추면서 행진한다. 네부타의 최대 크기는 폭 9m, 높이 5m, 길이 8m로 정해져 있다. 1980년 일본의 중요무형 민속문화재로 지정되었다.

도쿄의 산자마쓰리(三社祭)

산자마쓰리(三社祭)는 아사쿠사신사(浅草神社)에서 실시하는 마쓰리로, 산자(三社)는 아사쿠사신사에 모신 세 명의 신(神)을 의미한다. 5월 셋째 주 금, 토, 일 3일간 열린다. 금요일은 전야제로, 다이묘(大名)[29]의 행렬이 있고, 토요일에는 각 자치단체의 미코시 연합행렬이 있다. 80개의 미코시가 센소지(浅草寺)의 관음상 뒤쪽으로 모인다. 일요일은 산자 신들의 행차로, 3개의 미코시가 오전 6시에 신사를 출발하여 행진하다 해가 질 때쯤 돌아오는데, 주민과 관광객이 하나가 되어 즐기는 서민적인 마쓰리로 도쿄 3대 마쓰리 중 하나이다.

센다이(仙台)의 다나바타마쓰리(七夕祭)

다나바타는 견우성과 직녀성을 주인공으로 하는 중국의 칠석전설에서 유래된 행사로, 일본 각지에서도 많은 다나바타마쓰리(七夕祭)가 열리고 있지만, 미야기현(宮城県)의 센다이시

---

[29] 봉건영주.

(仙台市)에서 열리는 다나바타마쓰리는 일본 제일로 전국적으로 알려져 있다. 화려한 색색의 단자쿠(短冊)30 를 매단 대나무가 거리를 가득 메우고, 센다이의 중심가에는 거대한 마쓰리 장식들이 상점가를 수놓는다. 최근에는 각 상점가 별로 마쓰리 장식 콘테스트를 개최하기도 한다. 밤에 열리는 다나바타 퍼레이드도 인기를 모으고 있다.

하카타돈타쿠(博多どんたく)

하카타돈타쿠(博多どんたく)는 1179년 하카타에서 열렸던 마쓰바야시(松囃子)31 가 기원으로, 매년 골든위크(ゴールデンウィーク) 기간 중인 5월 3일과 4일 이틀간 열린다. '돈타쿠'는 네덜란드어로 '휴일'이라는 뜻의 '존탁(zondag)'에서 유래한 말이라 한다. 마쓰바야시를 선두로, 꽃으로 만든 자동차 대열, 다양한 의상을 입은 남녀노소 대열 등 약 200개 단체 20,000여 명이 행진을 벌인다. 또한 시내에 설치된 약 30개의 무대에서는 여러 단체가 참가하여 다양한 기예를 선보인다. 매년 행사를 보러오는 관광객은 약 220만 명으로, 골든위크 기간 중 일본에서 가장 인기 있는 마쓰리 중 하나이다.

아와오도리(阿波踊り)

아와오도리(阿波踊り)는 일본 3대 본오도리(盆踊り) 중 하나로, 약 400년간의 역사를 자랑한다. 8월 12일~15일까지 4일간 도쿠시마시(徳島市)를 중심으로 도쿠시마현(徳島県)32 각지에서 열린다. 피리, 샤미센(三味線)33, 북 등의 반주에 맞추어 노래와 춤을 추며 행진한다. 천여 개 단체가 참가하며, 매년 130만 명이 넘는 관광객이 방문한다. 노래 가사와 춤은 간단하고 반복적인 것이 많아 따라 하기 쉽다. 회사의 경우 회사명을 넣어 노래하기도 한다.

---

30 대나무 장식에 매다는 가늘고 긴 색종이.
31 연초에 복을 부르기 위하여 실시하는 행사의 하나.
32 옛날 국명이 아와국(阿波国)이었다.
33 3현으로 된 일본 전통악기 중 하나.

5 일본의 역사

01 원시시대(原始時代)
02 고대시대(古代時代)
03 중세시대(中世時代)
04 근세시대(近世時代)
05 근대시대(近代時代)
06 현대시대(現代時代)

01 원시시대(原始時代)

일본의 구석기는 인류가 일본열도에 거주하기 시작한 것으로 추정되는 기원전 약 9만~8만 년 전[1]부터 기원전 1만 6천 년 전까지로 본다. 이 시기는 아직 일본열도가 아시아대륙과 연결되어 있을 때로 사냥감을 따라 이동해 온 것으로 해석된다. 일본열도에서 발견된 출토품으로 보아 이들은 타제석기를 사용하며, 수렵, 어로, 채집 생활을 하는 단계였다. 이 시기의 토기 사용에 대해서는 일본 학계에서도 의견이 분분하다.

일본열도는 약 만 2천 년 전경에 빙하기가 끝나고 지구가 온난해지면서 해수면이 상승하면서 아시아대륙에서 분리되었다.

기원전 약 1만 년 전부터 기원전 3세기경까지의 약 8천 년간을 조몬시대(縄文時代)라고 부른다. 새끼줄 무늬의 토기가 발견된 것에서 명명된 이 시기는, 타제석기와 더불어 마제석기와 골각기가 사용되고, 움집을 짓고 공동생활을 했다. 일본 각지에 주거지 주위에 쌓여 만들어진 패총(貝塚)이 남아 있으며, 패총에서는 석기가 출토되었다. 조몬인(縄文人)은 나무 활을 이용한 수렵과 어로, 채집 생활을 했는데, 유적지를 조사한 결과 원시적 형태의 농사도 행해진 것으로 보인다.

기원전 3세기부터 기원후 3세기까지 약 600년간 지속된 야요이시대(弥生時代)는 도쿄(東京)의 야요이초(弥生町)에서 발견된 야요이식토기(弥生式土器)에서 명칭이 유래했다. 야요이토기는 조몬토기(縄文土器)보다 튼튼하고 세련된 형태를 보인다. 이 시기에는 청동기와 철기가 사용되고, 벼농사를 중심으로 한 농경사회가 발전하면서 정착생활을 하게 되고,

↗ 산나이마루야마(三内丸山) 유적 아오모리시(青森市) 산나이마루야마에 있는 조몬시대 전기 중반에서 중기 말엽의 대교모 집단 유적.

↗ 홋카이도(北海道)의 유바리(夕張)에서 출토된 조몬토기.

↗ 기원전 3세기~1세기에 제작된 야요이토기. 〈도쿄국립박물관 소장〉

---

1 2009년 돗토리(鳥取)의 스나바라(砂原) 유적 발견으로 12만 년 전이라고 보는 견해도 있다.

이것이 집단 촌락(村落)의 형태에서 확대되어 나라(国)가 생겨났다. 이 시기에 많이 만들어진 분구묘(墳丘墓)[2]는 집단 수장의 것으로 보이며, 이것으로 이때부터 신분의 차가 생겨나기 시작한 것을 알 수 있다.

당시의 일본은 중국의 『후한서(後漢書)』에 '1세기경 왜인(倭人)의 나라에서 사자(使者)가 와 후한(後漢)의 황제가 금인(金印)[3]을 하사했다'라는 기록에서 알 수 있듯이 왜(倭)라고 불렸다. 또한 중국 『위지(魏志)』의 「왜인전(倭人伝)」에는 왜인의 나라는 30여 개의 소국으로 나뉘어져 있으며, 그 중에서 여왕 히미코(卑弥呼)의 야마타이국(耶馬台国)이 제일 강한 나라라고 기록되어 있다.

↗ **하시하카고분(箸墓古墳)** 나라현(奈良県) 사쿠라이시(桜井市)에 있는 전형적인 전방후원분으로, 히미코 여왕의 무덤으로 보는 견해도 있다. ©国土交通省国土画像情報(カラー空中写真)를 근거로 작성됨.

3세기 중후반부터 6세기 후반까지를 고분시대(古墳時代)라고 한다. 3세기 중반 왕을 중심으로 한 호족의 연합 정치 형태를 띤 야마토조정(大和朝廷)이 국내를 통일하였다. 4세기 후반에 들어서 한반도와 중국에서 건너간 많은 사람들이 선진 문물과 기술을 전하고 직접 일을 담당하기도 했는데, 이들을 도래인(渡来人)이라고 한다. 6세기 중엽에는 백제에서 불교가 전해졌다. 이러한 도래문화들은 일본의 학문, 사상, 종교, 예술 등의 기초가 되었다. 또한 3세기 중반부터 기나이(畿内)를 중심으로 자신의 힘을 과시하려는 호족(豪族)들의 고분(古墳)들이 일본 각지에 만들어지기 시작했다. 오사카(大阪) 지

↗ **다이센릉고분** 오사카부(大阪府) 사카이시(堺市)에 있는 일본 최대의 전방후원분이며, 단일 묘역 면적으로는 세계 최대이다. 일본 궁내청(宮内庁)에서는 닌토쿠천황(仁徳天皇)의 능으로 추정하고 있으며, 일반적으로는 닌토쿠천황릉으로 불리고 있다.

방에 있는 일본에서 가장 큰 다이센릉고분(大山陵古墳)은 길이가 486m, 높이가 35m에 이른다.

---

[2] 봉분이 있는 무덤을 말한다.
[3] 약 200년 전 후쿠오카(福岡)의 시카노시마(志賀島)에서 한 농부에 의해 발견되었는데, 거기에 「한왜노국왕(漢委奴国王)」이라는 문구가 새겨져 있었다고 한다. 중국에서 처음으로 일본이라는 나라를 인정했다는 것에 의미를 두고 있다.

02 고대시대(古代時代)

일본의 고대시대는 일본 고유의 문화 위에 외래문화를 받아들인 시대로, 아스카시대(飛鳥時代), 나라시대(奈良時代), 헤이안시대(平安時代)를 말한다.

6세기 후반부터 8세기 초반까지 야마토 정권이 아스카 지방(飛鳥地方)을 본거지로 삼았던 시대를 아스카시대라고 한다. 6세기 중엽 야마토 조정의 세력을 양분하고 있던 소가 일족(蘇我氏)과 모노노베 일족(物部氏)의 권력 다툼에서, 불교의 도입에 찬성한 소가 일족은 신도(神道) 지지자였던 모노노베 일족을 제거하면서 중앙 정계에서 천황을 능가할 정도의 힘을 갖게 되었다.

592년 소가노 우마코(蘇我馬子)는 자신의 의견에 반대하는 스이슌천황(崇峻天皇)을 암살하고, 친척인 스이코천황(推古天皇)으로 하여금 황위를 계승하게 하였다. 이에 스이코천황은 소가 일족과의 충돌을 피하고자 조카인 쇼토쿠태자(聖德太子)를 섭정(摂政)으로 삼았다.

↗ 아스카데라에 있는 쇼토쿠태자 상. ©Chris 73

쇼토쿠태자는 소가 일족과 협력하여 중앙집권 국가체제를 확립하기 위해 관위12계(冠位12階)[4]를 제정하고, 헌법17조(十七条憲法)[5]를 도입하는 등 정치개혁을 단행했다. 왕권을 강화하기 위한 체제 정비는 702년 다이호율령(大宝律令)[6]이 반포되면서 결실을 맺었다.

한편 이 시기에는 소가 일족이 아스카데라(飛鳥寺)를 건립하고, 쇼토쿠태자가 야마토

↗ 나라현 아스카무라(明日香村)에 있는 아스카데라의 본당. 소가 일족의 절로 일본에서 가장 오래된 본격적인 사원이다. ©663highland

↗ 고류지에 안치 되어 있는 미륵보살반가사유상. 일본 조각 부문 국보1호이다.

(大和)의 이카루가(斑鳩)에 호류지(法隆寺)를, 교토(京都)에 고류지(広隆寺)[7]를 세우는 등 여러 사찰을 건립하여 불교문화가 꽃피었다. 호류지에는 고구려 담징이 그린 금당벽화가

---

[4] 호적을 서열화하고 가문에 관계없이 우수한 인재를 등용하는 것을 목적으로 하였다.
[5] 일본 최초의 규율로 지금의 헌법과는 다르다. 그 당시의 생활규범을 적어 공표했다.
[6] 701년 제정된 일본 최초의 율령으로, 당나라의 법전을 본떠서 만들었다.
[7] 종파는 진언종(真言宗)이다. 도래인계인 하타 씨(秦氏)의 절로, 쇼토쿠태자를 모신다.

남아 보관되고 있다. 이 시대의 문화는 아스카나 이카루가를 중심으로 번성했기 때문에 아스카문화(飛鳥文化)라고 한다.

8세기 초, 조정(朝廷)은 중국의 장안(長安)을 모델로 하여 나라분지(奈良盆地)의 북부에 헤조쿄(平城京)를 세우고 710년 수도를 옮긴다. 이때부터 교토로 옮겨가는 794년까지를 나라시대(奈良時代)라고 한다. 이 시기에는 한자의 전래로 많은 책이 편찬되었다. 712년에는 일본에서 가장 오래된 역사서인 『고지키(古事記)』[8]가 편찬되었고, 720년에는 천황의 명에 의하여 정식으로 『니혼쇼키(日本書紀)』[9]가 편찬되었다. 또한 가장 오래된 와카(和歌)[10] 가집(歌集)인 『만요슈(万葉集)』도 만들어졌다.

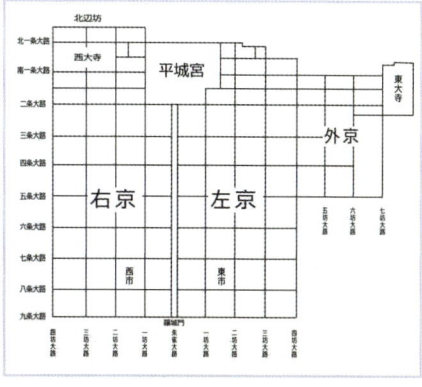

↗ **헤조쿄의 구조도** 중앙의 주작대로를 축으로 좌경(左京)과 우경(右京)으로 나누고, 이를 다시 구분하여 세로로는 9개의 대로를, 가로로는 좌우 각각 4개씩의 대로를 설치하였다. 헤조쿄의 넓이는 동서 약 4.3km(외궁까지는 6.3km), 남북 약 4.7km였다.

↗ 신후쿠지(真福寺)에 수장되어 있는 고지키 사본. 고지키는 원본은 현존하지 않고, 몇 개의 사본만 전해진다.

745년에는 쇼무천황(聖武天皇)의 발원으로 도다이지 비로자나불상(東大寺盧舎那仏像)의 제작이 시작되어 752년에 이르러 안치되었다. 일반적으로는 나라대불(奈良の大仏)로 알려져 있으며, 현재의 불상은 화재 등으로 많은 부분이 손실되어 보수된 상태의 것이며, 조각부문 일본 국보로 정해져 있다.

794년 간무천황(桓武天皇)은 교토의 헤이안쿄(平安京)로 수도를 옮기는데, 1185년까지 약 400여 년간 이어지는 이 시기를 헤이안시대(平安時代)라고 한다. 헤이안시대에는 귀족을 중심으로 한 일본의 독자적인 문화가 형성되고, 일본의 문자(文字)인 히라가나(平仮名)와 가타카나(片仮名)가 탄생했다. 문자의 출현으로 문학이 발달하기 시작해, 소설을 비롯한 새로운 장르의 일본 문학이 생겨났다. 최초로 칙명에 의해 『고킨와카슈(古今和歌集)』라는

↗ **쇼소인(正倉院)** 쇼무천황의 유품 등 다수의 미술공예품과 나라시대의 실상을 알 수 있는 귀중한 사료가 많이 수장되어 있다. 천황의 명령으로 봉인되던 창고라 유품의 보존 상태가 좋다. 현재는 궁내청 소속의 쇼소인사무소에서 관리하고 있다. ©Moja

---

8 일본의 신화를 비롯하여 천황과 그 당시의 역사적 사실들을 편년체 형식으로 기록해 놓았다.
9 신화나 전설, 일본의 고대 역사, 한반도와의 교류 등이 기록되어 있다.
10 5·7·5·7·7로 이루어진 일본 고유의 정형시.

와카집(和歌集)이 만들어졌고, 일본 최초의 소설인 『다케토리모노가타리(竹取物語)』, 최초의 수필집인 『마쿠라노소시(枕草子)』, 일본에서 가장 긴 고전 장편소설인 『겐지모노가타리(源氏物語)』 등 일본 고대문학사의 대표적인 작품들이 모두 이 시기에 편찬되었다.

↗ 다케토리모노가타리 대나무를 베어 파는 노인이 대나무 속에서 아이(가구야히메)를 발견하여 데려오는 장면〈左〉과 달로 돌아가는 가구야히메를 그린 장면〈右〉.〈土佐広通, 土佐広澄 作〉

↗ 겐지모노가타리의 제5첩「若紫」의 한 장면.〈土佐光起 作〉

정치적으로는 천황가의 외척인 후지와라 일족(藤原氏)이 섭정(摂政)과 관백(関白) 정치로 조정을 지배했다. 그러나 12세기 중엽 황위 계승문제를 둘러싼 두 번의 대립으로 무사의 세력이 정계를 좌지우지할 정도로 커지고, 그 결과 다이라 일족(平氏)이 무사 최초로 중앙 권력을 장악하게 되었다.

또한, 이 시기에는 당에서 돌아온 유학승 사이초(最澄)와 구카이(空海)에 의해 각각 천태종(天台宗)과 진언종(真言宗)이 전해졌다.

03 중세시대(中世時代)

가마쿠라시대(鎌倉時代)와 무로마치시대(室町時代)를 중세시대라 한다.

가마쿠라시대는 1192년 미나모토노 요리토모(源 賴朝)가 가마쿠라(鎌倉)를 근거지로 막부(幕府)를 설치하고 1333년에 막을 내릴 때까지를 가리킨다.

1185년 동생인 미나모토노 요시쓰네(源 義経)가 단노우라(壇ノ浦)[11]에서 다이라 일족을 물리친 후, 요리토모는

↗ 미나모토노 요리토모의 초상.〈神護寺 소장〉

---

11 현재의 시모노세키(下関).

천황에게 슈고(守護)¹²와 지토(地頭)¹³의 임명권을 얻어 관리를 친(親) 막부 성향으로 교체해 자신의 세력을 강화하였다. 막부의 행정은 고케닌(御家人)¹⁴이 담당했으며, 쇼군(將軍)은 고케닌 중에서 슈고나 지토를 임명하고, 대신 고케닌은 쇼군에게 충성을 바치는 봉건적 주종관계를 형성했는데, 이것이 가마쿠라막부의 지배 근본이 되었다.

↗ 단노우라의전투(壇ノ浦の戦い) 장면. 〈赤間神宮 소장〉

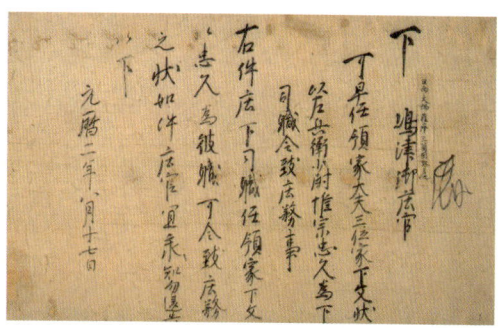
↗ 요리토모의 지토 임명장.

1189년 요시쓰네의 세력이 커지는 것을 두려워한 요리토모는 요시쓰네를 토벌하고, 1192년 정이대장군(征夷大將軍)이 되어 가마쿠라에 막부를 세웠다. 가마쿠라막부는 중앙의 귀족들인 구게(公家) 정권과 양립 체제를 이루는 반 독립적인 정권을 창출했다. 그러나 3대 쇼군(將軍)이 암살되어 미나모토 일족의 정통이 단절되면서, 외척인 호조 일족(北條氏)이 집권(執權) 정치를 실시하게 되었다. 이에 13세기 초 정권 회복을 위해, 고토바상황(後鳥羽上皇)이 막부 타도를 시도했으나 실패로 돌아가면서, 막부는 황위 계승 등에도 영향력을 행사할 정도로 세력이 우세해졌다.

그러나 1272년과 1281년 두 번에 걸친 원나라의 침략에 대처하느라 재정이 악화된 막부는 출정한 고케닌에게 제대로 된 보상을 내리지 못해 무사들에게 실망감을 안겨주었고, 또한 호조가에서 고케닌을 등용에서 배제하는 경향이 강해지면서 무사들의 불만이 쌓여갔다.

결과적으로 황위 계승에 개입하던 막부가 고다이고천황(後醍醐天皇)의 자손에게 황위를 계승하는 것을 인정할 수 없다는 결론을 내놓자, 이에 반발한 고다이고천황이 막부에 불만을 품고 있던 아시카가 다카우지(足利尊氏)와 손을 잡고 군사를 일으켜 가마쿠라막부를 멸망시켰다.

가마쿠라 문화는 무사와 서민 중심으로 소박하고 사실적인 것이 특징이다. 전란을 중심

---

12 지방의 치안 유지를 담당하던 직책.
13 장원(莊園 : 나라시대부터 전국시대에 걸쳐 존재한 중앙 귀족이나 사원에 의한 개인의 토지 소유 형태)을 관리하고 조세를 징수하던 직책.
14 쇼군과 주종 관계에 있던 무사.

으로 한 군담소설(軍記物語)과 역사소설(歷史物語) 등이 등장한 것도 이 시기이다. 대표적인 군담소설에는 다이라 가문의 흥망을 그린 『헤이케모노가타리(平家物語)』가 있다. 또한 가마쿠라 불교의 성립으로 불교가 대중에게 보급되기 시작했다.

가마쿠라시대에는 농업기술도 발달하여, 벼를 수확하고 난 뒤 보리를 재배하는 방식을 적용하기 시작했다. 또한 소와 말을 농사에 이용했으며, 비료를 사용하기도 하였다.

↗ 가마쿠라대불(鎌倉大仏) 고토쿠인(高德院)에 있는 불상으로 정식 명칭은 아미타여래상이다. 높이는 약 11.35m이며 국보로 지정되어 있다.

무로마치시대는 14세기에서 16세기로, 1338년 아시카가가 교토의 무로마치(室町)에 막부를 세우고 통치한 것에서 명명되었다.

가마쿠라막부를 무너뜨리고 구게와 무사를 통일한 고다이고천황은 구게를 중용하였지만, 막부 타도에 공로를 세운 무사들에 대한 보상은 미흡하게 처리했다. 이에 대한 무사들의 불만이 높아가자 아시카가는 이들 세력을 규합하여 교토를 점령하고, 1336년 북조(北朝)인 고묘천황(光明天皇)을 옹립하여 남조(南朝)인 고다이고천황과 대립하였다. 남조와 북조로 나뉜 두 개의 조정(朝廷)이 약 60년간 대립하면서 전란이 계속된 이 시기를 남북조시대(南北朝時代)라고 하는데, 남북조시대는 3대 쇼군 아시카가 요시미쓰(足利義光)에 의해 종식되었다.

↗ 아시카가 요시미쓰 초상. 〈鹿苑寺 소장〉

무로마치막부는 재정 기반과 군사력이 약하여, 슈고다이묘(守護大名)[15]와 정치적 경제적으로 상호보완 관계에 있는 독특한 체제를 이루었다. 막부는 3대 쇼군 요시미쓰 이후 어린 쇼군 체제가 계속되자 유명 다이묘들에 의한 합의로 운영되었는데, 8대 쇼군의 후계 문제를 둘러싸고 막부 내에서 벌어진 다이묘들의 대립은 오닌의 난(応仁の乱)[16]과 메이오 정변(明応の政変)[17]으로 이어졌다.

이후 막부의 정치적 경제적 기반은 붕괴되어 쇼군의 권위가 실추되고 장원제(莊園制)가

---

[15] 지방에서 세력을 얻어 다이묘가 된 슈고.
[16] 쇼군의 후계자 책정을 둘러싸고 벌인 다이묘들의 분쟁으로 1467년 발발하여 11년간 계속되었다.
[17] 1493년에 일어난 아시카가 장군 폐립(廃立) 사건.

붕괴되었다. 그러자 쇼군이 임명하는 슈고다이묘들도 영국(領国) 내에서 통치권과 권위를 잃게 되었다. 이러한 풍조에서 능력 있는 가신들에 의한 하극상(下克上)이 빈번하게 일어나 다수의 다이묘가 몰락하고, 지방의 크고 작은 영주(領主)들이 일어나 자신의 세력 확장을 위해 100년 가까이 무력투쟁이 계속되는 센고쿠시대(戦国時代)를 맞이하게 되었다. 또한 조세 압박에 시달린 민중의 잇키(一揆)[18]도 센고쿠시대로의 이행을 가속화 시켰다.

무로마치시대에는 쌀과 보리의 이모작이 실시되고, 수차(水車)를 이용한 관개(灌漑) 시설 정비 등의 농업기술 발달과 비료의 발달로 농업생산력이 향상되었다. 또한 수공업과 상공업이 발달하여 상품의 유통이 전국적으로 확대되어 각지에 시장이 생겨났다. 유럽과의 무역도 이 시기에 시작되었다.

↗ 로쿠온지(鹿苑寺) 절의 이름은 요시미쓰의 법호에서 기인하였다. 사리를 모신 금각(金閣)이 유명하여 통칭 긴카쿠지(金閣寺)로 불린다. 무로마치시대의 문화를 대표하는 건축물로, 1950년 방화에 의해 소실된 것을 1955년 재건하여 현재에 이르고 있다.

↗ 지쇼지(慈照寺) 8대 쇼군 요시마사(足利義政)에 의해 세워진 사원으로, 무로마치시대 후기에 꽃 피운 히가시야마 문화(東山文化)를 대표하는 건축물이다. 관음전인 은각(銀閣)이 유명하여 통칭 긴카쿠지(銀閣寺)라고 불린다.

무로마치시대는 무사문화와 귀족문화의 융합에 서민적인 정서도 가미되어, 일본의 전통 예능인 노(能), 교겐(狂言)[19], 다도(茶の湯), 꽃꽂이(生け花) 등이 생겨났다.

무로마치시대에는 불교가 무사와 서민들에게 널리 퍼지고, 1549년 프란시스코 자비엘에 의해 크리스트교가 전해졌다. 또한 포르투갈 상인을 통해 화승총[20]이 전해졌으며, 오다 노부나가(織田信長)는 총포를 이용한 전술(戦術)로 센고쿠시대의 전투 양상을 바꿔놓기도 했다.

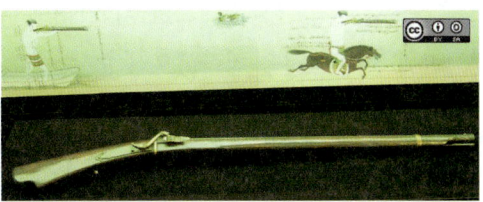

↗ 1543년 가고시마현(鹿児島県)의 다네가시마(種子島)를 통해 일본에 처음 전해진 것으로 알려진 화승총. 길이 99.8cm. ©Gnsin

---

18 농민들의 봉기.
19 귀족적인 노와 대조적으로 서민을 위한 것으로, 알기 쉽게 대화체로 된 회화극이다. 재미있고 우스꽝스럽게 사실적으로 표현한 예술이다.
20 조총을 말한다.

04 근세시대(近世時代)
きんせいじだい

센고쿠시대의 막을 내린 것은 작은 오와리국(尾張国)의 영주(領主)에 지나지 않았던 오다 노부나가였다. 그는 남다른 지략과 전술로 여러 나라를 정복하고 동맹관계를 맺으면서 세력을 넓혀 교토로 진출, 1573년 쇼군 아시카가 요시아키(足利義昭)를 추방함으로써, 명분상으로만 존재하던 무로마치막부를 종식시켰다.

노부나가는 1576년 아즈치성(安土城)을 축조하고, 그 후 계속하여 반대 세력을 제거하여 일본의 전국통일을 목전에 둔 1582년 혼노지(本能寺)에서 가신(家臣) 아케치 미쓰히데(明智光秀)의 습격을 받고, 혼노지에 불을 지르고 불속에 뛰어들어 자결로 생을 마감했다. 이를 혼노지의 변(本能寺の変)이라고 한다.

↗ 오다 노부나가 초상. 〈神戸市立博物館 소장. 중요문화재〉

노부나가의 부하였던 하시바 히데요시(羽柴秀吉)는 아케치 미쓰히데를 무찌르고 노부나가의 후계자로서의 지위를 굳힌다. 1586년 태정대신(太政大臣)에 오른 히데요시는 도요토미(豊臣)라는 성(姓)을 하사받고, 1590년 일본 통일의 대업을 이룩한다.

↗ 도요토미 히데요시 초상. 〈狩野光信 作. 高台寺 소장. 중요문화재〉

권력을 잡은 히데요시는 농민의 거병을 막기 위해 칼, 창, 철포 등의 무기를 징수하여 농민의 무기소지를 금하여 무사와의 신분 구별을 확고히 하였다. 또한 전국적으로 농지의 상태, 면적, 수확고, 경작 농민 등을 조사하여 경작자에게 과세하고 경작자가 직접 영주에게 납세하는 방식을 취하면서 장원제를 폐지하는 등 정권의 안정에 힘을 쏟았다. 히데요시는 명나라를 정복하고자 두 번에 걸쳐 조선을 침략했으나 모두 실패로 돌아갔다.

노부나가와 히데요시가 통치했던 시기를 노부나가의 거점이었던 아즈치성과 히데요시의 거점이었던 모모야마성(桃山城)에서 따와 아즈치·모모야마시대(安土·桃山時代)라고 한다. 이 시기의 문화는 거상(巨商)의 등장으로 호화롭고 웅장하다. 다도가 유행했으며, 또한 조선에서 끌려간 도공과 활자 기술자들에 의해 도자기와 인쇄술이 발달하는 기초가 마련되었다.

도요토미 히데요시(豊臣秀吉)의 사후, 정권을 손에 쥔 것은 도쿠가와 이에야스(徳川家康)였다. 이에야스는 1600년 세키가하라 전투(関ヶ原の戦い)에서 이시다 미쓰나리(石田三成)를

제압하고 1603년 에도(江戶)에 막부를 설치했다. 이 후 1867년까지 약 260년간을 에도시대(江戶時代)라 한다.

↗ 강한 색과 금·은박 등을 사용해 표현하던 아즈치·모모야마시대의 회화 양식을 잘 보여주는 병풍. 〈狩野永德 作〉

에도막부는 교토(京都), 오사카(大阪), 나가사키(長崎) 등 주요 도시와 항만, 광산 등을 막부가 직접 지배하였다. 직영지를 제외한 곳에는 300여 개의 번(藩)을 설치하고, 막부의 규정 하에서 각 번의 자치를 인정하는 막번체제(幕藩体制)를 실시했다. 영지(領地)는 쇼군이 지정했으며, 참근교대(參勤交代)[21]와 유명 다이묘들의 개역(改易)[22] 제도 등을 통해 다이묘와의 주종관계를 확고히 다졌다. 또한 막부는 적은 수의 무사가 백성을 지배하기 용이하도록 사농공상(士農工商)[23]의 신분제도를 만들었으며, 세금 확보를 위해 술과 차를 금지하는 등 농민의 생활을 세세하게 규제하였다.

↗ 도쿠가와 이에야스 초상. 〈大阪城 天守閣 소장〉

에도막부는 크리스트교가 국내에서 큰 세력을 형성하면서 이것이 스페인, 포르투갈의 침략을 초래할 것을 염려하여 금교령(禁敎令)을 내려 선교사를 추방하고, 신자들에게 박해를 가하는 한편, 스페인, 포르투갈과의 무역을 금하는 쇄국정책을 펼쳤다. 그러나 쇄국정책 중에서도 중국, 조선과의 교류는 계속되었으며, 조선통신사는 두 나라의 문화적 교류의 창구역할을 하였다.

18세기 들어 막부의 재정이 만성적으로 악화되자 재정 재건을 위해 여러 개혁을 추진했으나 효과는 미미하였다. 무거운 세금에 항의하는 농민봉기가 잇따르고, 경제의 발달로 농촌에서도 화폐가 쓰이게 되자 빈부의 차이는 더욱 확대되고, 신분을 파는 무사가 등장하는 등 신분제가 흔들리고 막번체제는 변질되어 갔다.

↗ **후미에(踏み絵)** 에도막부가 크리스트교 신자를 가려내기 위해 예수 그리스도 상이나 성모 마리아 상을 새긴 동판이나 목판을 밟도록 한 방법. ©Chris 73

---

[21] 각 번의 다이묘가 정기적으로 에도의 관직에 나가도록 하는 제도로, 다이묘들은 1년마다 이루어지는 번과 에도의 왕복 행차에 드는 재정 부담이 상당히 컸으며, 가족은 에도에 머물러야 했으므로 막부에 대항할 수 없었다.
[22] 다이묘 등의 신분을 박탈하고 영지 등을 몰수하는 것을 의미한다.
[23] 무사(士), 농민(農), 기술자(工), 상인(商)으로 신분을 구분하여 지배했다.

에도막부는 1854년 미국과 미일화친조약(日米和親条約)을 맺고 시모다(下田)와 하코다테(函館) 두 개의 항을 개항하면서 쇄국정책을 마감했다. 이것이 계기가 되어 이후 계속해서 다른 나라와의 조약에 의해 개항이 이루어지면서 쇼군의 권위는 땅에 떨어지고, 사쓰마번(薩摩藩)24과 조슈번(長州藩)25의 하급무사를 중심으로 천황을 존경하고 막부를 타도하자는 존왕도막(尊王倒幕) 운동이 일어났

↗ 1854년 페리의 요코하마(横浜) 상륙을 그린 석판화. 1853년 미국 동인도함대 사령관인 페리가 4척의 군함을 이끌고 일본에 내항하여, 조약 체결을 요구하는 미국 대통령의 친서를 받아들이기를 강요하였다. 대항할 힘이 없던 막부는 이를 접수하고, 이듬해인 1854년 7척의 군함을 이끌고 내항한 페리의 조약 체결을 촉구하는 위력에 굴하여 미일화친조약을 맺었다.

다. 결국 1867년 15대 쇼군 요시노부(慶喜)가 천황에게 정권을 돌려주면서 에도막부는 막을 내렸다. 이로써 가마쿠라막부 설치 이후 700년 가까이 이어져 온 무가정치가 끝나게 된다.

막부는 서양과의 교류를 엄격하게 제한하는 한편, 나가사키(長崎)의 데지마(出島)에서는 네덜란드와의 교역을 허가하였다. 나가사키에 들어오는 중국문화와 서양문화는 지식인의 호기심을 자극하였고, 이로 인해 서양학(洋学)과 의학, 한방의학이 발달했다. 이러한 흐름은 막부 말 제국주의 시대의 팽창정책에 의한 구미(欧米) 열강의 접근에 대응하는 힘이 되었고 개국(開国)의 원동력이 되었다.

↗ 현재 복원된 나가사키의 데지마 전경.

에도시대의 문화는 조닌(町人)26의 문화로, 문학은 소설문학을 중심으로 발달하였으며, 하이쿠(俳句)라는 새로운 형태의 짧은 정형시가 등장했다.

교토에서는 염색 기법의 하나로 인물, 꽃, 새 등의 화려한 무늬가 특징인 유젠염색(友禅染)이 발달하고, 아리타(有田)와 구타니(九谷) 등에서는 일본을 대표하는 도자기가 만들어졌다. 신사에서 춘 춤에서 시작되었던 가부키(歌舞伎)도 에도 문화를 대표하는 것 중의

---

24 지금의 가고시마현(鹿児島県) 서부 지방.
25 지금의 야마구치현(山口県) 서부 지방.
26 에도시대의 상인과 장인 계층을 이르는 말. 특히 상인을 이른다.

↗ 우키요에 화가로 세계적으로도 유명한 가쓰시카 호쿠사이(葛飾北斎)의 대표적 풍경화인 후가쿠36경(冨嶽三十六景)의 일부.

하나이다. 또한 우키요에(浮世絵)라는 판화그림은 19세기 후반 유럽의 인상파 화가들에게도 커다란 영향을 주었다.

막부는 무사의 자녀들에게 주자학(朱子学)을 교육했으며, 데라코야(寺子屋)라는 교육기관이 생겨 서민도 교육 받을 기회를 얻었다. 데라코야는 서민의 아이들에게 읽기와 쓰기, 계산 등을 가르쳤다.

↗ 데라코야의 교사와 아이들의 모습.

05 근대시대(近代時代)
きんだい じ だい

1868년 4월 6일 메이지천황(明治天皇)은 신정부의 정치방침인 5개조선언문(五箇条の御誓文)을 발표하고, 천황을 중심으로 한 새로운 국가체제를 구축하기 위해 여러 가지 개혁을 단행했는데 이것을 메이지유신(明治維新)이라고 한다.

에도막부의 붕괴 후 일부 막부 세력의 저항이 있었으나, 신정부(新政府)는 이를 제압하고, 연호를 메이지(明治)로 정하고 1869년 수도를 도쿄로 옮겼다.

메이지정부는 일본의 근대화를 위해 사민평등을 선언하고, 번(藩)을 폐하고 현(県)을 설치하여 중앙에서 지방관을 임명하면서 자연스럽게 지배권을 확립했다. 또한 서민들도 성(姓)을 갖게 하고, 직업이나 주소도 자유롭게 옮길 수 있게 하였다. 1872년에는 학제를 제정하여

↗ **메이지천황** 1852년~1912년. 일본의 122대 천황으로 일본의 근대화를 추진했다. 재위 기간 1867년~1912년.

6세 이상의 남녀가 교육을 받도록 하였다. 또한 태양력(太陽曆)을 채택하고, 단발을 하고 양복을 착용했다.

메이지정부는 서구 열강과 견줄 수 있는 부국강병 실현을 위해 경제발전과 군사력 증강에 의한 근대국가의 형성을 목표로 했다. 식산흥업정책(殖産興業政策)의 실현 방안으로 서구의 근대적 기술과 기계를 도입하여, 관 주도(官主導)의 관영공장을 세우고 광산을 개발하는 등 직영사업장 중심의 근대산업을 육성하였다. 또 철도 및 선박, 전신, 우편 등의 시설을 정비하고, 금융단위로 엔(円)을 도입하고 1882년 일본은행(日本銀行)을 설립하여 근대화 추진을 가속화하였다. 또한 군사력 증강을 위해 1873년 징병령을 발표하여 20세 이상의 남자에게 병역의 의무를 부과하고 이를 전제로 국민군을 조직하였다.

↗ 도쿄 주오쿠(中央区)에 있는 일본은행 본점. ©Wiiii

메이지정부는 1889년 강한 군주력이 특징인 독일 프로이센 헌법을 모방하여 만든 「대일본제국헌법(大日本帝國憲法)」을 발포하고 이듬해 시행하였다. 「대일본제국헌법」은 흠정헌법(欽定憲法)으로 의회의 권한이 제한되어 있었으며, 의회는 법률을 제정하기 위해서는 천황의 재가가 필요한 기관으로 천황의 입법행위를 협찬하는 기관에 지나지 않았다.

제국의회는 메이지시대 초기의 자유민권운동과 의회개설운동의 영향으로 1890년 성립되었다. 의회는 귀족원(貴族院)과 중의원(衆議院)으로 나뉘는 양원제로, 첫 중의원 선거 당시 선거권자 수는 전체 국민의

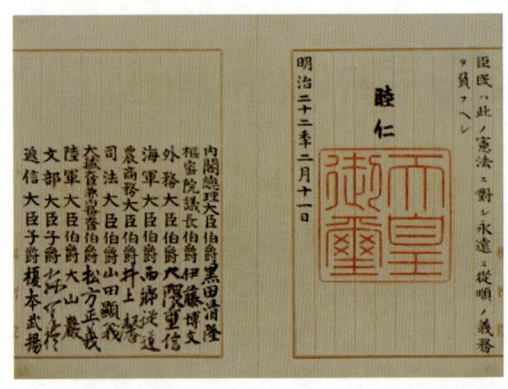

↗ 대일본제국헌법의 3페이지. 천황의 서명 날인과 대신들의 서명이 되어 있다.

1%에 지나지 않는 극히 제한된 선거였다. 이는 국민의 의견이 국정에 반영되지 못하도록 하는 제도적 장치였다. 총선거 결과 민당(民黨)[27]이 의석의 과반수를 차지하면서 초기 의회는 군비확장을 추구하는 번벌의 초연주의(超然主義) 입장과 대립각을 세웠다. 그러나 청일전쟁(日淸戰爭) 후의 최대 과제였던 전후처리를 두고 내각과 제휴하면서 민당(民黨)으로서의

---

[27] 메이지시대 자유민권운동을 추진해 온 자유당(自由黨)과 입헌개진당(立憲改進黨) 등 민권파 각 당의 총칭.

입장을 포기했다.

메이지정부는 1894년 청일전쟁에서 승리하면서 받은 막대한 배상금[28]의 80%를 군비확장에 쏟아부으면서 제국주의의 발판을 마련했다. 또, 배상금은 금본위제(金本位制) 시행의 원천이 되었다.

메이지정부는 1902년 러시아의 남하정책을 견제하기 위해 영국과 영일동맹(日英同盟)을 체결하고 1904년 러일전쟁(日露戦争)을 일으켜 승리하면서, 1906년 중국에 남만주철도주식회사(南満州鉄道株式会社)를 세우고, 1910년 대한제국을 합병하면서 제국주의 강국으로 나아갔다.

↗ 다롄(大連)에 있던 남만주철도주식회사의 본사.

메이지시대는 서양의 근대문학 사상들이 들어와 일본 문학에도 큰 영향을 끼쳤으며, 사실주의와 낭만주의 문학이 등장했다. 1890년 모리 오가이(森鴎外)의 『마이히메(舞姫. 무희)』가 발표되어 자아의식의 자각과 인간성의 해방을 주장했다. 일본 근대문단을 대표하는 소설가 나쓰메 소세키(夏目漱石)는 『와가하이와 네코데아루(吾輩は猫である. 나는 고양이다)』, 『봇찬(坊ちゃん. 도련님)』 등 많은 작품을 발표했다.

↗ 다이쇼천황 1879년~1926년. 일본의 123대 천황.

1912년 메이지천황의 뒤를 이어 다이쇼천황(大正天皇)이 재위에 올랐다.

1914년 제1차 세계대전이 발발하자 일본은 영국과의 동맹관계를 이유로 전쟁에 참여해 중국에 있는 독일군사 기지를 점령하였다. 일본 경제는 전쟁특수로 인해 조선업, 섬유업, 제철업 등을 중심으로 공전의 성장을 이루었으며, 정부는 러일전쟁 후 계속되었던 재정난을 극복할 수 있었다. 그러나 1918년 전후(戦後) 투자설비의 과잉과 재고 적체로 경기가 악화되고, 전쟁 중 금지되었던 금수출로 인해 일본은행은 대량의 금을 보유하게 되어 금본위제 기능도 상실되어 정부와 일본은행의 대책은 갈피를 잡지 못하였다.

---

28 일본은 1895년 시모노세키 조약 체결 결과 배상금과 요동반도, 대만, 팽호열도(澎湖列島)를 양도받았다. 그러나 러시아·프랑스·독일 3국의 요구로 청에게 요동반도를 돌려주는 대가의 배상금과 최초의 배상금에 이자를 더해 약 4억 엔에 이르는 배상금을 손에 넣었다.

더욱이 1923년 발생한 간토대지진(関東大震災)으로 경제회복이 불투명한 상황에서 쇼와시대(昭和時代)를 맞이했다.

다이쇼시대(大正時代)에는 도시를 중심으로 백화점으로 대표되는 소비문화, 대중문화가 성립하였다. 도시에는 카페, 레스토랑, 영화관 등의 새로운 문화가 생겨나는 한편 슬럼이 형성되고, 도시와 근대화의 혜택을 받지 못한 농어촌의 격차는 심해지고, 노동항쟁이 격화되는 등 사회적 모순이 깊어졌다.

다이쇼천황의 뒤를 이어 1926년 쇼와천황(昭和天皇)이 즉위했다. 제1차 세계대전과 간토대지진으로 이어진 쇼와금융공황(昭和金融恐慌)에 이어 1929년 10월 미국 뉴욕의 주가 대폭락으로 이어진 세계공황은 일본 경제에 커다란 타격을 주어 기업이 도산하고 사회 불안이 증가했다.

↗ **쇼와천황** 1901년~1989년. 일본의 124대 천황. 재위기간 1926년~1989년. 입헌군주제 하에서 살아 있는 신으로 추앙받으며 절대적인 권력을 행사하였으나, 전후 상징적인 천황으로서 황실 외교를 수행했다.

1931년 일본군은 만주사변(満州事変)을 일으켜 중국 북동부를 점령한 뒤 1932년 만주국(満州国)을 세웠다. 만주사변의 조사를 실시한 국제연맹이 만주국을 열강이 공동 관리할 것을 주장하자 이에 반대한 일본은 국제연맹을 탈퇴했다.

↗ **쇼와공황** 시 불황으로 인한 금융불안으로 중소 은행을 중심으로 하여 은행 예금인출 소동이 발생했다.

1932년 5월 해군의 청년장교가 부패정치를 개조한다는 명목을 내세워 당시 수상을 암살하면서 정당정치는 끝이 나고 군인과 관료 내각이 시작되었다. 이후 1936년 2월 천황 친정(親政) 하에서의 국가개조를 목표로 육군 청년장교들이 수상관저와 정부 각료를 공격하여 사상자가 발생했다. 두 번의 쿠데타는 모두 실패로 돌아갔지만, 천황 중심의 정치를 실현하고자 한 일본 군국주의의 대두를 보여주었다.

정치적 권력을 획득한 일본 군부는 1937년 중일전쟁(日中戦争)을 일으키고, 1941년에는 하와이의 진주만에 있는 미군 해군기지를 공격하여 태평양전쟁을 일으켰다. 이 전쟁은 1945년 8월 6일과 9일 히로시마(広島)와 나가사키(長崎)에 원자폭탄이 투하되고, 결국 1945년 8월 15일 포츠담선언을 통해 연합국에 무조건 항복을 하면서 마침내 종식되었다.

19세기 말부터 계속되어 온 일본 군부의 전쟁은 국민들을 전쟁터로 내몰아 많은 전사자를 냈으며, 경제적으로도 엄청난 손실을 보게 되었다. 제2차 세계대전이 막을 내림과 동시에 일본도 평화헌법을 제정하고 전후(戰後)의 피해 복구에 힘을 쏟게 되었다.

식민지였던 조선의 수많은 젊은이들이 강제징병과 강제징용으로 전쟁에 동원되어 희생되었으며, 젊은 여성들이 종군위안부로 끌려가 성적(性的)으로 혹사당하는 전례 없는 잔인한 고통을 겪었다. 그러나 당사자들은 이에 대해 일본 측으로부터 진실한 반성과 사과는 아직도 받지 못하고 있다. 생존해 있는 고령의 희생자들을 위해 무엇보다 신속한 해결이 절실한 문제이다.

↗ **야스쿠니신사(靖国神社)** 전몰자의 위패를 모시고 그들을 신으로 모시는 신사로, 태평양전쟁을 일으킨 전범 등의 위패도 안치되어 있으며, 일본 정부의 각료와 국회의원들의 집단 참배 등으로 물의를 발생시키고 있다. 일제에 의해 강제 동원되어 전사한 한국인 희생자들의 위패도 합사되어 있어 후손들의 반환 소송이 이어지고 있다.

06 현대시대(現代時代)
げんだい じ だい

일본은 패전 후부터 1952년 샌프란시스코강화조약 발효까지 연합국군 최고사령관 총사령부(GHQ)의 통치하에 놓인다. GHQ는 태평양전쟁 수행의 경제적 기반이 된 미쓰이(三井), 미쓰비시(三菱) 등의 재벌을 해체하고, 농지개혁을 실시해 많은 소작농이 자작농이 되었다. 또한 학제개혁, 노동조합 결성 촉진 등 많은 개혁을 단행하였다.

또한, 쇼와천황의 인간선언을 통해 신격을 부정하게 하고, 1946년 공포된「일본국헌법(日本国憲法)」제정에 깊이 관여하여, 천황을 일본국과 일본국민 통합의 상징적인 존재에 그치도록 규정했다.

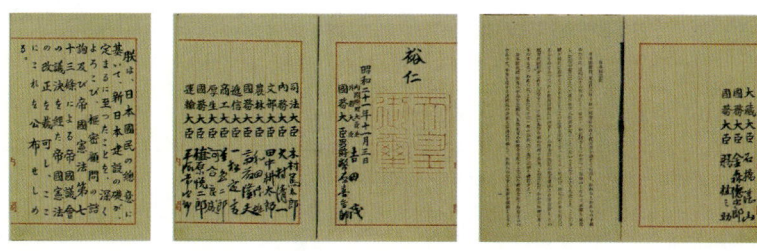

↗ 일본국헌법 원본. 왼쪽부터 천황의 공포문과 서명 날인, 전문이 실려 있는 페이지.

GHQ 하에서는 사상, 언론, 신앙이 자유로워지고 민주주의 정신에 입각하여 자유스러운 문화 활동이 보장되었다. 그러나 냉전 기류가 격화되자 노동운동에 대한 압력을 점차 강화하고, 공무원의 쟁의권 등을 인정하지 않았다.

　전후(戦後) 황폐화된 일본 경제는 1950년에 일어난 한국전쟁(韓国戦争)을 재기의 발판으로 삼아 1970년 전반에 걸쳐 연평균 10%가 넘는 성장률을 기록한다. 1964년 도쿄올림픽 1970년에는 오사카(大阪)에서 일본세계박람회(日本万国博覧会)를 개최하였다.

　1970년대의 석유위기를 극복하고 일본 경제는 공전의 호황을 거듭하여 현재 세계 톱클래스의 경제대국이 되었다. 물론 1990년대 들어 발생한 버블경기의 붕괴 여파에서 아직 완전히 회복한 것은 아니지만, 외환보유고는 중국에 이어 세계 2위, 국민총생산액은 OECD국 중 3위[29] 등 국제적으로 지도자적인 위치에 서 있다. 이러한 일본에게는 국외적으로는 개발도상국을 비롯한 후진국들에 대한 지원, 국제연합의 역할 분담 등 세계 지위에 걸맞는 많은 역할이 남아 있다. 국내적으로는 홋카이도(北海道)의 아이누민족(アイヌ民族)에 대한 차별, 재일동포들에 대한 차별, 오키나와(沖縄)에 대한 차별 등 선진국으로서 해결해야 될 문제들이 많이 있다.

　현재 일본은「일본국헌법」제9조[30]에 의해 자위대(自衛隊)는 전쟁 행위가 금지되어 있으나, 1990년대부터 국제연합 평화유지활동을 수행한다는 명분으로 걸프전, 이라크전 등 각국의 전쟁에 파견되기 시작했다. 또한 여러 나라와 방위협약 및 정보보호협정을 체결하고 연습훈련에 참가하는 등 활동

ㄱ 인도양에서 미국 해군의 미사일구축함에 연료를 보급하고 있는 일본의 해상자위대 보급함.

범위를 넓혀가고 있어 주변국들에게 일본 제국주의의 부활에 대해 우려를 사고 있다.

　또한 일본 정부는 2013년 국방예산을 2012년도의 당초 예산 4조 6,453엔에서 천억 엔을 증액한다고 발표했다. 북한의 미사일 발사와 중국과의 영해 충돌 등의 이유를 들어 방위정책을

---

29 2011년 4월 인터내셔널 모네터리 펀드(International Monetary Fund) 발표.
30 1항 – 일본 국민은 정의와 질서를 기조로 하는 국제평화를 성실히 요구하고, 국권이 발동하는 전쟁과 무력에 의한 위협 또는 무력 행사는 국제분쟁을 해결하는 수단으로서는 영원히 이를 포기한다.
　2항 – 전 항의 목적을 달성하기 위해, 육해공군 그 외의 전력은 이를 보유하지 않는다. 국가 교전권은 이를 인정하지 않는다.

개정할 예정으로 보인다. 이번 국방비 증액은 일본 정부의 재정 악화로 그간의 감소 경향에서 벗어나 11년만에 이루어진 것으로, 증액된 예산은 신형레이더 연구 등에 쓰여질 것이라 한다.

2006년부터 한일 간에는 비자가 면제 되었다. 애니메이션(アニメ), 만화, 게임 등에 국한되었던 교류도 서브컬쳐(subculture)로 범위가 확대되고, 한국의 연예인이 일본에서 커다란 인기를 얻는 등 많은 인적, 물적 교류가 이루어지고 있다. 일본에게 아시아 국가들과의 협력이 그 어느 때보다 필요한 시기이다.

6 일본의 문학

- 01　상대문학 (上代文学)
- 02　중고문학 (中古文学)
- 03　중세문학 (中世文学)
- 04　근세문학 (近世文学)
- 05　근대문학 (近代文学)
- 06　현대문학 (現代文学)
- 07　일본의 문학상

01 상대문학(上代文学)

상대문학은 나라(奈良)가 중심이 되었던 794년까지의 문학으로 고대 전기문학(古代前期文学)이라고도 한다. 상대문학은 종교적 기능의 서사문학이 주류를 이루었으며, 아직 문자가 없었던 당시에는 이야기를 전하는 것을 업으로 삼았던 가타리베(語り部)에 의한 구승문학이 발달했다.

한자(漢字)가 들어오면서 『고지키(古事記)』(712년)와 『니혼쇼키(日本書紀)』(720년)가 편찬되고, 이를 계기로 구승문학에서 기록문학으로 발전하게 되었다. 『고지키』와 『니혼쇼키』는 일본의 신화와 국토 통일에 관한 전설 등이 수록되어 있는 역사서이지만 고대가요도 실려 있어 문학적인 가치가 매우 높다. 또 『후도키(風土記)』는 각지의 산물이나 전설, 지명의 유래 등 각 지방의 특색이 기록되어 있어 당시 사람들의 신앙이나 풍속 등을 알 수 있는 귀중한 자료이다.

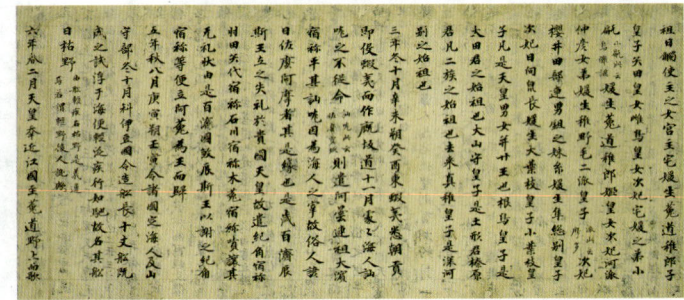
↗ 헤이안시대(平安時代)에 필사된 『니혼쇼키』.

8세기 후반 편찬된 『만요슈(万葉集)』는 만요가나(万葉仮名)로 쓰여진 최초의 정형가집으로, 천황을 비롯하여 귀족과 하급 관리, 사키모리(防人)[1], 농민에 이르기까지 다양한 계층의 사람들이 지은 4,500여 수의 노래가 수록되어 있다. 여기에는 고대 한반도와 중국에서 건너간 도래인의 작품도 많이 보인다.

『만요슈』를 대표하는 작가로는 누카타노 오키미(額田王)를 비롯하여, 자연이나 역사를 노래한 궁중가인(宮中歌人) 가키노모토노 히토마로(柿本人麻呂), 인생의 고락을 노래한 도래계(渡来人)의 야마노우에노 오쿠라(山上憶良), 그리고 『만요슈』의 편찬자로 추정되는 오토모노 야카모치(大伴家持) 등이 있다.

↗ 가키노모토노 히토마로의 초상. 〈狩野探幽 作〉

---

[1] 규슈(九州)의 경비를 담당하던 병사.

02 중고문학(中古文学)

중고문학은 헤이안시대(平安時代) 문학으로, 중고문학 초기는 상대문학에 이어 한시(漢詩)와 한문(漢文)이 발달했다. 그러나 9세기 후반 겐토시(遣唐使)가 폐지[2]되면서 일본 고유의 국풍문화(国風文化)가 눈부시게 발전했다.

9세기 후반 만들어진 가나문자가 궁중 여인들에게 보급되면서 자유롭게 자신의 감정을 노래한 여류문학이 여러 장르에서 꽃을 피웠다. 10세기 초 발표된 『다케토리모노가타리(竹取物語)』는 일본 최초의 모노가타리(物語)로 추정되며, 궁녀 무라사키 시키부(紫式部)의 장편소설 『겐지모노가타리(源氏物語)』(11세기 초)[3]는 중고문학의 대표적인 작품으로 현대 일본 문학에도 커다란 영향을 주고 있다. 이 작품을 정점으로 모노가타리는 점차 쇠퇴의 길로 접어들게 된다. 또한 칙명에 의한 최초의 와카집(和歌集)인 『고킨와카슈(古今和歌集)』(905년)가 편찬되었다.

↗ 무라사키 시키부의 초상. 〈土佐光起 作〉

↗ 『고킨와카슈』의 편찬에도 참가한 기노 쓰라유키의 초상. 〈狩野探幽 作〉

중고시대 문학의 또 하나의 특징으로 일기문학이 대두된 것을 들 수 있는데, 기노 쓰라유키(紀貫之)의 『도사닛키(土佐日記)』(935년)는 가나로 쓰여진 최초의 일기로, 후에 여성 일기문학에 많은 영향을 끼쳤다. 또한 11세기에 들어와서는 최초의 수필집인 『마쿠라노소시(枕草子)』가 역시 궁녀인 세이쇼나곤(清少納言)에 의해 발표되었다. 설화문학도 발달하여 설화문학의 백미라 할 수 있는 『곤쟈쿠모노가타리(今昔物語)』 등의 설화집도 편찬되는 등 다양한 장르의 문학 작품이 발표되었다.

---

2 600년대부터 당나라에 파견되었으나 당시 겐토시로 임명된 스가와라노 미치자네(菅原道真)의 건의에 의해 894년 폐지되었다.
3 황태자 히카루 겐지(光源氏)와 여러 여성들과의 만남을 중심으로 하여 귀족 사회의 모습을 그린 소설로 54편의 대작이다. 총 3부로 되어 있다.

03 중세문학(中世文学)

미나모토노 요리토모(源 頼朝)가 가마쿠라(鎌倉)에 막부를 개설한 1192년경부터 도쿠가와 이에야스(徳川家康)가 에도(江戸)에 막부를 개설할 때까지의 문학을 중세문학이라 한다. 이 시기는 귀족 세력이 몰락하고 전란이 끊이지 않던 시대로, 무사들의 세계를 반영한 군담소설(軍記物語)과 역사소설(歴史物語) 등의 새로운 문학 장르가 생겨났다. 대표적인 군담소설은 『헤이케모노가타리(平家物語)』로, 다이라(平) 가문의 영화와 몰락을 성자필쇠(盛者必衰)라는 불교의 무상관의 시점에서 그린 소설이다.

또한 혼란스럽고 불안한 속세를 벗어나 생활하는 은둔자와 승려들에 의해 은자문학(隠者文学)[4]이 등장했다. 은자문학은 인생의 무상에 대해 그린 작품이 많은데, 대표적인 작품으로는 가모노 조메이(鴨長明)의 『호조키(方丈記)』(1212년)와 요시다 겐코(吉田兼好)의 『쓰레즈레구사(徒然草)』(1330년) 등이 있다. 『호조키』는 화재, 기근, 지진 등의 기록과 자신의 불우한 인생에 대해 쓴 수필로, 당시의 천재지변에 대한 실상을 알 수 있어 역사 사료로서도 이용되고 있다. 『마쿠라노소시』, 『호조키』, 『쓰레즈레구사(徒然草)』를 일본의 3대 수필이라고도 한다.

중고시대에 이어 발전한 설화문학은 황금기라고 할 만큼 좋은 작품들이 많이 발표되었다. 전란이 계속되면서 서민들은 불안한 마음을 달래기 위해 당시 널리 퍼져 있던 불교에 의지하게 되었는데, 대표적인 불교 설화집으로 가모노 조메이의 『홋신슈(発心集)』가 있다. 구승되어져 온 일반 설화집으로는 작자미상의 『우지슈이모노가타리(宇治拾遺物語)』를 들 수 있는데, 한국의 「혹부리 영감」 등과 같이 소재와 줄거리 면에서 상당히 유사한 이야기가 수록되어 있다.

가마쿠라막부(鎌倉幕府) 말이 되자 오토기조시(御伽草子)라는 이전까지의 귀족문학과는 전혀 다른 장르가 나타난다. 오토기조시는 구전되어 온 설화에서 소재를 취하거나 동물을 의인화하는 등 이전에는 볼 수 없었던 전개의 단편소설로 무로마치모노가타리(室町物語)라고도 한다. 대표 작품으로 『잇슨보시(一寸法師)』와 『우라시마타로(浦島太郎)』 등이 있다.

ㄱ 『우라시마타로』의 표지. 〈歌川 国芳 作〉

---

4 정치적 혼란에 싫증을 느껴 속세를 떠나 은둔하는 승려나 은자에 의해 쓰여진 작품.

04 근세문학(近世文学)
きんせいぶんがく

에도시대(江戸時代)의 문학을 근세문학이라 한다. 근세 전기에는 이때까지 문화의 중심지였던 오사카(大阪)와 교토(京都)를 중심으로 발달하고, 에도 후기에는 시장경제가 활성화되면서 조닌(町人)들의 활약이 두드러진다. 이러한 경향은 문학에도 영향을 끼쳐 서민들의 애환을 다룬 조닌문학(町人文学)이 발전하게 되고, 인쇄술과 교통의 발달로 다양한 작품들이 보다 많은 사람들에게 읽혀지게 되었다.

↗ 오사카의 이쿠쿠니타마신사(生國魂神社)에 있는 이하라 사이카쿠의 동상.
©Yanajin33

전기에는 이하라 사이카쿠(井原西鶴)에 의해 우키요조시(浮世草子)5가 탄생했는데, 대표작으로 호색한인 한 남자의 자유로운 삶을 그려 당시 엄청난 인기를 얻은『고쇼쿠이치다이오토코(好色一代男. 호색일대남)』(1682년)를 들 수 있다. 또한 조루리(浄瑠璃)6에 인형을 이용한 닌교조루리(人形浄瑠璃) 같은 새로운 장르의 예능이 생기면서 그 대본을 쓰는 전속 작가들이 나타났는데, 대표적인 인물은 지카마쓰 몬자에몬(近松門左衛門)으로『소네자키신주(曽根崎心中. 소네자키 숲의 정사(情死))』(1703년)7를 비롯한 많은 인기작을 남겼다. 또 익살스러운 내용의 하이카이(俳諧)가 번성했다. 하이카이는 후에 마쓰오 바쇼(松尾芭蕉)에 의해 첫 구(句)의 독립성이 높아져 메이지시대(明治時代)에 성립된 하이쿠(俳句)8의 원류가 되었다. 마쓰오 바쇼는『오쿠노 호소미치(奥の細道)』라는 기행문과 함께 많은 하이카이 작품들을 남겼다.

↗ 우게쓰모노가타리 제4판의 표지.

후기에는 에도시대를 대표하는 하이카이시(俳諧師)였던 고바야시 잇사(小林一茶)의 활약이 두드러졌다. 또 이 시기에는 소설에 요미혼(読本)과 샤레본(洒落本)이 등장했는데, 요미혼은 그림 위주의 책에 대해 읽기를 위주로 한 소설로, 우에다 아키나리(上田秋成)의『우게쓰모노가타리(雨月物語)』(1768년~1776년)가 많은 인기를 얻었다. 이 소설은 일본과 중국의 고전에서 소재를 얻어 새롭게 탈바꿈한 9편의 괴기소설들로 구성되어 있다.

5　풍속소설.
6　샤미센(三味線, 3현으로 된 일본 전통 악기)의 반주에 맞추어 특수한 억양과 가락을 붙여 엮어 나가는 이야기의 일종.
7　실제로 있었던 유녀(遊女)와 간장가게 종업원의 동반자살을 소재로 하여 쓴 소설.
8　5·7·5의 운율로 이루어진 총 17자로 된, 세계에서 가장 짧은 정형시.

샤레본은 화류계를 소재로 한 소설로 후에 풍속을 어지럽힌다는 이유로 막부의 제제를 받아 쇠퇴해 갔다. 또한 쓰루야 난보쿠(鶴屋南北)와 가와타케 모쿠아미(河竹黙阿弥)의 작품으로 가부키(歌舞伎)는 융성기를 맞이했다.

↗ 고지키전의 재고본. 〈本居宣長記念館 소장. 국가중요문화재〉
©Yanajin33

근세문학의 특징 중 하나로 국학(国学)의 출현을 들 수 있다. 가모노 마부치(賀茂真淵)와 모토오리 노리나가(本居宣長)로 대표되는 국학은 일본의 고전을 새로운 방법으로 알기 쉽게 해독하여 고전에 관심을 갖게 하는데 큰 업적을 쌓았다. 대표작에는 가모노 마부치의 『겐지모노가타리신역(源氏物語新釈)』(1758년)과 『만요코(万葉考)』(1768년), 모토오리 노리나가의 『고지키(古事記)』를 해석한 『고지키덴(古事記伝)』(1790년) 등이 있다.

05 근대문학(近代文学)

일본의 근대문학은 1868년 메이지유신(明治維新) 이후부터 전전(戦前)까지로 보는 것이 일반적이다. 메이지유신 후 일본은 정치, 경제, 문화 등 다양한 분야에서 서구열강을 모델로 한 근대화가 이루어졌는데 문학 역시 예외가 아니었다. 서구의 문예사조들을 받아들여 현대시와 소설 등의 문학이 발전했다.

↗ 모리 오가이(1911년).

후타바테이 시메이(二葉亭四迷)는 1887년 최초의 언문일치 작품인 『우키구모(浮雲. 뜬구름)』를 발표하면서 근대소설의 선구자가 되었다. 시메이와 함께 일본 근대문학을 창시한 사람은 낭만주의 문학을 대표하는 모리 오가이(森鴎外)로, 1890년 발표한 소설 『마이히메(舞姫. 무희)』는 자신의 체험을 바탕으로 쓴 작품으로, 일본 작가들 사이에서 자전적 소설 붐을 일으켰다. 이후 고다 로한(幸田露伴)과 오자키 고요(尾崎紅葉)는 각각 『고주노토(五重塔. 오층탑)』(1891년)와 『곤지키야샤(金色夜叉. 금색야차)』(1897년)를 발표하면서 사실주의 소설계를 이끌었는데, 두 사람이 활약한 시기를 고로시대(紅露時代)라고 한다.

25세의 젊은 나이에 요절한 여성 작가 히구치 이치요(樋口一葉)는 대표작으로 『다케쿠라베(たけくらべ. 키 재기)』(1895년)와 『니고리에(にごりえ. 흐린 강)』(1895년)를 남겼다.

낭만주의에 반대해 메이지 말기에 이르러서는 프랑스의 에밀 졸라 등의 영향을 받아 자연주의 문학이 싹텄다. 자연주의 문학은 사실을 어떠한 미화도 없이 있는 그대로 표현하였는데, 대표작으로 시마자키 도손(島崎藤村)의 『하카이(破戒. 파계)』(1906년)가 있다. 『하카이(파계)』는 초등학교 교사가 차별을 받는 부락 출신임

↗ 히구치 이치요.

을 고백하기까지의 가족과의 갈등과 고통, 그리고 앞으로 부딪히게 될 사회와의 갈등을 그린 작품으로, 자연주의 문학을 확립한 작품이다. 다야마 가타이(田山花袋)의 『후톤(蒲団. 이불)』(1907년)은 사소설(私小説)의 출발점이 되었다. 시인으로는 이시카와 다쿠보쿠(石川啄木)가 있다.

자연주의 문학에 반대하면서 나타난 것이 반자연주의 문학으로, 대표적인 작가로 메이지 중기부터 다이쇼(大正) 초기에 걸쳐서 활약한 모리 오가이와 나쓰메 소세키(夏目漱石)가 있다.

↗ 시마자키 도손.

오가이의 대표 작품으로는 『간(雁. 기러기)』(1911년), 『아베이치조쿠(阿部一族. 아베일족)』(1913년), 『다카세부네(高瀬舟. 다카세부네)』(1916년) 등이 있고, 소세키의 대표 작품으로는 『와가하이와 네코데아루(吾輩は猫である. 나는 고양이다)』(1905년), 『봇찬(坊ちゃん. 도련님)』(1906년), 『구사마쿠라(草枕. 풀베개)』(1906년), 『고코로(心. 마음)』(1914년) 등을 들 수 있다.

반자연주의 문학파의 하나인 탐미파(耽美派)는 미(美)의 실현을 최고의 가치로 보았으며, 대표 작가로 다니자키 준이치로(谷崎潤一郎)가 있다. 준이치로는 『겐지모노가타리』를 현대 일본어로 옮긴

↗ 나쓰메 소세키(1912)와 『나는 고양이로소이다』의 초판본.

『준이치로역 겐지모노가타리(潤一郎訳源氏物語)』와 대표작이라 불리는 『슌킨쇼(春琴抄. 춘금초)』(1933년), 『사사메유키(細雪. 세설)』(1948년) 등 많은 작품을 발표했다. 특히

6_일본의 문학 131

↗ 1913년의 다니자키 준이치로와 『사사메유키(세설)』의 집필이 시작된 옛 집. ©663highland

잡지에 게재 중이던 『사사메유키(세설)』는 오사카(大阪) 문화의 붕괴 과정을 그리고 있어 태평양전쟁 중이던 당시 군부에 의해 내용이 전시(戰時)에 적합하지 않다는 이유로 중지명령을 받기도 했다.

1910년대 문학을 이끈 것은 동인지로, 동인지 『시라카바(白樺)』를 중심으로 활동한 시라카바파(白樺派)는 제1차 세계 대전 후 데모크라시와 자유주의 사조의 영향으로 인간의 존엄성 회복을 강조했다. 대표 작가와 작품으로 시가 나오야(志賀直哉)의 『와카이(和解. 화해)』(1917년)가 있다.

동인지 『신시초(新思潮. 신사조)』를 중점으로 하는 신사조파(新思潮派)의 대표 작가로는 아쿠타가와 류노스케(芥川龍之介)를 들 수 있는데, 그는 『라쇼몬(羅生門. 라쇼몽)』(1915년), 『(鼻. 코)』(1916년), 『도롯코(トロッコ. 광차)』(1922년) 등 수많은 작품을 남겼다.

↗ 1919년의 아쿠타가와 류노스케(왼쪽에서 두 번째).

1920년대에 들어와 프로레타리아 문학도 태동하기 시작했으며, 동인지 『분게이지다이(文芸時代. 문예시대)』를 중심으로 한 신감각파(新感覚派)의 활동이 눈에 띈다. 대표 작가와 작품에는 요코미쓰 리이치(横光利一)의 『하에(蠅. 파리)』(1923년)와 『기카이(機械. 기계)』(1930년), 그리고 가와바타 야스나리(川端康成)의 『유키구니(雪国. 설국)』(1935년~1948년)를 들 수 있다.

↗ 자택 창에 기대어 있는 가와바타 야스나리(1938년경).

특히 『유키구니(설국)』는 후에 야스나리에게 노벨문학상 수상이라는 영예를 안겨 주었다.

06 현대문학(現代文学)

일본에서 현대문학이란 일반적으로 1945년 이후의 문학을 가리키는데, 근대와 현대의 구분이 확실하지는 않다.

132

전후(戦後) 일본 문학의 첫 장을 연 것은 패전 직후의 허탈과 혼돈을 표방하며 기존 문학에 반기를 든 무뢰파(無頼派)였다. 사카구치 안고(坂口安吾)의 『다라쿠론(堕落論. 타락론)』(1946년)과 다자이 오사무(太宰治)의 『샤요(斜陽. 사양)』(1947년)은 큰 반향을 불러일으켰다.

↗ 다자이 오사무와 다자이 오사무 기념관인 사양관(斜陽館)의 외관.

1946년 창간된 동인지 『긴다이분가쿠(近代文学. 근대문학)』를 거점으로 많은 작가가 등장하였다.

소설가이며 평론가였던 노마 히로시(野間宏)의 『구라이 에(暗い絵. 어두운 그림)』(1946년), 시이나 린조(椎名麟三)의 『에이엔나루 조쇼(永遠なる序章. 영원한 서장)』(1948년), 미시마 유키오(三島由紀夫)의 『가멘노 고쿠하쿠(仮面の告白. 가면의 고백)』(1949년)와 『긴카쿠지(金閣寺. 금각사)』(1956년) 등 많은 작품이 발표되어 주목을 받았다.

미시마 유키오는 전후(戦後)의 일본 문학을 대표하는 작가 중 한 명으로 떠올랐으나, 1970년 11월 일본의 군국주의 부활을 호소하며 할복자살로 생을 마감해 사회와 문단에 커다란 충격을 안겨주었다.

아베 고보(安部公房)는 1950년대에 혜성처럼 나타난 작가로, 센고문학상(戦後文学賞), 아쿠타가와상(芥川賞), 기시다연극상(岸田演劇賞), 요미우리문학상(読売文学賞), 다니자키준이치로문학상(谷崎潤一郎賞) 등을 휩쓸었다. 대표작으로 『가베(壁. 벽)』(1951년)와 『스나노 온나

↗ 1956년의 미시마 유키오(앞)와 이시하라 신타로(石原慎太郎).

(砂の女. 모래의 여자)』(1962년), 『다닌노 가오(他人の顔. 타인의 얼굴)』(1964년) 등이 있다. 고보의 작품은 30개국 이상에서 번역되어 출판되었다.

1955년 전(前) 도쿄도지사(東京都知事)인 이시하라 신타로(石原慎太郎)가 『다이요노 기세쓰(太陽の季節. 태양의 계절)』로 제1회 문학계신인상을, 다음 해에 34회 아쿠타가와상을 당시

↗ 아베 고보의 소설 『벽』.

최연소로 수상했다.『다이요노 기세쓰』는 1950년대 젊은이들의 반항적인 심정과 유희적인 성의식이 당시의 젊은 층에게 폭발적인 인기를 얻어 베스트셀러가 되었다.

또한, 전후(戰後)에도 왕성한 집필활동을 펼쳤던 가와바타 야스나리가 1968년『유키구니』로 일본 최초로 노벨문학상을 수상했다.

일본 현대문학을 대표하는 작가의 한 사람으로, 1994년『만엔간넨노 훗토보루(万延元年のフットボール. 만연 원년의 풋볼)』(1967년)로 일본에서 두 번째로 노벨문학상을 수상한 오에 겐자부로(大江健三郎)가 있다. 대표작으로는 단편집『세이테키 닌겐(性的人間. 성적 인간)』(1963년)과『나쓰카시이 도시에노 데가미(懐かしい年への手紙. 그리운 시절로 띄우는 편지)』(1987년), 요미우리문학상을 수상한 에세이집『아메노 기오 기쿠 온나타치(「雨の木」を聴く女たち. 레인트리를 듣는 여인들)』(1982년) 등이 있으며, 1999년에는 옴진리교 사건을 소재로 한『우추가에리(宙返り. 공중제비돌기)』를 발표하였다. 그의 작품은 세계 각국에 번역되어 해외에서도 독자들에게 좋은 평가를 얻고 있다.

이 외에 시바 료타로(司馬遼太郎), 에토 쥰(江藤淳), 가토 슈이치(加藤周一) 등의 작품도 주목을 받았으며, 재일한국인 작가로서는 김달수(金達壽), 김석범(金石範), 이회성(李恢成) 등이 이름을 알렸다.

특히 이회성은 1972년『기누타오 우쓰 온나(砧をうつ女. 다듬이질 하는 여인)』로 재일한국인 작가로서는 처음으로 아쿠타가와상을 수상하는 영광을 안았다. 1997년에는 역시 재일한국인 작가인 유미리(柳美里)가『가조쿠시네마(家族シネマ. 가족 시네마)』로 아쿠타가와상을 수상했다.

1987년『깃친(キッチン. 키친)』으로 데뷔한 요시모토 바나나(吉本バナナ)는 젊은 여성들에게 엄청난 인기를 얻어 '바나나 현상'이라는 용어까지 생겨났다.

무라카미 하루키(村上春樹)의『노루웨이노 모리(ノルウェーの森. 노르웨이의 숲)』(1987년)는 460만 부 이상 판매되었다. 또한 2009년 발표된『이치큐 하치욘(1Q84. 1Q84)』은 1984년

⑦ 서점에 진열되어 있는 1Q84 Book 1~3.

일본 사회에서 일어난 일을 소재로 그린 작품으로, BOOK3가 출간된 2010년 4월 판매 누적 부수가 300만 부를 넘는 밀리언셀러로, BOOK4도 출간해 주기를 바라는 독자들의 열망이 뜨겁다.

이 외에 많은 작가들이 등장하여 일본 문단에 새로운 활기를 불어넣었는데, 무라카미 류(村上龍)의 『가키리나쿠 도메이니 지카이 부루(限りなく透明に近いブルー. 한없이 투명에 가까운 블루)』(1976년), 『고인롯카 베이비즈(コインロッカーベイビーズ. 코인로커 베이비스)』(1980년)가 있다.

2000년대에 들어와서는 와타야 리사(綿矢りさ)의 『인스토루(インストール. 인스톨)』(2001년)과 『게리타이 세나카(蹴りたい背中. 발로 차 주고 싶은 등짝)』(2003년), 가네하라 히토미(金原ひとみ)의 『헤비니 피아스(蛇にピアス. 뱀에게 피어싱)』(2003년) 등이 주목을 받았다.

현재에도 일본에는 여러 문학 장르에서 많은 작가들이 활동하고 있다. 일본 문학은 세계 문학으로 발돋움하기 위해 많은 작품들을 영어를 비롯한 외국어로 번역하여 출간하고 있으며, 세계 각국에 자국의 문학을 소개하기 위해 부단한 노력을 기울이고 있다.

07 일본의 문학상

일본에는 현재 500여 개가 넘는 문학상이 있다고 한다. 언론사, 출판사, 관련 재단 등에서 신인작가 발굴을 위해 제정하기도 하고, 신진작가의 작품을 대상으로 하거나 문학 장르별로 선발하여 수여하는 등 다양한 문학상이 존재한다.

일본에는 특히 작가의 업적을 기리거나 작가의 유지(遺志)로 제정된 문학상이 많다. 문학상 수상작 발표는 책의 판매 부수를 올리는 기폭제 역할을 하기도 한다.

↗ **기쿠치 간**(1888년~1948년) 일본의 소설가, 극작가, 저널리스트. 『지치 가에루(父帰る. 아버지 돌아오다)』, 『신주후진(真珠夫人. 진주부인)』 등의 작품을 남겼다.

일본 문단의 최고 등용문으로 알려진 대표적인 문학상인 아쿠타가와상(芥川賞)과 나오키상(直木賞)은 분게이슌주샤(文藝春秋社)를 설립한 기쿠치 간(菊池寛)이 두 작가의 업적을 기르기 위해 제정하였다.

아쿠타가와상은 순수문학의 신인에게 수여하는 상이고, 나오키상은 대중문학상으로 유명하지만 두 상의 경계가 확실하지 않은 경우도 있다.

아쿠타가와상은 아쿠타가와 류노스케를 기념하는 상으로 수상자는 문부과학성(文部科学省) 관할의 공익재단법인 일본문학진흥회(日本文学振興会)에 의해 결정된다. 1935년 창설되었으며 매년 2회 수여된다.

수상자에게는 본상으로 회중시계와 부상으로 상금 100만 엔이 수여되며 『분게슌주(文藝春秋. 문예춘추)』에 작품이 게재된다.

역대 수상자 중 최연소 수상자는 2003년 하반기에 수상한 와타야 리사로 수상 당시 19세였다. 수상작은 『게리타이 세나카(발로 차 주고 싶은 등짝)』로 밀리언셀러가 되었다.

아쿠타가와상은 재일동포 작가들의 등용문 역할을 하고 있는 상으로서, 지금까지 수상한 작가와 작품으로는 제66회(1972년) 이회성의 『기누타오 우쓰 온나(다듬이질 하는 여인)』, 제100회(1988년) 이양지(李良枝)의 『유히(由熙. 유희)』, 제116회(1996년) 유미리(柳美里)의 『가조쿠시네마(가족시네마)』, 제122회(1999년) 현월(玄月)의 『가게노 스미카(蔭の棲みか. 그늘의 집)』이 있다.

↗ 분게이슌주샤.

나오키상은 나오키 산주고(直木三十五)의 공적을 기념하기 위해 제정된 상으로, 아쿠타가와상과 마찬가지로 일본문학진흥회에서 수상자를 결정한다.

1935년 제정되어 매회 2회 수여한다. 본상과 부상도 아쿠타가와상과 동일하다.

역대 최연소 수상자는 1940년 상반기 『고유비(小指. 새끼손가락)』으로 수상한 쓰쓰미 지요(堤千代)로, 당시 22세였다.

↗ 나오키 산주고(1891년~1934년) 일본의 각본가, 소설가. 대표작으로는 「난고쿠타이헤이키(南国太平記. 남국태평기)」가 있다.

7 일본의 전통문화와 대중오락

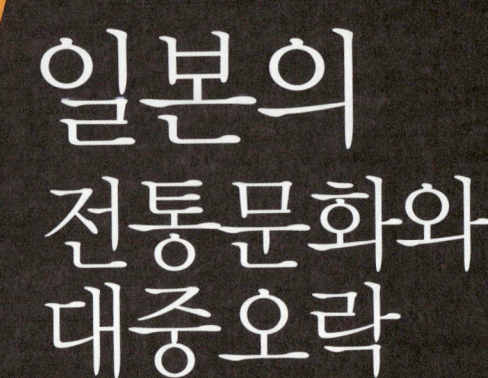

01 일본의 전통예능
02 일본의 전통예도
03 일본의 도자기와 칠기
04 일본화(日本画)
05 아니메(アニメ)와 만가(漫画)
06 일본의 인기 스포츠
07 일본의 대중오락과 전통오락

01 일본의 전통예능

전통예능은 일본 고유의 유·무형 예술을 서양예술과 구별하기 위한 호칭으로, 현재 대중들에게 널리 알려져 있는 전통예능들은 대개 12세기부터 발전한 것이 많다. 대표적인 전통예능으로는 노(能), 교겐(狂言), 가부키(歌舞伎), 조루리(浄瑠璃), 분라쿠(文楽), 라쿠고(落語), 만자이(漫才) 등이 있다.

노(能)

노(能)는 전통예술인 노가쿠(能楽)의 한 분야로, 얼굴에 가면을 쓰고 공연하는 가무극(歌舞劇)의 일종이다. 무로마치시대(室町時代) 간아미(観阿弥)와 제아미(世阿弥) 부자(父子)에 의해 완성되었다. 대사에 해당하는 우타이(謡), 연기에 해당하는 춤, 음악에 해당하는 하야시(囃子)로 이루어진다. 우타이는 문어체로 되어 있는 대사를 노래를 부르듯 특유의 가락으로 읊는 것을 말한다. 춤은 추상적이고 상징적이며 우아하고 절제되어 있다. 하야시는 북과 피리 등 4가지 악기와 8명~10명이 우타이를 함께 부르는 지우타이(地謡)로 이루어진다.

  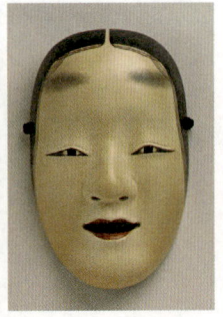

︎ 노의 한 장면과 노멘(能面). 소년 얼굴의 노멘(左)과 여자 얼굴의 노멘(右).

노의 무대 배경에는 반드시 소나무 그림이 그려져 있다. 귀족적이라는 평을 받고 있는 종합예술로, 현재 약 230여 편이 공연되고 있으며, 신과 인간을 연결하는 내용이 많은 것이 특징이다. 대사가 문어체와 고어로 되어 있어 일본인들도 이해하지 못하는 내용이 많다. 2001년 유네스코 세계무형문화유산으로 등록되었다.

교겐(狂言)

교겐(狂言)은 노와 노 사이에 공연되던 해학적인 연극으로, 노가 귀족적인데 비해 교겐은 서민적이며, 내용도 알기 쉽고 희극적인 요소가 강해 현재도 많은 인기를 얻고 있다.

특수한 경우를 제외하고는 가면을 쓰지 않으며, 신과 귀신을 소재로 한 내용일 경우를 제외하고는 분장도 거의 하지 않는다. 노가 노래와 춤을 중심으로 하는데 비해 교겐은 대사 중심이며, 배우들의 몸짓에서 웃음을 찾을 수 있는 예능이다. 현재 전해 내려오는 교겐의 대본은 약 260여 편이다.

↗ 교겐의 한 장면. ©Corpse Reviver

가부키(歌舞伎)

가부키(歌舞伎)는 일본이 자랑하는 대표적인 전통예술 중 하나로, 약 400년의 역사를 가지고 있다. 노래인 가(歌), 춤인 무(舞), 연기인 기(伎), 이 세 가지가 합쳐진 종합예술이다.

가부키는 1603년 이즈모노 오쿠니(出雲阿国)라는 여성이 교토(京都)의 기타노텐만구(北野天満宮)에 무대를 설치하고 선보인 공연이 시초라고 전해지고 있다. 그녀는 그 당시 화려한 옷차림과 주위의 시선을 끄는 언동을 하던 사람들의 몸짓을 조합하여 가부키를 창조해 내었다. 이후 가부키의 인기에 힘입어 여자들이 중심이 되어 공연을 하던 가부키와 어린 소년이 배우로 참가한 가부키 등은 각각 1629년과 1652년 풍기문란을 이유로 막부로부터 금지되어, 현재와 같이 남자 배우만으로 구성된 공연이 존재하게 되었다. 가부키에서 여자 역할을 하는 남자 배우를 온나가타(女形)라고 한다.

가부키는 전용극장인 가부키좌(歌舞伎座)에서 공연되며, 내용이 어려운 작품인 경우 극장에서 현대어로 들을 수 있는 기기를 빌려주기도 한다. 작품의 공연시간은 대개 4시간 반 정도이며 서너 번의 휴식시간이 있다. 휴식 중간에 먹는 도시락을 마쿠노우치벤토(幕の内弁当)라고 한다. 2009년 유네스코 세계무형문화유산으로 등록되었다.

↗ 가부키의 한 장면(左)과 가부키좌(右)의 모습.

조루리(浄瑠璃)

조루리(浄瑠璃)는 샤미센(三味線) 반주에 맞춰 특수한 억양과 가락으로 이야기를 풀어 내는 극장음악이다. 조루리라는 명칭은 무로마치시대(室町時代) 우시와카마루(牛若丸)[1] 와 조루리 공주의 연애담을 소재로 한 이야기가 인기를 얻으면서 같은 곡조로 다른 이야기도 공연하게 된 것에서 유래했다.

ㄱ 닌교조루리의 한 장면.

조루리는 에도시대(江戸時代)에 많은 유파로 나뉘어졌으나, 현재 조루리라고 하면 유명한 계통인 기다유부시(義太夫節)를 가리킨다. 17세기 초 인형극에 샤미센 반주를 결부시켜 닌교조루리(人形浄瑠璃)가 탄생했다.

분라쿠(文楽)

분라쿠(文楽)는 조루리에 맞춰 인형을 조정하는 인형극이다. 일본의 전통인형극인 닌교조루리를 계승한 것으로, 분라쿠를 닌교조루리와 동일시하는 경우도 있다. 분라쿠라는 말은 오사카(大阪)에 있던 분라쿠자(文楽座)라는 극장의 이름에서 따왔다.

ㄱ 분라쿠의 한 장면. 주조정자의 신호에 맞춰 보조 조정자가 왼손과 다리를 움직인다. 1955년 중요무형문화재로 지정되었다.

분라쿠는 조루리를 담당하는 다유(太夫), 음악을 담당하는 샤미센 연주자, 그리고 인형의 조정 담당자가 삼위일체가 되어 이루는 섬세한 예능이다. 일본에서 인형을 조정하는 기술을 처음 선보인 것은 11세기경으로, 17세기 말까지는 손발이 없는 원시적 형태의 인형으로 공연했다.

분라쿠의 인형은 나무로 만들며, 마치 살아 있는 것 같이 사람의 미묘한 심정까지 표현하는 것으로 유명하다. 하나의 인형을 세 명이 조정하는데, 머리와 오른손은 주조정자가, 두 명의 보조는 각각 왼손과 다리를 조종한다. 조정자들은 검은옷을 입고 얼굴을 가려 관객들의

---

[1] 미나모토노 요시츠네(源義経)를 말한다. 헤이안시대(平安時代) 말기의 무사로, 가마쿠라 막부(鎌倉幕府)를 세웠던 미나모토노 요리토모(源頼朝)의 이복동생이다.

눈에 보이지 않는 것으로 설정하며, 경우에 따라서 주조정자가 중요한 장면에서는 얼굴을 드러내기도 한다.

1837년 설립된 전통 분라쿠 극단인 아사히자(朝日座)가 오사카의 명물로 유명하며 정기적으로 도쿄에서도 공연을 하고 있다.

라쿠고(落語)

라쿠고(落語)는 에도시대에 생겨난 서민 예술로, 등장인물과 상황 묘사 등 모든 것을 말로 표현해서 청중을 웃기고 울리는 예능이다.

무대장치나 소품 등을 이용하는 경우는 매우 드물며, 방석에 앉아 소도구로 부채와 손수건만을 이용하여 청중에게 이야기를 전달해야 하므로, 표정과 몸짓 연습 등 부단한 노력이 요구되는 예술이다. 전문 라쿠고가(落語家)가 되기 위해서는 스승 아래에서 일정기간 수행을 거쳐야 한다.

이야기 소재는 서민과 밀접한 것이 많으며, 일반적으로는 혼자서 무대에 오르지만, 여러 사람이 함께하는 경우도 있다.

만자이(漫才)

만자이(漫才)는 헤이안시대(平安時代) 두 사람이 짝을 지어 집집마다 방문하면서 신년을 축복하는 말을 건네며 한 사람은 북을 치고 한 사람은 춤을 추던 만자이(萬歲)라는 풍습에서 유래되었다.

주로 두 명이 한 조가 되어 이야기를 주고받으며 관객을 웃기는데, 보케역(ボケ役)과 쏫코미역(ツッコミ役)으로 역할을 분담하여 진행한다. 보케역은 일부러 착각이나 실수를 하여 웃음을 유발하는 역할을 하고, 쏫코미는 보케역의 잘못을 지적하여 웃음을 이끌어내는 역할을 담당한다.

오사카의 방송국에서는 만자이 프로그램을 자주 방송하는데, 만자이시(漫才師)를 비롯하여 개그맨이 가장 많이 소속된 기획사도 오사카에 본사를 둔 요시모토흥업(吉本興業)이다. 만자이시로서 인기를 얻어 텔레비전의 버라이어티 프로그램에서 활약하기도 한다.

02 일본의 전통예도

기 다도 예법과 다구들.

일본의 대표적인 전통예도로는 다도(茶道), 꽃꽂이(華道), 서예(書道) 등을 들 수 있다.

다도는 일정한 의식에 따라 손님을 위해서 차를 달여 대접하면서 주인과 손님이 일체감을 느끼는 것을 지향하는 예법이다. 다도는 16세기 센노리큐(千利休)에 의해 완성되어 현재까지 일본인의 예의작법의 하나로 계승되고 있다. 센노리큐는 다회에 임할 때는 이치고 이치에(一期一会)[2]의 마음가짐으로 정성을 다하여 차를 대접할 것을 강조하였다.

다도에서 사용하는 차는 대개 맛차(抹茶)이다. 다도회는 다기뿐 아니라 다실을 꾸미는 꽃에서 화병, 족자에 이르기까지 모든 것에 정성을 다하여 준비한다. 무엇보다도 주최자의 접대와 손님의 감사하는 마음의 교류가 절대적으로 중요하다. 또한 차를 낼 때까지의 여러 과정을 아름답게 보여주는 것도 대단히 중요하다.

꽃꽂이는 불교가 전래되면서 부처에게 꽃을 올리는 풍습에서 유래되었다는 설이 유력하다. 오늘날과 같이 형식화된 꽃꽂이가 시작된 것은 16세기경으로 추정된다. 꽃꽂이는 이케바나(生け花)라고도 하는데, 살아 있는 초목을 소재로 한 순간예술로, 살아 있는 꽃을 통해서 자신의 정신세계를 표현하는 것이다.

현재 일본의 꽃꽂이 유파(流派)는 2천 개가 넘는다. 꽃꽂이도 다도와 같이 오랜 시간 동안 남성 중심의 사회에서 발전되어 왔다. 에도시대에는 집을 아름답게 꾸민다는 실용성에서 무가 여성의 즐거움이 되었고, 메이지시대(明治時代)에는 다도와 함께 결혼할 여성이 배워야 할 필수교양이었다.

서예는 붓으로 글자를 써서 미를 추구하는 예술로, 실용성과 동시에 정신수양적인 요소가

---

[2] 일생에 한 번뿐인 만남, 또는 일생에 한 번뿐임을 뜻한다.

강하다. 일본의 서예는 중국에서 전해진 불경을 베끼는 것이 시초로, 10세기경 헤이안 시대에는 가나가 보급되면서 가나 서예가 발달하기 시작했다. 현재 일본 초등학교 3학년 이상에서는 서사(書寫) 수업이 개설되어 있다. 서사란 글자의 모양이나 배치를 베껴 쓰는 것을 말한다.

↗ 붓으로 새해 첫 글을 쓰거나 그림을 그리는 행사인 가키조메(書初め)의 모습.

실제 생활에서는 행사의 접수를 맡은 경우나 축의금과 부의금 봉투에 자신의 이름을 쓰는 정도로 붓으로 글을 쓸 기회가 많지는 않지만, 최근에는 바쁜 생활 속에서 마음의 안정을 얻고자 서예교실에 다니는 사람이 늘어나고 있다.

03 일본의 도자기(陶磁器)와 칠기(漆器)

일본의 도자기는 식문화(食文化)와 다도나 꽃꽂이와 같은 전통예술의 발전과 함께 생활용품과 예술품으로 독자적으로 발달해 왔다.

도자기 제조 기술은 12세기~13세기경 중국에서 전해진 후, 다도의 유행과 함께 일본 각지에 가마가 만들어지고, 흙의 종류와 불의 온도, 유약의 사용방법에 따라 지방색이 풍부한 여러 종류의 도자기가 만들어졌다.

도자기는 도기(陶器)와 자기(磁器)로 나누어진다. 도기는 1300℃ 이하의 온도에서 구워 두툼하면서 투광성이 없는 소박한 그릇이다.

도기는 세토모노(瀨戶物)라고도 하는데, 산지로 유명한 아이치현(愛知縣) 세토시(瀨戶市)에서 유래했다. 대표적인 도기로 시가현(滋賀縣)의 시가라키야키(信樂燒)와 오카야마현(岡山縣)의 비젠야키(備前燒)가 있다.

자기는 1300℃ 이상의 높은 온도에서 구워

↗ 가마 안에서의 위치와 배치에 따라 다른 색감을 나타내는 비젠야키.

도기에 비해 얇고 투광성이 있어 여러 색을 내는 일이 가능하다. 자기는 임진왜란 때 일본으로 끌려간 조선 도공들에 의해 17세기 초 아리타(有田)에서 만들어진 것이 시초로, 아리타에서 만들어진 아리타야키(有田焼), 구타니야키(九谷焼), 기요미즈야키(清水焼) 등이 유명하다. 아리타야키는 에도시대에 네덜란드와의 무역을 통해 유럽을 비롯해 세계에 대량으로 수출되어 전 세계의 많은 도예가들에게 영향을 끼쳤다. 오늘날 일본 가정에서 사용되는 식기는 대부분 자기 그릇이다.

↗ 섬세하고 화려한 무늬와 투명할 정도로 흰 빛이 특징인 아리타야키.

↗ 적색, 황색, 녹색, 자색, 감색으로 대담하고 회화적으로 채색하는 것이 특징인 구타니야키.

↗ 화려하고 우아한 색감이 특징인 기요미즈야키는 제작 장소가 교토의 기요미즈데라 앞이었던 것에서 명명되었다.

일본의 도자기는 고가의 예술품으로서 뿐만 아니라, 일본 고유의 문양이 아름답게 그려진 도자기는 유럽에서 인테리어 소품으로도 인기가 많다.

요즘에는 가마를 견학하고 실제로 만들어 볼 수 있는 기회를 제공하는 곳도 있어 인기를 모으고 있다.

일본의 칠기공예도 세계 최고수준이다. 일본은 세계적인 옻의 산지이며 질도 좋기로 유명해 예로부터 옻칠이 발달했다. 기원전 것으로 추정되는 유물 중 옻칠이 된 유물이 발견되기도 했으며, 기록에 의하면 6세기 말에는 전문적인 옻칠장인이 있었다고 전해진다. 옻 칠기에는 밥그릇, 쟁반, 찬합, 젓가락 등의 식기부터 브로치, 빗 등의 장식품도 있다.

04 일본화(日本画)
にほんが

　일본화는 19세기 유럽에서 들어온 서양화와 구별하기 위해 그전까지의 일본 회화들을 이르는 말로, 전통적인 기법과 형식으로 천이나 일본종이 위에 먹이나 물감 등의 안료를 사용해 붓으로 그린 회화를 말한다.

　일본화는 나라시대(奈良時代)에서 헤이안시대에 걸쳐 전해진 중국과 한반도의 기법과 양식하에서 발전해 서서히 일본적인 회화의 특징을 나타내며 정착하기 시작하였다.

　가마쿠라시대(鎌倉時代)에 전해진 수묵화(水墨画)는 점차 일본적인 색채가 가미되어 무로마치시대에는 일본식 회화로 완성되었다. 수묵화는 먹의 농도와 선의 강약, 종이의 품질에 따라서 분위기가 바뀌는데, 일본의 수묵화는 승려들에 의해 크게 발전했다. 승려들은 수묵화의 본 고장인 중국에서 화법을 배우고 귀국한 후 독자적인 화풍을 만들어 내었다.

　초기의 수묵화 제작은 선승(禅僧)이 중심이 되었으며, 주제는 달마대사나 사군자 등이 주를 이루었다. 이 시기의 대표적인 수묵화가로는 가오(可翁), 모쿠안(黙庵)을 들 수 있다.

　수묵화는 무로마치시대에 들어서서는 막부의 지원에 힘입어 14세기의 인물, 화조 중심의 소재에서 벗어나 15세기에는 산수화로 주제를 넓혀 나가는 등 수묵화의 전성기를 꽃피웠다. 이 시기의 유명한 수묵화가로는 셋슈(雪舟)가 있다.

　에도시대에는 유럽 인상파 화가들에게 영향을 끼쳤던 우키요에(浮世絵)가 탄생하였다. 우키요에는 대부분은 판화로서 보급되었다. 검정색 한 가지이던 것이 18세기 중엽부터는 다색(多色) 인쇄기법이 개발되면서 우키요에 문화가 꽃을 피웠다. 그림의 주제는 유곽의 기녀, 가부키 배우, 스모(相撲) 선수 등 인물 이외에 풍경과 서민들의 생활모습 등 다양하다. 그중에서도 가쓰시카 호쿠사이(葛飾北斎)의 풍경화는 매우 유명하다. 우키요에의 화법은 프랑스 인상파에 영향을 준 것으로도 알려져 있다.

↗ 국보로 지정되어 있는 셋슈의 「秋冬山水図」 중 겨울 풍경. 〈東京国立博物館 소장〉

05 일본 영화

일본 영화의 역사는 메이지시대로 거슬러 올라간다. 19세기 말 미국, 프랑스 등에서 상영된 일본 영화는 그 후 100년이 넘는 역사를 지나며 사람들에게 대중오락으로서 꾸준히 사랑받으며 감동을 주었다. 일본 영화 시장은 거의 일본 국내로 한정되어 왔지만, 예술 면에서나 문화의 반영이라는 점에서 해외로부터 많은 관심을 받

↗ 영화관 매표소.

고 있다. 1960년대부터는 텔레비전의 보급으로 오락의 왕좌를 양보한 상태지만, 특정 날짜나 요일 관람객에 한해 요금을 할인해 준다거나, 50세 이상의 부부에게 특별할인을 해 주는 등 관객수를 늘리기 위해 다양한 시도를 하고 있다.

2000년대 들어 일본 국내의 영화제작 편수는 증가 추세였으나, 국내외 불황의 여파로 2009년 개봉작 448편을 정점으로 감소 경향에 있어, 제작 환경을 개선시키기 위해 영화 관계자들이 다각도로 노력을 기울이고 있다.

일본을 대표하는 영화감독으로는 일본 영화의 황금기인 1950년대~1960년대를 이끈 구로사와 아키라(黒沢明) 감독을 들 수 있다. 1951년 「라쇼몬(羅生門)」으로 베네치아 영화제에서 그랑프리를 수상했으며, 이후에도 「살다(生きる)」, 「7인의 사무라이(七人の侍)」 등 계속해서 명작을 배출해 세계 영화인과 팬들로부터 존경을 받았다.

↗ 구로사와 아키라 감독의 영화 「7인의 사무라이」의 포스터. 1956년 아카데미영화제에서 의상상과 미술상에 노미네이트 되었다. 〈東宝現像所, 1954년〉

↗ 「7인의사무라이」의 촬영 현장. 〈『映画の友』 1953년 12월호에서〉

도쿄의 서민 마을을 배경으로 한 야마다 요지(山田洋次) 감독의 영화 「남자는 괴로워(男はつらいよ)」 시리즈는 1969년에 첫 작품이 상영된 이후 1995년까지 27년간 48편의 작품이 제작되었고, 관람객수는 7,967만 명에 이른다. 1982년 30번째 작품으로 세계 제일의 장편 영화로 기네스북에 등록되었다. 1996년 주연배우인 아쓰미 기요시(渥美清)의 타계로 인해 긴 여정의 막을 내리게 되었다.

↗ 도쿄(東京) 시바마타역(柴又駅) 앞에 세워져 있는 아츠미 기요시의 동상. 〈吉田穂積 作, Kentin 촬영〉

이밖에 이타미 주조(伊丹十三) 감독의 「마루사의 여인(マルサの女)」과 「단포포(たんぽぽ)」, 이와이 슌지(岩井俊二) 감독의 「러브레터(ラブレター)」, 미타니 고키(三谷幸喜) 감독의 「웰컴 미스터 맥도날드(ラジオの時間)」 등이 대중적인 인기를 얻었다. 코미디언으로 유명한 기타노 다케시(北野武) 감독은 자신이 감독 주연한 「하나비(花火)」로 1997년 칸느영화제에서 그랑프리를 수상하는 영예를 안았다.

일본 영화 장르 중에서 세계적으로 유명한 것이 애니메이션 영화이다. 미야자키 하야오(宮崎駿) 감독의 「센과 치히로의 행방불명(千と千尋の神隠し)」은 2003년 애니메이션으로는 처음으로 75회 아카데미상 장편애니메이션 작품상을 수상했으며, 52회 베를린 영화제 금곰상을 수상하며 일본 애니메이션의 위상을 높였다. 「센과 치히로의 행방불명」은 관람객 2,352만 명, 흥행수입 304억 엔으로 일본 영화사상 공전의 기록을 수립했다. 또한 「포켓몬스터(ポケットモンスター)」는 해외에서도 대성공을 거두며 전세계 어린이들의 동심을 사로잡았다.

일본에서도 외국 영화로는 할리우드 영화의 인기가 높은데, 최근에는 한류 붐으로 한국영화에 대한 관심도 높아져 많은 한국 영화가 일본에서 상영되고 있다. 2010년 9월 한국영화 「해운대」가 「쓰나미(TSUNAMI)」라는 제목으로 상영되었는데, 공교롭게도 2011년 3월 도호쿠 지방(東北地方)에서 영화에서나 볼 수 있었던 실제의 쓰나미가 발생했다.

↗ 「포켓몬스터 베스트위시 큐렘 VS 성전사 게르디오」의 포스터.

↗ 일본에서 「TUSNAMI」로 개봉된 한국 영화 「해운대」의 포스터.

● 일본 영화 흥행 베스트10 (2010년)

순위	작품	배급 회사	개봉 년도	흥행 수입
1	센과 치히로의 행방불명 (千と千尋の神隠し)	東宝 とうほう	2001년	304억 엔
2	하울의 움직이는 성 (ハウルの動く城)		2004년	196억 엔
3	원령공주 (もののけ姫)		1997년	193억 엔
4	춤추는 대수사선 THE MOVIE2 (踊る大捜査線THEMOVIE2レインボーブリッジを封鎖せよ!)		2003년	173.5억 엔
5	벼랑 위의 포뇨 (崖の上のポニョ)		2008년	155억 엔
6	남극이야기 (南極物語)		1983년	110억 엔
7	춤추는 대수사선 THE MOVIE (踊る大捜査線 THE MOVIE)		1998년	101억 엔
8	새끼 고양이 이야기 (子猫物語)		1986년	98억 엔
9	마루밑의 아리에티 (借りぐらしのアリエッティ)		2010년	92.5억 엔
10	하늘과 땅과 (天と地と)	東映 とうえい	1990년	92억 엔

〈일본영화산업통계 2010 (일본영화제작자연맹)〉

06 아니메(アニメ)와 만가(漫画)

　아니메는 영어 애니메이션(animation)의 일본식 약어(略語)로, 만화영화와 만화영화로 구성된 영상작품 전반을 가리킨다. 만가는 만화를 뜻하는데, 일본의 애니메이션과 만화가 해외에서도 높은 평가를 얻으면서 영어권 국가에서도 일본의 애니메이션 작품과 만화를 각각 'anime', 'japanimation'과 'manga'라고 부르고 있다.

　일본의 텔레비전용 애니메이션은 오래전부터 아시아를 비롯해 세계 각국에서 방송되어 어린아이들에게 큰 인기를 얻고 있다. 한국에도 잘 알려진 작품으로는 「도라에몽(ドラえもん)」, 「호빵맨(アンパンマン)」, 「명탐정 코난(名探偵コナン)」, 「포켓몬스터(ポケットモンスター)」, 「나루토(NARUTO-ナルト-)」, 「원피스(ONE PIECE)」 등 셀 수 없을 정도로 많다.

　만화라는 말은 '마음 가는 대로 별다른 생각 없이 그린 그림'이라는 뜻으로, 일본에서

만들어진 말이다. 일본 만화는 아니메와 함께 일본의 대중문화를 대표하는 것 중 하나이다. 만화는 어린이용뿐만 아니라 성인용도 많이 발행되고 있으며, 연령과 성별에 따른 주간만화잡지와 월간만화잡지도 발매되고 있다. 일본에서는 양복 차림의 중년 샐러리맨이 전철 안에서 만화잡지를 읽고 있는 광경도 낯설지 않다. 일본 최대의 만화잡지인 『소년점프(少年ジャンプ)』는 한 주에 653만 부나 발행되어 기네스북에도 등록되었다.

「소년점프」의 표지〈2012년 8월 27일 발매〉.

일본 만화는 학원물에서 SF, 추리, 호러, 음악, 스포츠, 연애 등에 이르는 방대한 주제와 탄탄한 스토리로 해외에서도 높은 평가를 얻고 있다. 한국에도 출판된 『맛의 달인(美しんぼ)』, 『미스터 초밥왕(将太の寿司)』 등과 같은 요리만화의 인기도 매우 높다. 일본 만화의 완성도는 판매로 이어져 『원피스(ONE PIECE)』와 『고르고13(ゴルゴ13)』은 2억 부, 『드래곤볼(ドラゴンボール)』과 『명탐정 코난』, 『맛의 달인』, 『나루토』, 『슬램덩크(SLUM DUNK)』는 1억 부가 넘게 판매되었다.

만화시장은 일본 국내에서만 5천억 엔에 이른다고 한다. 소설 등 모든 분야의 서적을 통틀어서 최대 규모이며, 질과 양에 있어서도 세계 최고이다. 포켓몬(ポケモン)처럼 게임에서 애니메이션을 거쳐 만화로 출간된 예외도 있지만, 만화를 원작으로 한 애니메이션, 게임, 캐릭터 상품으로 이어지는 시장 규모는 2조 엔 이상으로 미국의 애니메이션 시장에 이어 세계에서 두 번째로 크다.

07 일본의 인기 스포츠

일본에서 스포츠는 메이지시대 이후부터 외국인 선교사를 통해 근대 스포츠가 소개되면서 시작되었다. 당시는 야구, 축구 등의 구기종목이 주를 이루었다.

야구

↗ 일본 '야구의 성지(聖地)'인 코시엔구장. 구장의 명칭이 전국고등학교야구선수권대회의 대명사가 되었다. 경기에서 패배한 팀은 패배의 아쉬움을 달래기 위해 마운드의 흙을 담아가는데, 개인적인 기념으로 남기기 위해 우승한 팀의 선수들도 병에 담아가기도 한다. ⓒDX Broadrec

일본에 미국에서 야구가 들어온 것은 1872년이다. 야구는 일본인에게 가장 인기 있는 스포츠 중 하나이다. 아이들은 어릴 때부터 리틀리그에 들어가 장래 프로야구선수를 꿈꾸며 연습한다. 고교 야구선수들은 매년 8월 효고현(兵庫県)에 있는 한신 타이거즈(阪神タイガース)의 홈구장인 고시엔구장(甲子園球場)에서 열리는 전국고등학교야구선수권대회(全国高校野球選手権大会) 출전을 목표로 연습을 한다. 치열한 지역 예선을 거쳐 각 도도후켄(都道府県)의 대표로 선발된 1개 학교가 출장하는데, 도쿄도와 홋카이도는 2개팀 출전으로 모두 49개의 팀이 출전하여 우승을 겨룬다. 2012년 예선전에 참가한 팀은 3,985개교였다. 아마추어 고교시합이지만 NHK 등 언론에서 열띤 중계를 펼치는 국민 축제의 성격을 지닌다.

일본에서 야구는 보는 스포츠로서도 직접 즐기는 스포츠로서도 인기가 있다. 여가를 이용하여 즐기는 아마추어 야구에는 사회인야구와 학생야구가 있다. 1990년에는 전일본아마추어야구연맹(全日本アマチュア野球連盟)이 발족되었다.

1934년 창단된 일본 프로야구는 센트럴리그(セントラルリーグ)와 퍼시픽리그(パシフィックリーグ), 두 개의 리그로 나누어져 있다. 리그별로 6개 팀씩 시합을 펼쳐 우승을 겨루고, 각 리그의 우승 팀이 일본시리즈(日本シリーズ)에서 만나 일본의 최강 팀을 가른다. 연간 2천만 명

↗ 요미우리 자이언츠의 홈구장인 도쿄돔.

이상의 사람들이 야구 시합을 관전한다. 스즈키 이치로(鈴木一朗), 마쓰자카 다이스케(松坂大輔) 등 일본의 스타선수가 NBA에서 활약하고 있으며, 일본 또한 한국 선수를 비롯하여 우수한 외국 선수 영입에 적극적이다.

● 일본 프로야구 팀   센트럴리그(セントラルリーグ) vs 퍼시픽리그(パシフィックリーグ)

팀명	창단 연도	홈구장	팀명	창단 연도	홈구장
요미우리 자이언츠 (読売ジャイアンツ)	1934년	도쿄돔 (東京ドーム)	오릭스 버팔로스 (オリックス・バファローズ)	1936년	교세라 돔 오사카 (京セラドーム大阪)
한신 타이거즈 (阪神タイガース)	1935년	한신고시엔구장 (阪神甲子園球場)	후쿠오카 소프트뱅크 호크스 (福岡ソフトバンクホークス)	1938년	후쿠오카 야후재팬 돔 (福岡Yahoo!JAPANドーム)
주니치 드래곤즈 (中日ドラゴンズ)	1936년	나고야 돔 (名古屋ドーム)	홋카이도 니혼햄 파이터스 (北海道日本ハムファイターズ)	1945년	삿포로 돔 (札幌ドーム)
요코하마 DeNA베이스타즈 (横浜DeNAベイスターズ)	1949년	요코하마스타디움 (横浜スタジアム)	지바롯데 마린스 (千葉ロッテマリーンズ)	1949년	QVC 마린 필드 (QVC マリンフィールド)
히로시마 도요 카프 (広島東洋カープ)	1949년	스타디움 히로시마 (スタジアム広島)	사이타마 세이부 라이온스 (埼玉西武ライオンズ)	1949년	세이부돔 (西武ドーム)
도쿄 야쿠르트 스왈로스 (東京ヤクルトスワローズ)	1950년	메이지진구 야구장 (明治神宮野球場)	도호쿠 라쿠텐 골든이글스 (東北楽天ゴールデンイーグルス)	2004년	니혼제지 크리넥스 스타디움미야기 (日本製紙クリネックススタジアム宮城)

축구

현재 일본에서 축구는 야구에 이어 인기 2위의 스포츠이다. 1993년 일본 축구의 발전과 월드컵 출전을 목적으로 프로축구 리그인 「J리그(Japan Professional Football League)」가 10개 팀으로 개막되었다. J리그는 1999년 이후 J1 18개 팀과 J2 22개 팀으로 2부제로 운영되고 있다. 시즌 최종 성적으로 J1의 하위 2팀과 J2의 상위 2팀을 교체하는 방식으로 리그 운영이 진행되고 있다. 2001년 3월부터는 스포츠 진흥 재원 확보를 위해 J리그의 시합결과에 소액의 상금을 거는 축구복권이 「토토(toto)」라는 이름으로 발매되기 시작했다.

↗ 2002년 한일월드컵 결승전이 열렸던 요코하마 종합국제경기장. 현재는 명명권을 가진 닛산자동차(日産自動車)에 의해 2005년 3월 1일부터 닛산스타디움(日産スタジアム)이라는 명칭을 사용하고 있다. 〈촬영 WAKA77〉

1998년 프랑스에서 열린 월드컵 본선에 사상 첫 출장한 일본 축구팀은 제1차 리그에서 3전 전패를 당하고, 그 충격으로 프랑스인 필립 트루시에를 감독으로 영입하여 대표 팀의 정비와 실력향상을 추진하는 등 경제적지원도 아끼지 않았다.

2002년에는 한국과 공동 개최한 월드컵을 성공적으로 마친 것에 고무되어 일본 전체가 그때까지 볼 수 없었던 뜨거운 축구 열기에 휩싸였다. 그 후 일본 대표 선수들의 유럽 진출이 더욱 활발해졌으며, 현재 가가와 신지(香川真司), 요시다 마야(吉田麻也) 등 많은 선수들이 유럽 리그에서 선수로 활동하고 있다. 선수들의 해외진출은 일본 축구의 실력을 한 단계 발전시키는데 일익을 담당하고 있다.

㉠ 일본 축구박물관에 전시되어 있는 각 팀의 유니폼과 사인 볼.

2008년 NHK방송문화연구소 여론조사부에서 실시한 선호하는 야구 팀과 축구 팀을 묻는 설문조사에, 야구는 요미우리 자이언츠(読売ジャイアンツ), 한신 타이거즈(阪神タイガース), 후쿠오카 소프트뱅크 호크스(福岡ソフトバンクホークス) 순이었고, 축구는 우라와 레드(浦和レッズ), 가시마 앤틀러스(鹿島アントラーズ), 감바 오사카(ガンバ大阪) 순이었다.

스모(相撲)

스모(相撲)가 일본의 국기(国技)로 인정된 것은 메이지시대 말인 20세기 초부터이다. 스모는 고대 농경사회에서 신에게 풍작을 기원하며 올리던 의식의 일환이었던 것으로, 헤이안시대에는 궁중 행사의 하나로 스모 시합이 거행되었다. 무로마치시대에 이르러서는 직업 스모선수가 등장하였으며, 에도시대에는 절이나 신사의 건립이나 수리를 위한 자금을 조달할 목적으로 스모대회를 개최하기도 하였다. 이것이 현재의 스모 경기인 오즈모(大相撲)의 효시이다.

㉠ 스모의 거리인 도쿄 료고구(両国)에 있는 국기관과 11월의 혼바쇼가 열리는 후쿠오카국제센터.

현재의 오즈모는 1925년 설립된 일본스모협회(日本相撲協会)에서 개최한다. 본경기를 혼바쇼(本場所)라고 하는데, 연간 총 6회로 홀수 달에 개최된다. 1월·5월·9월의 경기는 도쿄의 료고쿠국기관(両国国技館)에서, 3월 경기는 오사카(大阪), 7월 경기는 나고야(名古屋), 11월 경기는 후쿠오카(福岡)에서 개최된다. 혼바쇼는 각각 15일간이며, 하루 1회의 시합을 치루는데, 기간 중 승리한 시합 수가 많은 선수가 우승한다. 우승한 선수에게는 상금 천만 엔과 기념품 등이 수여된다.

스모의 경기규칙은 상대를 모래판인 도효(土俵) 밖으로 밀어내거나, 발바닥을 제외한 신체 부위를 도효에 닿게 하면 승리한다. 스모에는 현재 82종의 기술이 전해지고 있다. 스모선수가 되기 위해서는 일본스모협회에서 제시한 조건[3]에 합격한 뒤, 스모 기술을 익히기 위해 스모베야(相撲部屋)[4]에 소속되어야 한다. 현재 48개의 스모베야가 있으며, 각 스모베야는 좋은 선수를 영입하기 위해 치열한 홍보를 펼치기도 한다. 스모베야에서는 소속 선수들의 의식주 전부를 해결한다.

ㄱ 경기 전에 게쇼마와시(化粧まわし)를 입고 도효이리(土俵入り : 도효에 올라 관객들에게 첫선을 보이는 의식)를 하는 선수들.

스모 선수의 서열 상위 4계급은 위에서부터 요코즈나(横綱), 오제키(大関), 세키와키(関脇), 코무스비(小結)로, 경기 성적에 따라 서열도 바뀌는데, 요코즈나만은 예외로 한번 요코즈나의 위치에 오르면 은퇴할 때까지 요코즈나의 지위를 누리게 된다.

현재 인재 부족에 시달리고 있는 일본 스모계를 지지하고 있는 것은 몽골과 불가리아 등의 외국인 선수들이다. 2012년 현재 요코즈나는 2007년 7월에 승격한 하쿠호 쇼(白鵬翔)와 2012년 11월 승격한 하루마후지 고헤이(日馬富士公平)로, 두 사람 모두 몽골 출신이다.

08 일본의 대중오락과 전통오락

일본인들이 여가를 보낼 때 즐기는 대중오락에는 음악 감상, 컴퓨터 통신, 게임 등이 있다.

---

[3] 의무교육을 수료한 23세 미만의 신장 173cm이상, 체중 75kg 이상으로, 건강진단에 합격한 자.
[4] 스모 연습실.

이 외에 영화 감상, 여행, 온천, 조깅, 드라이브, 가라오케, 복권 등등을 들 수 있다. 일본인들이 즐기는 오락에 대해 간단하게 살펴보자.

복권(宝くじ)

2010년 일본복권협회(日本宝くじ協会)의 조사에 따르면 18세 이상 남녀 중 최근 1년간 복권을 구입한 경험이 있는 사람은 전체 응답자 중 54.4%, 다른 해에 한번이라도 복권을 구입한 경험이 있는 사람은 75.2%로 복권 구입 인구는 약 8천만 명에 이른다고 추정하고 있다.

일본의 복권은 에도시대 사원의 재건비나 수리비를 모으기 위해 발행된 도미쿠지(富くじ)가 기원이다. 제1회 복권은 1945년 일본 정부가 발행한 10엔짜리 복권으로, 1등 상금은 10만 엔으로, 가짜 복권이 나돌 정도로 당시 폭발적인 인기를 모았다.

↗ 패전 후 인플레이션을 막기 위해 발행한 최초의 복권.

현재 일본의 대표적인 복권은 점보복권(ジャンボ宝くじ)으로,「드림 점보복권(ドリームジャンボ宝くじ)」,「섬머 점보복권(サマージャンボ宝くじ)」,「연말 점보복권(年末ジャンボ宝くじ)」등 시즌에 맞추어 5회 정도 발매되는데, 특히「연말 점보복권」은 길게 줄지어 서서 사야 될 정도로 인기가 높다. 1등 당첨금은 3억 엔이다.

2000년에는 로토6(ロト 6)가 발매되어 최고 4억 엔의 당첨금이 지급되었다. 로토6는 1~43까지의 숫자 중 6개를 선택하는 방식으로, 매주 월요일과 목요일에 추첨한다.

↗ 다양한 복권을 팔고 있는 복권판매점.

2010년에는 1등 당첨금 천만 엔짜리가 600장 한정 발매된「천만 섬머(1000万サマー)」복권이 발매되었고, 2012년에는 동일본대지진(東日本大震災)의 피해 복구재원을 충당하기 위해 1개월 동안 한시적으로「동일본대지진부흥복권(東日本大震災復興宝くじ)」이 발행되어 큰 인기를 끌었다. 1등 당첨금은 3억 엔이었다.

일본에서 발행되는 대부분의 복권은 먼저 숫자가 인쇄된 복권을 구입하고 나중에 추첨을 통하여 당첨되는 방식을 취한다. 이밖에 연하장 복권, 스크래치 복권 등도 있다. 복권 1장의 가격은 대개 100엔~500엔 정도이다.

가라오케(カラオケ)

가라오케의 「가라(カラ)」는 「빈 것」, 「오케(オケ)」는 「오케스트라」를 의미한다. 즉 반주자가 없는 오케스트라라는 의미이다. 1970년대 중반 가라오케 기기가 발매되어 술집과 바 등에 설치되면서 가라오케 붐이 일어나 서민오락으로 정착했다. 가라오케 반주에 맞추어 좋아하는 곡을 부르면 스트레스가 해소되고 분위기도 살릴 수 있어 모임에서

↗ 일본의 가라오케.

빠질 수 없는 코스가 되었다. 근래에는 중국을 비롯해 아시아와 미국, 유럽에도 수출되어 많은 인기를 얻고 있다.

비디오게임(テレビゲーム)

현대 아이들의 생활은 실외보다 실내 중심이라 자연스럽게 비디오게임이 주된 실내 놀이가 되었다. 미국에서도 일본 비디오게임의 인기가 높아 게임 제조회사인 「닌텐도(任天堂)」는 일본의 비디오게임을 일컫는 명사가 되었을 정도이다.

비디오게임은 전자기술을 응용한 컴퓨터게임의 일종으로, 1978년부터 1979년에 걸쳐 「스페이스 인베이더(スペースインベーダ)」 게임이 크게 유행하면서 선두에 올랐다. 게임 장르도 스포츠, 액션, 슈팅, 레이스, 퍼즐, 퀴즈 등 다양화 되었다.

스퀘어에닉스사(スクウェア・エニックス)의 「드래곤 퀘스트(ドラゴンクエスト)」 시리즈는 판매 전부터 긴 구매 행렬이 생겨나 사회적 이슈가 되기도 하였다. 그러나 과도한 게임은 시력저하와 정신발작의 원인이 된다는 지적이 제기되고 있다. 근래에는 모바일 게임사들의 성장이 비디오게임 시장을 위협하고 있다.

↗ 2011년 지바현(千葉県) 마쿠하리멧세(幕張メッセ)에서 개최된 도쿄게임쇼(東京ゲームショウ).

게임센터(ゲームセンター)

줄여서 게센(ゲーセン)이라고 한다. 10대~20대의 젊은 층의 놀이공간으로 번화가에서 많이 볼 수 있다. 비디오게임, 크레인게임 등의 오락기기와, 메달게임으로 파친코, 경마 등이 있다. 메달게임이란 게임센터에서 돈을 지불하고 메달을 빌려서 게임을 하는 것을 말하는데, 획득한 메달을 금품으로 교환하는 것은 법으로 금지되어 있으며, 사용하고 남은 메달은 카운터에 맡기고 나중에 찾아 다시 게임을 할 수 있다. 「스페이스 인베이더」 게임이 폭발적으로 히트한 후에는 가상현실을 체험할 수 있는 게임이 인기가 높다. 젊은 층들에게는 시간을 때우거나 가볍게 스트레스를 푸는 장소로 인기가 있으나, 사람을 살상하는 등 폭력적인 게임이 많아 청소년들에게 좋지 않은 영향을 끼치고 있다는 시선도 있다.

↗ 게임센터의 내부 모습.

파친코(パチンコ)

↗ 파친코 가게의 내부 모습.

1920년경 미국에서 전해진 코린트게임을 개량한 것이라고 한다. 18세 미만에게는 금지되어 있다. 강철제 구슬을 스프링으로 튕겨서 몇 개의 구멍에 넣으면 10개 이상의 구슬이 나오는 조합으로 되어 있지만, 지금은 대부분 전동식이고 슬롯머신 등의 기계도 도입되어, 오락시설이었던 파친코가 점점 도박적인 요소가 강해져 사회문제가 되고 있다. 획득한 구슬은 담배나 과자 등 다양한 상품과 교환이 가능하다. 물론, 불법이지만 현금으로 교환해 주는 곳도 있다.

일본생산성본부(日本生産性本部)가 발표한 「레저백서2012(レジャー白書2102)」에 따르면 지난 한 해 동안 1회라도 파친코를 한 사람의 수는 1,260만 명으로 전년도에 비해 410만 명이 감소했다고 한다.

마작(麻雀)

마작은 메이지시대 말기 중국에서 미국을 경유하여 일본으로 전해진 게임으로, '파이(牌)'라고 불리는 136개의 사각형 말(駒)을 이용하여 네 명이 득점을 겨룬다. 당시에는 귀족이나 부자들의 놀이였지만, 제2차 세계대전 후 서민들에게도 보급되었다. 근래에는 온라인이나 게임센터에서 마작을 즐기는 사람들이 늘어나고 있으며, 마작 전문점은 감소 추세에 있다.

바둑(囲碁)

바둑은 일본의 대표적인 실내오락 중 하나로 8세기경 중국에서 전해졌다. 당시는 귀족들의 놀이였지만, 13세기경부터 대중에 보급되면서 현재에 이르게 되었다. 바둑은 두 사람이 361개의 교점(交点)이 있는 정사각형의 바둑판 위에서 자신의 돌로 상대의 돌을 에워싸서 획득하는 경기로, 상대의 돌을 많이 획득한 사람이 이긴다. 능숙한 사람이 흰 돌을 사용하며, 검은 돌을 두는 사람에게 선수(先手)를 양보한다. 실력 차가 큰 경우 몇 수 접어주는 규칙도 있어 실력 차가 있는 사람끼리도 승부를 겨룰 수 있다.

장기(将棋)

일본의 전통적인 게임으로 8세기경 바둑과 함께 중국에서 전해졌으며, 그 후 독자적으로 개량되면서 널리 보급되었다. 목재로 만들어진 오각형 말에는 왕과 장군 등의 지위와 역할을 나타내는 글자가 쓰여 있다. 말은 8종류이며, 움직일 수 있는 방향과 칸 수는 말의 종류에 따라 다르다. 두 사람이 81칸의 정사각형이 그려진 장기판 위에서 각각 20개의 말을 움직여 자웅을 겨룬다. 상대방의 말을 빨리 많이 획득한 사람이

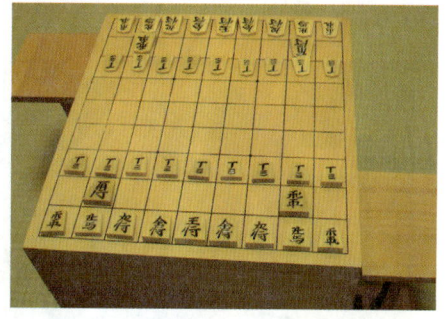

ㄱ 일본의 장기판과 말.

승리하며, 마이니치 신문사(每日新聞社)와 아사히 신문사(朝日新聞社)가 매년 명인전(名人戰)을 개최하고 있다.

렌탈비디오(レンタルビデオ)

영화관보다 저렴한 요금으로 집에서 편한 시간에 영화를 볼 수 있다는 이점이 있어, 90년대 렌탈비디오 숍의 수는 급격하게 증가했다. 렌탈비디오는 영화 외에 텔레비전 프로그램, 아니메, 음반 등 다양하다. 성인물도 렌탈비디오 숍에서 높은 비중을 차지하고 있다. 렌탈비디오 시장의 성장은 영화관 수입에 큰 영향을 끼치고 있어, 폐관을 고려하는 영화관도 적지 않다. 2000년대 들어 DVD가격이 하락하여 소장품으로 직접 구입하는 사람이 증가하고, 근래에는 온라인 상에서 쉽게 구할 수 있어 렌탈비디오 숍은 감소 경향에 점점 대형화되어 가는 추세이다. 렌탈비디오라고 해도 요즘 대부분의 제품은 DVD화 되어 있다. 렌탈 기간은 2박3일 또는 7박8일이 일반적이다.

↗ 렌탈비디오숍.

경마(競馬)·경륜(競輪)

일본에서 경마, 경륜, 경정 등은 공영도박으로 인정된 종목들이다. 특히 경마는 인기가 높아 최근에는 여성 팬들이 많아졌다. 경마 경기는 일본중앙경마회(日本中央競馬会)가 주최하는 중앙경마와 지방자치단체가 주관하는 지방경마가 있다. 규모가 큰 레이스는 TV로 중계되기도 한다. 경륜은 지방자치단체에서 경주를 개최한다. 현재 일본선수권경륜(日本選手権競輪) 등 6개 메이저대회가 있다. 지방 재정의 부흥을 목적으로 시작되었다.

 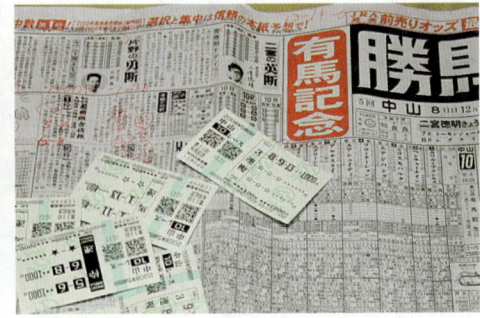

↗ 도쿄돔 옆에 위치한 장외 우승마 투표권발매소(左)와 경마지와 마권들(右).

해외여행(海外旅行)

1990년 들어서 일본에서 해외로의 출국자 수가 천만 명을 넘어섰다. 신혼여행은 해외여행이 당연시 되었고, 중·고등학생과 대학생들의 졸업여행도 해외로 가는 경우가 많아졌다.

여행지로는 하와이를 포함한 미국이 인기가 높으며 유럽 여행도 증가하고 있다. 호주와 동남아시아도 인기 여행지이다. 한류 붐에 힘입어 한국을 찾는 사람도 매년 늘고 있다. 설 연휴나 골든위크(ゴールデンウィーク), 여름방학 때는 나리타공항(成田空港)이 출국자들로 인산인해를 이룬다. 국내여행보다 국외여행이 더 저렴한 것도 해외여행객이 증가하는 이유 중 하나이다.

↗ 나리타공항 출국장.

온천(温泉)

일본인만큼 온천을 좋아하는 사람들도 세계적으로 드물 것이다. 일본에는 다양한 수질의 온천이 있어 예로부터 상처나 병의 치료를 위해 온천 요양이 이용되어져 왔다. 유명한 온천지에는 여관이나 호텔이 들어서 커다란 리조트를 형성하고 있다. 그러나 최근에는 규슈(九州)의 구로카와 온천(黒川温泉) 등과 같이 한적하고 조용한 산속 깊은 곳에 있는 온천이 인기를 모으고 있다. 젊은 층에서도 편안하게 자연을 바라보면서 정신적 스트레스를 해소함과 동시에 온천 탕에서는 몸의 피로를 녹일 수 있다는 이점 때문에 개방적인 노천탕에서 자연과 어우러지는 즐거움을 찾는 사람이 늘고 있다. 여행 잡지에서 특집으로 온천을 다루는 경우가 많아 온천 여행이 상당한 인기를 모으고 있다.

↗ 홋카이도의 조잔케이온천(定山渓温泉) 단지.

하네쓰키(羽根つき)

하네쓰키(羽根つき)는 새해에 여자아이가 하는 놀이로 배드민턴과 비슷하다. 아름다운 그림이 그려진 목제 라켓인 하고이타(羽子板)로 깃털이 달린 공을 서로 쳐서 주고받는다. 경기에 진 사람의 얼굴에 먹물로 낙서를 하기도 한다. 기모노(着物)를 입은 여자아이가 하네쓰키를 즐기는 모습은 예전에는 정월 풍물 중 하나였다. 그러나 도시화 되면서 뛰어놀 수 있는 공간이 급격히 감소하면서 시대의 흐름과 함께 아이들의 놀이 스타일도 변함에 따라 근래에는 그다지 볼 수 없게 되었다.

↗ 깃털이 달린 공인 하네(羽根)(左)와 하고이타(右).

가루타(カルタ)

↗ 오구라햐쿠닌잇슈 가루타.

가루타는 정월에 하는 카드놀이로, '편지' 또는 '카드'를 뜻하는 포루투갈어 carta에서 유래했다. 가루타는 바닥에 하구(下句)가 쓰여진 카드를 늘여놓고 진행자가 상구(上句)를 읽으면, 그에 해당하는 하구 카드를 재빨리 찾아내는 놀이로, 카드를 가장 많이 찾아낸 사람이 승리한다. 카드에 많이 그려지는 소재는 오구라햐쿠닌잇슈(小倉百人一首)[5]로, 한 수의 노래를 두 장의 카드에 나누어 그려 넣는다. 가루타는 남녀노소 누구나 즐기는 놀이로, 학교나 지역단체에서도 가루타 대회가 열리기도 한다. 가루타 경기의 최고봉은 매년 1월 시가현(滋賀県)의 오미신궁(近江神宮)에서 열리는 명인전(名人位戰)과 여성부문 여왕전(女性部門のクイーン位戰)으로 NHK에서 대회를 중계방송해 준다.

후쿠와라이(福笑い)

후쿠와라이(福笑い)는 정월에 하는 놀이로 오타후쿠(お多福)라는 여성의 얼굴 윤곽을 그린 종이 위에 눈을 가리고 눈썹, 눈, 코, 입, 귀를 붙이는 놀이다. 편을 나누고, 눈을 가린 사람이 눈, 코 등을 얼굴

---

5 백 인의 가인들의 와카(和歌) 한 수씩을 엮어 만든 와가집.

윤곽 위에 제대로 놓게 하기 위해 같은 편인 사람이 위치를 알려주지만, 감에 의지해 늘어 놓기 때문에 우스꽝스러운 얼굴이 되기 쉽다.

오하지키(おはじき)

아이들의 놀이도구로 모양이 납작하다. 옛날에는 조개나 작은 돌을 사용했지만, 지금은 여러 가지 색의 도기나 유리, 플라스틱 등으로 만들어진다. 구슬을 바닥에 뿌려두고 다른 구슬을 손가락으로 튕겨 다른 구슬에 맞혀서 맞으면 자신의 것이 된다. 구슬을 많이 맞힌 사람이 승리한다. 손가락으로 튕겨서 노는 것에서 '튕기다'는 뜻을 가진 '하지쿠(彈く)'에서 오하지키라고 불리게 되었다. 한국의 구슬치기와 비슷하다.

오테다마(お手玉)

오테다마(お手玉)는 우리나라의 공기놀이와 비슷하며, 여자아이의 놀이이다. 헝겊으로 된 작은 주머니에 팥이나 작은 돌, 쌀 등을 넣은 것으로 5개, 7개, 9개가 세트며, 주머니 중 하나를 크게 하거나 색을 바꾸어 오야다마(親玉)[6]로 사용한다. 노래를 부르면서 한 개를 공중에 던지고 그 사이에 아래에 뿌린 몇 개의 주머니를 저글링과 같이 양손으로 교대로 던져 떨어지지 않도록 받는 것을 반복하며 논다.

겐타마(けん玉)

겐타마(けん玉)는 한쪽 끝을 뾰족하게 한 나무 봉에, 양쪽 끝을 접시 형태로 오목하게 만든 나무를 끼우고, 가운데 구멍을 뚫은 공에 실끈을 묶은 완구이다. 공을 던져 접시 부분에 올리거나, 뾰족하게 깎은 끝에 꽂거나 하면서 노는 놀이로, 일본에서는 애호가들이 선수권대회를 하기도 한다.

---

6 주(主)가 되는 공.

8 일본의 각 지역과 주요 도시

- 01 일본 각 지역의 특징
- 02 일본의 주요 도시
- 03 일본의 세계유산
- 04 일본의 국보 및 중요문화재

01 일본 각 지역의 특징

일본은 전통의 계승과 발전을 중요시하는 사회 분위기에 힘입어 각 지역마다 유물과 유적 보존에 정성을 쏟고 있다. 해마다 많은 관광객이 이들 유물과 유적을 보기 위해 찾고, 그 수입은 지역경제에 많은 도움이 되고 있다. 일본 각 지역마다 살아 있는 전통과 명소, 지역의 특징에 대해 알아보자.

홋카이도(北海道)

홋카이도(北海道)는 대자연의 절경을 만끽할 수 있는 울창한 침엽수림과 아름다운 호수로 유명하다. 넓은 대지와 풍부한 해산물로 치즈와 대게 등 일본 국내에서도 유명한 지역 음식이 많다. 눈이 많은 곳으로, 매년 2월 초 삿포로시(札幌市)에서 열리는 유키마쓰리(雪まつり)는 일본 국내뿐만 아니라 해외에서도 많은 관광객들이 모인다.

오타루시(小樽市)는 러시아와 가까워 일찍 개항된 곳으로, 곳곳에서 근대 유럽 문화를 느낄 수 있어, 일본 내에서도 이국적인 정취로 인기가 높다. 오르골과 유리공예품이 발달했으며, 운하 거리는 관광객들에게 빼놓을 수 없는 산책 코스 중 하나이다.

시레토코반도(知床半島)는 원시 자연의 생태계가 그대로 남아 있는 홋카이도의 대표적인 명소로, 2005년 7월에 유네스코 세계유산에 등록되었다. 원시림과 더불어 호수와 폭포 등이 매우 아름답다. 아사히카와시(旭川市) 북쪽에 위치하고 있는 아사히야마동물원(旭山動物園)은 터널식 수조에서 볼 수 있는 펭귄, 360도 수조에서 볼 수 있는 북극곰 등 동물들을 아주 가까이서 볼 수 있는

↗ 눈과 얼음의 축제인 삿포로유키마쓰리(さっぽろ雪まつり).

↗ 1923년에 앞바다를 메워 완성한 오타루운하(小樽運河).

↗ 굿샤로호에서 월동하는 큰고니 무리들.

독특한 컨셉의 동물원으로 유명하다. 아사히카와시는 1902년 1월 기온이 영하 41도를 기록했을 정도로 추운 곳이다. 일본 최대의 칼데라호인 굿샤로호(屈斜路湖)가 있다. 도청 소재지는 삿포로시이다.

아오모리현(青森県)

아오모리현(青森県)은 혼슈(本州)의 최북단에 위치하고 있으며, 남서부의 시라카미 산지(白神山地)의 너도밤나무 원시림은 유네스코 세계유산에 등록되어 있다. 또한 일본 최고의 사과 산지이기도 하다. 매년 여름 아오모리시(青森市)에서 열리는 네부타마쓰리(ねぶた祭)는 전국적으로도 유명하다. 2010년 신칸센(新幹線)이 연장되면서 도쿄(東京)에서 신아오모리역(新青森駅)까지 3시간 20분 정도 소요된다. 또한 아오모리에는 홋카이도로 연결되는 해저터널이 있어 혼슈와 홋카이도를 연결하는 역할을 하고 있다. 현청 소재지는 아오모리시이다.

↗ 세계 최대급의 너도밤나무 원시림. 13만ha에 이르는 시라카미 산지의 면적 중 약 1만 7천ha를 차지한다.

이와테현(岩手県)

이와테현(岩手県)은 태평양에 접해 있으며 리아스식 해안으로 어획량이 풍부하다. 모리오카시(盛岡市)와 하나마키시(花巻市)의 완코소바(わんこそば)가 유명한데, 완코라는 말은 지역 방언으로 면을 담는 그릇을 말한다. 소바가 작은 그릇에 담겨 나오는데, 손님이 그만 먹겠다는 뜻으로 소바 그릇에 뚜껑을 덮을 때까지 계속해서 소바를 가져다준다. 매

↗ 모리오카의 명물 완코소바.

년 완코소바 먹기 대회를 개최한다. 또한 모리오카시를 중심으로 하여 생산되는 남부철기(南部鉄器)는 약 4백 년의 역사를 가진 세계적으로도 유명한 수제철기로, 1975년 일본 전통공예품으로 지정되었다. 특히 철주전자는 유럽 관광객들이 선호하는 여행상품 중 하나이다. 현청 소재지는 모리오카시이다.

미야기현(宮城県)

미야기현(宮城県)은 태평양에 접해 있으며, 리아시스식 해안이 발달해 어업이 성하다. 센다이시(仙台市)는 미야기현에서 가장 큰 도시로, 매년 8월 초에 열리는 다나바타마쓰리(七夕祭)는 전국적으로 유명하다. 마쓰시마만(松島湾)에 있는 260여 개의 섬으로 이루어진 마쓰시마는 일본 3경 중 하나로, 매년 많은 국내외 관광객이 찾아온다. 2011년 3월 11일 발생한 동일본대지진(東日本大震災)의 피해 지역 중 한 곳이다. 현청 소재지는 센다이시이다.

↗ 오레이시(折石) 이와테현에 걸쳐 있는 리쿠추카이간국립공원(陸中海岸国立公園)에 있는 명승지로, 끝 부분이 약 2m정도 접혀진 모양에서 이름 붙어졌다. 동일본대지진의 발생 후에도 변함 없는 모습이라 지역민들에게 용기와 희망을 주고 있다.

아키타현(秋田県)

아키타현(秋田県)은 물과 쌀이 맛있기로 유명한 곳으로, 충견 하치(忠犬ハチ公)[1]로 잘 알려진 아키타견(秋田犬)의 고향이다. 예로부터 미인이 많은 곳으로도 유명하다. 또한 눈이 많은 지역답게 1월에 눈으로 집을 만들고 물의 신에게 제사를 지내는 가마쿠라(かまくら) 행사가 널리 알려져 있다. 요코테(横手)와 로쿠고(六郷) 가마쿠라가 특히 유명한데, 각각 4백 년과 7백 년의 역사를 자랑한다. 현청 소재지는 아키타시(秋田市)이다.

↗ 요코데공원의 가마쿠라.
ⓒ(社)横手市観光協会

야마가타현(山形県)

야마가타현(山形県)은 일본 사쿠란보(サクランボ)[2]의 산지로 유명하다. 또한 요네자와분지(米沢分地)에서는 목축업이 발달하였는데, 유명한 야마가타규(山形牛)의 산지이기도 하다.

매년 8월 5일~7일까지 3일간 열리는 하나가사마쓰리(花笠祭)는 동북 4대 마쓰리 중의 하나로,

↗ 힘찬 구호와 화려한 퍼레이드로 유명한 하나가사마쓰리.

---

1 도쿄 시부야역(渋谷駅) 앞에서 매일 죽은 주인의 귀가를 기다린 것으로 알려진 개. 도쿄 시부야역에 동상이 세워져 있다.
2 버찌.

꽃으로 화려하게 장식한 삿갓을 들고 춤을 추며 행진하는 것으로 유명하다. 분지로 여름에 덥고 겨울에 눈이 많이 내리는데, 1933년 7월 25일에는 야마가타시(山形市)의 기온이 40.8도까지 올랐다고 한다. 현청 소재지는 야마가타시이다.

후쿠시마현(福島県)

후쿠시마현(福島県)은 일본에서 3번째로 면적이 넓은 지역으로 태평양에 접해 있다. 현청 소재지는 후쿠시마시(福島市)이다. 일본 유수의 전력 공급지로, 원자력발전소, 수력발전소, 화력발전소가 있으며, 여기서 생산된 전기는 도호쿠 지방(東北地方)뿐만이 아니라 수도권에까지 공급되고 있다.

기타카타시(喜多方市)의 명물인 기타카타라면(喜多方ラーメン)은 꼬불꼬불한 면과 진하고 맑은 국물로 유명하다. 80년 전 라면 타운이 형성되어 현재 120여 곳의 라면 가게가 성업 중에 있다.

↗ 뱀의 눈 모양 같은 머리장식, 초승달 같은 눈과 동그란 코, 작은 입이 특징인 쓰치유코케시

쓰치유온천(土湯温泉) 거리는 예로부터 병을 치료하기 위한 온천으로 유명하다. 특산품으로 쓰치유코케시(土湯こけし)가 있다.

동일본대지진의 최대 피해 지역으로, 원자로 반경 20km 이내의 주민들은 모두 대피시킨 상태이다. 사고의 완전한 수습까지는 많은 시간과 노력이 필요할 것으로 예측된다.

↗ **기타카타라면** 고명으로는 주로 파, 숙주나물, 자슈(チャーシュー : 얇게 저민 돼지고기), 멘마(メンマ : 죽순나물) 등을 얹는다.

이바라키현(茨城県)

이바라키현(茨城県)은 태평양에 접해 있으며 간토평야(関東平野)의 북부에 위치하고 있다. 현청 소재지인 미토시(水戸市)에는 일본 3대 정원의 하나인 가이라쿠엔(偕楽園)이 있는데, 1997년 인접해 있는 센바공원(千波公園) 등과 합쳐 가이라쿠엔공원이 되었다. 뉴욕 센트럴파크에 이어 세계 2위의 넓이를 자랑한다. 또한 미토시에서 생산되는 낫토(納豆)는 일본 최고의 맛으로 유명하다. 평야 지역으로 농업이 발달하였으며 메론과 수박 산지로도 명성이 높다.

↗ **가이라쿠엔** 1841년 미토번(水戸藩) 영주 도쿠가와 나리아키(徳川斉昭)에 의해 조성이 시작되어 1842년 개원하였다. '영주민과 함께 즐기는 곳'이라는 바람을 담아 붙인 명칭이라고 한다.

쓰쿠바우주센터(筑波宇宙センター) 및 연구단지와 쓰쿠바대학(筑波大学)이 있는 쓰쿠바시(つくば市)는 일본 최대의 학술·연구 도시이다.

도치기현(栃木県)

도치기현(栃木県)은 내륙에 위치한 현으로, 닛코국립공원(日光国立公園)으로 유명하다. 특히 도쿠가와 이에야스(徳川家康)를 모시는 도쇼구(東照宮)는 '닛코를 보기 전에는 겟코(結構)3라고 말하지 말라'라는 말이 생겨났을 정도로 화려한 장식을 자랑하며, 유네스코 세계유산으로 등록되어 있다. 또한 도치기는 일본 제1의 딸기 생산량으로 유명한데, 특히 도치오토메(とちおとめ)라는 품종이 인기가 높다. 현청 소재지는 우쓰노미야시(宇都宮市)이다.

↙ 요메이몬(陽明門) 정교한 조각과 화려한 색채 등으로 도쇼궁의 상징적인 건축물이다. 1613년 세워졌으며, 국보로 지정되어 있다.

↙ 린조(輪蔵) 1635년 세워진 건축물로, 불교 경전을 보관하고 있다. 중요문화재로 지정되어 있다.

↗ 신큐샤(神厩舎)에 새겨져 있는 도쇼구의 대표적 조각물 중 하나. 신큐샤는 마굿간으로, 예로부터 원숭이가 말을 지키는 동물이라고 믿어 왔기 때문이다. 원숭이 조각은 각각 「見ざる, 言わざる, 聞かざる」의 뜻을 나타내는데, 이것은 마음을 현혹시키는 것은 '보지 말고, 말하지 말고, 듣지 말라'는 경계를 나타낸다.

↗ 산진코(三神庫) 가미진코(上神庫)·나카진코(中神庫)·시모진코(下神庫)의 총칭이다. 봄과 가을에 축제에 사용되는 마구와 장속들이 보관되어 있다. 중요문화재로 지정되어 있다.

---

3 훌륭함, 좋음.

군마현(群馬県)

군마현(群馬県)은 도쿄(東京)와 신칸센(新幹線)으로 한 시간 거리에 위치하고 있으며, 현의 동남부는 평지이지만 전체적으로 산지가 많아, 낮과 밤의 기온차가 심하다. 여름의 서늘한 기후를 이용한 양배추 재배가 발달하여 일본 제1의 생산량을 자랑한다. 또한 양잠업이 발달하였으며 일본 국내시장의 약 40%를 차지하고 있다.

공예품으로 다카사키시(高崎市)에서 생산되는 다카사키 다루마(高崎達磨)는 국내 생산량의 80%를 담당한

↗ **다루마인형** 달마대사를 형상화한 것으로, 이루고 싶은 소원이 있을 때 한쪽 눈에 눈동자를 칠하고 소원을 빌고, 소원이 이루어 졌을 때 나머지 한쪽 눈동자를 칠하는 풍습이 있다.

다. 또한 일본 제1의 곤냐쿠(こんにゃく) 산지이기도 하다. 산성(酸性) 온천으로 유명한 구사쓰온천(草津温泉)은 일본 국내에서도 손꼽히는 온천으로, 온천물을 식히기 위해 구사쓰 민요를 부르며 나무판으로 온천을 휘젓는 유모미(湯もみ)도 볼거리 중 하나이다. 현청 소재지는 마에바시시(前橋市)이다.

↗ 유모미 모습.

사이타마현(埼玉県)

↗ **지치부요마츠리(秩父夜祭)** 매년 12월 1일부터 6일까지 개최되는 지치부신사(秩父神社)의 제례로, 일본의 3대 히키야마 쓰리(曳山祭)에 속한다.

사이타마현(埼玉県)은 도쿄 북쪽에 위치해 있으며 옛날부터 교통의 요지였다. 현내에 40개의 시(市)가 있는데, 이는 일본 도도부현(都道府県) 중 최다이다. 서쪽은 산지, 남·동·북쪽은 평야지대로, 도쿄 등의 대도시에서 소비하는 채소를 많이 생산한다. 또한 도쿄와 가깝고 수송이 편리하여 자동차 부품공장이 많이 들어서 있다.

현청 소재지인 사이타마시(さいたま市)는 2001년에 우라와시(浦和市), 오미야시(大宮市), 요노시(与野市)를 합쳐 인구 100만이 넘는 대도시가 되었다. 민예품 제조가 발달하여 히나닌교(雛人形), 고이노보리(こいのぼり), 다비(足袋) 등에 있어 일본 제1의 생산지이다.

지바현(千葉県)

지바현(千葉県)은 일본의 현관인 나리타국제공항(成田国際空港)이 위치해 있다. 현청 소재지는 지바시(千葉市)이다. 우라야스시(浦安市)에 있는 도쿄 디즈니리조트(東京ディズニーリゾート)는 일본 최대의 테마파크로, 도쿄 디즈니랜드(東京ディズニーランド)와 도쿄 디즈니시(東京ディズニーシー)를 중심으로 이루어져 있다. 리조트 내에는 쇼핑센터와 숙박시설이 갖추어져 있어 가족과 연인들의 오락 명소로 자리 잡았다. 도쿄만(東京湾) 연안의 매립지에는 제철소와 석유화학 공장이 들어서 있다. 또한 넓은 해수욕장과 갯벌 조개잡이로 관광객들을 불러들이고 있다.

↗ 2001년 개원한 도쿄디즈니시(東京ディズニーシー).

도쿄도(東京都)

↗ 긴자 거리.

↗ 아키하바라 전자상가 거리.

↗ 아사쿠사의 센소지(浅草寺).

도쿄도(東京都)는 일본의 수도이며 정치, 경제, 금융의 중심지로, 인구 천 3백만 명이 넘는 세계적인 도시이다. 연간 천만 명이 넘는 관광객이 찾아오며, 최첨단의 건축물과 오랜 역사와 전통을 간직한 거리가 공존하는 도시이다. 긴자(銀座)와 오모테산도(表参道) 등의 고급패션가와 아키하바라(秋葉源)의 전자제품과 컴퓨터 관련 거리, 젊은이들이 많이 찾는 시부야(渋谷)와 하라주쿠(源宿), 관광객에게는 빼놓을 수 없는 아사쿠사(浅草) 등은 일본 국내뿐만 아니라 외국 관광객에게도 인기가 높은 장소이다.

가나가와현(神奈川県)

가나가와현(神奈川県)은 인구는 900만 명 정도로 일본에서 도쿄에 이어 두 번째로 인구가 많은 도시이다. 일본의 중요한 무역항인 요코하마항(横浜港)이 있다. 또한 게이힌공업지대(京浜工業地帯)⁴의 중심지이며, 도쿄만에는 화력발전소와 제철소가 밀집해 있다.

도쿄 사람들의 주말 관광지로 인기 높은 하코네(箱根)는 해발 723미터에 위치한 아시노호(芦ノ湖)와 산기슭에서 중턱까지 퍼져 있는 온천들로 유명하다.

가마쿠라(鎌倉)는 12세기부터 14세기까지 막부(幕府)가 설치되었던 유서 깊은 곳으로, 교토(京都), 나라(奈良)와 함께 일본의 정치, 문화에 중요한 영향을 끼친 곳이다. 쓰루가오카하치만구(鶴丘八幡宮), 가마쿠라다이부쓰(鎌倉大仏) 등 역사적인 건축물과 유적들이 많이 남아 있다. 현청 소재지는 요코하마시(横浜市)이다.

↗ **요코하마항** 1859년 개항한 요코하마항에는 10개의 부두가 건설되어 있다. 게이힌공업지대의 공업항, 국제여객터미널, 요코하마 해상방재기지 등 다양한 역할을 수행하고 있다.

↗ **아시노코** 약 3천년 전 일어난 수증기 폭발과 화산재로 인해 산의 일부가 붕괴되어 강의 흐름이 막혀 생긴 호수이다. 유람선을 타고 호수 일대를 돌아볼 수 있다.

↗ **쓰루가오카하치만구의 돌계단과 본궁(本宮)** 본궁은 전란으로 소실되어 1828년 에도막부의 (江戸幕府) 11대 쇼군(将軍) 도쿠가와 이에나리(徳川家斉)의 명에 의해 재건된 것으로, 국가 중요문화재로 지정되어 있다.

니가타현(新潟県)

니가타현(新潟県)은 일본에서 가장 긴 강인 시나노가와(信農川)가 현의 남북을 흐르고 있다. 물이 맑고 쌀이 좋아 일본 전통술의 산지이기도 하다. 쌀은 고시히카리(こしひかり)라는 품종이, 술은 핫카이산(八海山), 구보타(久保田) 등의 상표가 유명하다. 동해에 접해 있기 때문에 겨울엔 매우 춥고 눈이 많이 내린다. 가와바타 야스나리(川端康成)에게 노벨문학상을 안겨준 『설국(雪国)』의 무대가 된 곳이기도 하다. 현청 소재지는 니가타시(新潟市)이다.

---

4 도쿄도, 요코하마시(横浜市), 가와사키시(川崎市)를 중심으로 한 공업지대.

도야마현(富山県)

도야마현(富山県)은 니가타현과 함께 눈이 많이 내리는 지역으로 유명하다. 눈이 많이 내릴 때는 몇 미터씩 쌓이기도 하는데, 1945년 2월 26일에는 미가와(真川)에 750cm의 눈이 쌓인 적도 있다고 한다.

도야마현에서 나가노현(長野県)을 잇는 다테야마쿠로베 알펜루트(立山黒部アルペンルート)는 약 86km의 거리를 케이블카, 버스, 로프웨이, 도보 등으로 이동하는 산악 루트로, 고원식물과 웅대한 자연 경관 등을 감상할 수 있다. 특히 5월 연휴기간에는 양쪽에 높이 10m~20m에 이르는 눈으로 쌓인 구간을 걸어가면서 직접 만져 볼 수도 있어 많은 관광객이 찾아온다. 이것을 '눈의 큰 계곡(雪の大谷)'이라고 부른다.

↗ 니가타를 대표하는 핫카이산과 논.

↗ 고카야마의 갓쇼즈쿠리 민가.

남서부에 있는 고카야마(五箇山)에는 눈이 쌓이는 것을 방지하기 위해 지붕의 경사도를 급하게 만든 갓쇼즈쿠리(合掌造り) 형태의 전통민가들이 남아 있으며, 유네스코 세계문화유산에 등록되어 있다. 현청 소재지는 도야마시(富山市)이다.

↗ 눈의 큰 계곡   다테야마쿠로베 알펜루트는 도야마의 다테야마역(立山駅)과 나가노현의 오기자와역(扇沢駅)을 연결하는 교통로이다. 1971년 전 구간이 개통되었다.

이시카와현(石川県)

이시카와현(石川県)은 동해에 접해 있으며, 현청 소재지인 가나자와시(金沢市)에는 에도시대(江戸時代)의 대표적인 봉건영주의 정원인 겐로쿠엔(兼六園)이 있다. 겐로쿠엔은 일본 3대 정원의 하나로 계절에 따라 다른 정취를 선사한다.

전통공예품으로는 화려한 색채가 돋보이는 구타니야키(九谷焼)가 유명하며, 가나자와시의 금박(金箔) 생산량은 일본 국내의 99%를 차지한다.

↗ 금박붙이기 체험.

후쿠이현(福井県)

후쿠이현(福井県)은 리아스식 해안으로 해안선이 아름답고 해산물이 풍부하며, 특히 에치젠가니(越前ガニ)[5]가 유명하다. 산지가 많은 지방이지만, 후쿠이평야(福井平野)를 중심으로 한 쌀농사가

↗ 미하마발전소(美浜発電所). 원자력 발전소이다. ©Hirorinmasa

유명하다. 안경 산업이 발달했으며, 일본에서 생산되는 안경의 90%를 차지하고 있다. 공룡화석이 많이 남아 있으며, 후쿠이현립공룡박물관(福井県立恐竜博物館)은 세계 3대 공룡박물관으로 평가 받고 있다. 일본 원자력발전소의 약 4분의 1이 이곳에 건설되어 있다. 현청 소재지는 후쿠이시(福井市)다.

야마나시현(山梨県)

야마나시현(山梨県)은 내륙에 위치한 현으로, 포도 산지이며 와인의 생산량이 일본에서 가장 많은 지역이다. 1877년 일본에서 최초로 와인공장이 설립된 곳이기도 하다. 지금도 1,200종류 이상의 와인이 생산되고 있다. 전국시대(戦国時代)의 장군으로, 오다 노부나가(織田信長)에게 대적했던 다케다 신겐(武田信玄)[6]의 출신지로도 유명하다. 쓰루시(都留市)에는 야마나시현립 초전도자기부상열차 견학센터(山梨県立リニア見学センター)가 있다. 현청 소재지는 고후시(甲府市)이다.

↗ **쇼센쿄(昇仙峡)** 1923년 국가 명승지로 지정된 계곡으로 기암괴석으로 유명하다. 사진은 쇼센쿄의 상징인 가쿠엔보(覚円峰).

나가노현(長野県)

나가노현(長野県)은 8개의 현과 인접한 현으로, 내륙에 위치해 있다. 18회 동계올림픽이 개최된 곳이다. 3,000m 이상의 높은 산들이 이어지는 일본알프스(日本アルプス)의 산들이 많이 속해 있다.

---

5 암적색을 띤 게로서 큰 것은 70cm 정도가 되는 것도 있다. 후쿠이현의 명물이다.
6 기마 군단을 지휘했으며 싸움에서 패한 적이 없는 전설적인 인물이다.

여름의 서늘한 기후를 이용한 양배추와 배추 재배가 발달했다. 또한 포도, 복숭아, 사과, 고추냉이, 살구 등의 산지이기도 하다. 겨울에는 눈이 많이 내려 스키를 타러 오는 관광객들로 붐빈다. 도쿄와 신칸센으로 1시간 20분 거리에 있다. 현청 소재지는 나가노시(長野市)이다.

↗ 눈 덮인 일본알프스의 풍경과 스키장.

기후현(岐阜県)

기후현(岐阜県)은 7개의 현과 접해 있는 내륙 지방으로, 산지가 많아 임업이 발달했다. 주쿄공업지대로 자동차 산업과 관련된 금속가공업 등이 활발하며, 미쓰비시중공업(三菱重工業)과 가와사키중공업(川崎重工業)이 위치해 있어 항공산업도 발달해 있다.

다카야마시(高山市)에서 개최되는 다카야마마쓰리(高山祭)는 일본 3대 히키야마마쓰리(曳山祭)로 유명하며, 약 300년의 역사를 지니고 있다. 히키야마마쓰리는 다시(山車), 야타이(屋台) 등이 등장하는 마쓰리로, 다카야마마쓰리는 매년 4월과 10월에 열리며, 웅장하게 장식한 야타이들이 시내를 행진한다. 다카야마마쓰리의 야타이와 야타이행사는 각각 중요유형민속문화재와 중요무형민속문화재에 지정되어 있다.

기후현은 유네스코 세계문화유산인 시라카와고(白川郷)의 갓쇼즈쿠리(合掌造り)로도 유명하다. 현청 소재지는 기후시(岐阜市)이다.

↗ 다카야마마쓰리의 야타이.

↗ 시라카와고의 갓쇼즈쿠리 형식으로 지은 농가. 일본의 3대 비경(秘境) 중 하나이다.

시즈오카현(静岡県)

시즈오카현(静岡県)은 일본의 상징물 중 하나인 후지산(富士山)이 소재해 있는 곳이며, 현청 소재지는 시즈오카시(静岡市)이다. 차(茶)의 산지로 유명하며, 전국 최고 생산량을

자랑한다. 태평양 연안부는 난류인 구로시오(黒潮)의 영향으로 겨울에도 기후가 온화하여 귤 등이 재배되고 있다. 특히 이즈반도(伊豆半島)는 겨울에도 영하로 내려가는 일이 거의 없다. 이즈반도를 비롯해 아타미온천(熱海温泉)과 시모다온천(下田温泉), 남알프스(南アルプス) 등 관광자원이 풍부해 관광서비스업이 발달했으며, 하마나코(浜名湖) 주변은 양식업이 활발하다.

↗ 시즈오카의 차밭. 시즈오카의 차 생산량은 일본 국내 1위로, 시즈오카의 명물 중 하나이다.

아이치현(愛知県)

↗ 국보로 지정되어 있는 이누야마성(犬山城)의 천수각. 이누야마시(犬山市)에 있다.

아이치현(愛知県)은 제조품 출하액 기준으로 일본 최대를 자랑하는 주쿄공업지대(中京工業地帯)[7]에 속해 있다. 현청 소재지는 나고야시(名古屋市)로, 제2차 세계대전이 끝나고 도시계획에 의하여 만들어진 도시라 도로 등이 넓고 정비가 잘 되어 있다.

세계적으로도 유명한 위생도기부터 전기선의 절연에 쓰이는 애자(碍子) 등이 모두 나고야에서 생산되고 있다. 또 도요타시(豊田市)에 본사를 둔 도요타자동차(トヨタ自動車)를 중심으로 자동차 관련 산업이 발달하여 기계공업과 금속공업이 차지하는 비중이 높다. 또한 농업도 발달하여 양배추, 브로콜리 등의 농작물뿐만 아니라 장미, 국화 등의 화훼업도 일본내에서 상위에 랭크되고 있다.

미에현(三重県)

미에현(三重県)은 기이반도(紀伊半島)의 동쪽에 위치하며, 신사의 본산인 이세신궁(伊勢神宮)의 소재지로 유명하다. 주쿄공업지대로 자동판매기, 양초, 열쇠 생산량이 많은 것으로 알려져 있다. 제조업 외에도 녹차와 밀감 재배가

↗ 미키모토 고키치(御木本幸吉)가 세계 최초로 진주 양식에 성공한 미키모도신주시마(ミキモト真珠島).

---

7 아이치현, 기후현(岐阜県) 북구, 미에현(三重県) 북부에 걸쳐 있는 공업지대.

활발하며, 어업도 발달해 주로 잡히는 어종으로는 정어리, 전복, 소라 등이 있고, 진주 양식을 많이 하는 곳으로도 유명하다. 현역으로 활동하는 해녀가 많으며, 해녀 요리를 맛볼 수 있어 관광객들에게 인기가 높다. 또한 일본을 대표하는 고급육인 마쓰자카규(松坂牛)의 생산지로도 유명하다. 현청 소재지는 쓰시(津市)이다.

시가현(滋賀県)

시가현(滋賀県)은 일본 최대의 면적과 저수량을 자랑하는 비와코(琵琶湖)가 위치해 있는 곳이다. 현 면적의 반 이상을 호수와 산지가 차지하고 있다. 너구리 장식품으로 유명한 전통 도자기 시가라키야키(信楽焼)의 생산지이며, 향토요리로 스시(寿司)의 원조인 후나즈시(鮒寿司)가 유명하다. 후나즈시는 내장을 제거한 붕어를 몇달 간 소금에 절인 뒤, 붕어 속에 밥을 넣고 다시 위에 밥을 덮는 방식으로 쌓아 발효시켜 만든 것으로, 주로 비와코의 고유어종을 사용한다. 현청 소재지는 오쓰시(大津市)로, 667년~672년 일본의 수도였던 곳이다.

↗ 웃음이 저절로 나올 정도로 귀여운 것이 특징인 시가라키야키의 너구리 도자기 장식.

교토부(京都府)

교토부(京都府)의 부청 소재지인 교토시(京都市)는 794년부터 1867년 메이지유신(明治維新) 전까지 천황이 머물던 곳으로, 일본의 역사를 고스란히 간직하고 있는 유서 깊은 지역이다.

교토시의 중심부를 흐르는 가모가와(鴨川)로 인해 예로부터 염색이 발달했으며, 화려한 무늬의 니시진오리(西陣織)가 특히 유명하다.

세계 2차대전 중 공습에서 제외된 지역으로,

↗ 키요미즈데라(清水寺)의 본당 1633년에 재건된 것으로 국보로 지정되어 있다. 봄의 벚꽃과 가을 단풍이 아름답기로 유명하다.

국보로 지정된 207건의 미술공예품과 기요미즈데라(清水寺)를 비롯하여 60개 동(棟)의 국보건축물이 보존되어 있는 명실상부한 일본 최고의 관광지 중 하나이다.

오사카부(大阪府)

오사카부(大阪府)는 긴키 지방(近畿地方)과 서일본(西日本)의 경제, 문화, 교통의 중심지로,

교토부, 효고현(兵庫県), 나라현(奈良県), 와카야마현(和歌山県)과 접해 있다. 에도시대 일본 경제의 중심지였으며, 현재는 도쿄도에 이어 인구밀도와 총생산이 전국 2위로, 파나소닉(パナソニック)과 같이 일본 국내외에서 지명도가 높은 여러 기업의 본사가 위치해 있다.

고대부터 일본 역사의 중심부에 있었던 지역이라 다이센릉고분(大仙陵古墳)을 비롯하여 고분 123기(基)와 스미요시타이샤(住吉大社) 본당과 같은 국보 건축물, 50건이 넘는 국보 미술공예품 등 수많은 문화재가 살아 숨 쉬는 곳으로, 국내외 관광객의 발걸음이 연중 끊이지 않는다.

↗ 스미요시타이샤의 제3본전과 제4본전의 뒷모습. ⓒYanajin33

↗ 하늘에서 바라본 간사이국제공항 전경.

1994년 9월 4일 와카야마현 앞바다의 이타미공항(伊丹空港)의 소음과 과밀화를 해소하기 위하여 간사이국제공항(関西国際空港)이 공식 개항하여 매년 수백 만의 외국 관광객이 편리하게 방문할 수 있게 되었다. 간사이국제공항은 바다 위에 세워진 인공섬 위에 건설된 공항으로 24시간 이착륙이 가능하다. 세토나이카이식 기후(瀬戸内海式気候)로 연중 온난한 편이며, 여름철 도심에는 열대야가 지속되는 날이 많다. 부청 소재지는 오사카시(大阪市)이다.

효고현(兵庫県)

북쪽은 동해, 남쪽은 세토나이카이(瀬戸内海)에 접하고 있으며, 아카시시(明石市)에는 일본의 표준시자오선이 지나간다.

현청 소재지인 고베시(神戸市)에는 혼슈(本州)와 시코쿠(四国)를 연결하는 세계에서 가장 긴 현수교인 아카시해협대교(明石海峡大橋)가 놓여 있어 교통의 요충지 역할을

↗ 동경 135도를 나타내는 일본의 표준시자오선.

하고 있다. 고베시는 1995년 발생한 한신·아와지대지진(阪神·淡路大震災)으로 엄청난 피해를 입었지만 복구에 힘을 쏟아 이전의 활기찬 도시로서의 면모를 보여주고 있다.

또한 니시노미야시(西宮市)에는 야구의 성지로 불리는 한신코시엔구장(阪神甲子園球場)이, 히메지시(姫路市)에는 일본 3대 성(城) 중의 하나인 아름다운 히메지성(姫路城)이, 다카라즈카시(宝塚市)에는 1913년 여성들만으로 이루어진 다카라즈카가극단(宝塚歌劇団)이 있는 문화와 스포츠의 지역이다.

↗ 다카라즈카극장과 다카라즈카 음악학교. ⓒ663highland

나라현(奈良県)

나라현(奈良県)은 일본 고대의 역사가 살아 숨 쉬는 곳, 자연과 인간이 공존하며 사는 곳이다. 고대시대부터 나라시대(奈良時代)까지 일본 역사의 중심에 서 있던 지역으로, 고대 고분 유적과 진무천황릉(神武天皇陵)이 있다. 또한 호류지(法隆寺), 가스가타이샤(春日大社) 등의 불교 건축물을 비롯하여 일본 국내에서 가장 많은 유네스코 세계문화유산과 국보 건축물을 간직하고 있다.

인구의 90% 이상이 현의 북서부에 위치한 나라분지(奈良盆地)에 거주하고 있어 인구밀도가 매우 높으며, 교토와 오사카와의 교통이 편리해 베드타운으로서의 역할을 하고 있다. 특히 우리의 백제문화와 관계가 깊은 곳으로, 백제 멸망 후 많은 유민들이 이 지역으로 옮겨갔다. 현청 소재지는 나라시(奈良市)이다.

↗ 진무천황릉 참배길. ⓒNNE

↗ 가스가타이샤의 나오라이덴(直会殿)과 니시카이로(西回廊) 전국 천여 개 가스가타이샤의 총본산으로, 나라·헤이안(平安) 시대의 귀족인 후지와라(藤原) 가문의 수호신을 모신다.

와카야마현(和歌山県)

와카야마현(和歌山県)은 기이반도의 서쪽에 위치하며, 현의 남부는 태평양측기후에 속하며 강수량이 많은 다우지역이다. 기후가 매우 온화하여 귤, 매실, 감의 생산량이 전국 1위이며, 특히 귤 재배는 400년 전에 시작되었다. 쿠로시오의 영향으로 어업도 발달했으며 참치와 가다랑어가 많이 잡힌다. 또한 현의 대부분이 산지라 삼나무와 노송을 중심으로 한 임업도 발달하였다.

↗ 국보인 곤고부지 후도도(不動堂). ©PekePON

↗ 곤고부지의 곤폰다이토(根本大塔) 1937년 구카이 입적 1,100년을 기념하여 재건되었다.

헤이안시대 초기의 승려 구카이(空海)[8]가 창시한 고야산 진언종(高野山真言宗)의 총본산인 곤고부지(金剛峯寺)가 소재해 있다. 2004년 유네스코 세계문화유산에 등록된 기이산지의 영지(霊場)와 참배길(紀伊山地の霊場と参詣道)[9] 중 구마노산잔(熊野三山)과 고야산 구간이 위치한 지역이라 특히 관광객의 발걸음이 잦다. 현청 소재지는 와카야마시(和歌山市)이다.

돗토리현(鳥取県)

돗토리현(鳥取県)은 일본에서 인구가 가장 적은 현이다. 동해에 접해 있어, 겨울에 비와 눈이 많이 내린다. 일본 최대의 사구인 돗토리사구(鳥取砂丘)로 유명한데, 돗토리사구는 남북으로 2.4km, 동서로 16km에 이른다. 또한 높이 1,729m로 주고쿠 지방(中国地方)[10]에서 가장

↗ 예로부터 일본 4대 명산으로 손꼽히는 다이센.

---

8 774년~835년. 헤이안시대의 유명한 승려로, 고보대사(弘法大師)라고도 한다.
9 미에, 나라, 와카야마의 3개 현에 걸쳐 있는 3개의 영지(霊場)와 참배길이 등록되어 있다.
10 야마구치(山口), 돗토리(鳥取), 시마네(島根), 히로시마(広島), 오카야마(岡山)가 속한다.

높은 화산인 다이센(大山)은 일본백경(日本百景)에도 선정되었다. 다이센의 일부 지역은 천연림과 야생동물의 서식지로 알려져 있으며, 이로 인해 국가에서 조류와 포유류를 보호하기 위해 조수보호구(鳥獸保護区)로 지정하고 있다. 현청 소재지는 돗토리시(鳥取市)이다.

시마네현(島根県)

시마네현(島根県)은 돗토리현에 이어 일본에서 두 번째로 인구가 적다. 동해에 접해 있어 어업이 발달해 일본 국내에서도 최상위권의 어획량을 자랑한다. 에도시대 때부터 철강업이 발달한 지역 특성에 맞게 히타치금속(日立金属) 등을 중심으로 한 철강 관련 제조업의 비중이 높다.

이즈모시(出雲市)에는 이즈모타이샤(出雲大社)가 있어 관광객들의 발걸음이 끊이지 않는다. 예로부터 매년 10월에는 일본의 모든 신들이 이즈모타이샤로 모이기 때문에, 이곳을 제외하고는 일본 전역에 신이 없다는 의미에서 10월을 옛날에는 간나쓰키(神無月)라고도 하였다. 또한 전국시대(戦国時代) 후기에서 에도시대 전기에 걸쳐 은을 캐던 광산인 이와미긴잔(石見銀山) 유적과 주변의 문화적 경관이 유네스코 세계문화유산에 등록되어 있다. 현청 소재지는 마쓰에시(松江市)이다. 한국의 독도가 일본 땅이라는 터무니없는 주장을 하는 곳으로 널리 알려져 있다.

↗ 이와미긴잔 내부.

오카야마현(岡山県)

오카야마현(岡山県)은 철도, 고속도로 등이 잘 발달해 있는 주고쿠 지방의 교통의 요충지이다. 시코쿠(四国)와의 사이에 길이 13.1km로 세계에서 가장 긴 다리 중의 하나인 세토오하시(瀬戸大橋)가 건설된 이후에는 혼슈와 시코쿠를 잇는 역할도 수행하고 있다. 세토나이카이식 기후로 온난하고 강우량이 적으며, 일본 제일의 복숭아와 메론 산지이다. 특히 현청 소재지인 오카야마시(岡山市)는 일본 내에서도 강수량이 적은 곳으로 알려져 있다.

↗ 기비쓰신사의 본당. ©Reggaeman

대표적인 관광지로는 오카야마성(岡山城)과 기비쓰신사(吉備津神社), 고라쿠엔(後楽園) 등이 있는데, 특히 기비쓰신사의 본전과 배례전은 국보로 지정되어 있다. 또한 오카야마는 일본인이라면 누구나 알고 있는 옛날이야기인 모모타로(桃太郎)의 무대가 된 곳이기도 하다.

↗ **엔요테이(延養亭)** 고라쿠엔에서 가장 먼저 지어진 곳으로, 고라쿠엔은 오카야마 번주 이케다 쓰나마사(池田綱政)에 의해 1687년 착공하여 1700년에 완성되었다. 일본 3대 정원 중 하나이다.

히로시마현(広島県)

히로시마현(広島県)은 세계에서 최초로 원자폭탄이 투하된 히로시마시(広島市)로 인해 국제적으로도 널리 알려져 있는 곳이다. 유네스코 세계문화유산에 등록되어 있는 이쓰쿠시마신사(厳島神社)와 원폭돔(原爆ドーム)을 보기 위해 일본인뿐만 아니라 외국 관광객들의 발길도 끊이지 않는다. 이쓰쿠시마신사는 신사 앞은 바다이고 뒤는 원시림으로 둘러싸여 있으며, 통칭 미야지마(宮島)라고도 불린다.

제2차 세계대전 중 일본군의 주요 거점 중 하나였던 곳으로, 마쓰다(マツダ)를 비롯한 자동차 산업과 철강업, 섬유 산업 등이 경제의 중심을 이루고 있다. 현청 소재지인 히로시마시는 주고쿠 지방과 시코쿠 지방을 합쳐 인구가 가장 많은 도시이다.

↗ 후쿠야마시(福山市)에 있는 묘오인(明王院)의 본당과 오층탑. 모두 국보로 지정되어 있다.

야마구치현(山口県)

야마구치현(山口県)은 혼슈의 가장 서남쪽에 자리하고 있는 현으로, 현의 동쪽을 제외하고 모두 바다로 둘러싸여 있다. 자동차도로인 간몬교(関門橋)와 간몬국도터널(関門国道

トンネル)을 비롯한 3개의 터널이 건설되어 있어 혼슈와 규슈 지방(九州地方)을 원활하게 연결하고 있다. 동해 쪽은 농업과 어업이 발달했으며, 세토나이카이 쪽은 중화학공업과 석유화학이 발달하여 세토우치공업지역(瀬戸内工業地域)을 이루고 있다.

현청 소재지는 야마구치시(山口市)이며, 시모노세키시(下関市)에서 거래되는 복어량은 일본 최대이다. 특히 이곳에는 금융기관이 대거 몰려 있어 야마구치시와 대등한 지역경제권을 형성하고 있다. 이밖에 이와쿠니시(岩国市) 등은 히로시마시와 히로시마도시권(広島都市圏)을 이루어 지역경제권을 형성하고 있으며, 야마구치현은 이와 같이 지역과의 교류가 매우 활성화 되어 있는 도시권이 여럿이다. 관광명소로는 국보인 스미요시신사(住吉神社)의 본전과 고잔지(功山寺)의 본전이 있다. 시모노세키시와 부산 간에는 일제 식민지 시대부터 페리가 운행되었으며, 현재도 매일 한 차례 운항되고 있다.

↗ 시모노세키시 중심부와 간몬해협(関門海峡).

도쿠시마현(徳島県)

도쿠시마현(徳島県)은 시코쿠의 동부에 위치한 현으로, 현청은 도쿠시마시(徳島市)에 있다. 온난한 기후로 여름과 가을엔 비가 많이 내린다. 요시노가와(吉野川)의 북쪽 강변 지역과 강어귀에서는 무, 옥수수, 레몬, 파, 당근, 상추 등이 많이 생산되는데, 매일 오사카와 교토 지역으로 운송되어 소비된다.

오본(お盆) 때 도쿠시마현 전체에서 실시되는 아와오도리(阿波おどり)는 약 400년의 역사를 자랑하며, 일본의 3대 본오도리(盆踊り) 중 하나로 유명하다. 나루토해협(鳴門海峡)의 밀물과 썰물이 만들어내는 거센 소용돌이로 유명한 나루토의 소용돌이(渦潮) 관람은 국내외 관광객들에게 인기가 높은데, 오나루토교(大鳴門橋)의 위에서 내려다보는 방법과 관광선을 타고 근처에서

↗ **이야다니의 덩굴다리** 발을 옮길 때마다 나무판이 삐걱이는 소리를 내고, 다리에 한 사람만 올라가도 흔들린다. ⓒ京浜にけ

관람할 수 있는 방법이 있다. 또한 미요시시(三好市)의 이야다니(祖谷渓)는 일본 3대 비경(秘境) 중 하나로 빼놓을 수 없는 관광 명소이다. 전통공예품으로는 이타노군(板野郡) 아이즈미초(藍住町)의 아이조메(藍染)와, 나루토시(鳴門市)의 오타니야키(大谷焼) 등이 있다

↗ 오타니야키의 제작 광경. 오타니야키는 2인 1조로 제작하는데, 한 명은 누워서 발로 물레를 돌리고 다른 한 명은 항아리를 제작하는데, 주로 큰항아리를 만든다.

가가와현(香川県)

가가와현(香川県)은 일본에서 면적이 가장 작은 현이다. 기후는 매우 온화하나, 강수량이 적어 옛날부터 저수지가 발달했다. 현재도 천 4백여 개의 저수지가 남아 있다.

↗ 수타로 만들어 쫄깃한 면이 특징인 사누키 우동.

진언종(真言宗)의 창시자인 승려 구카이의 고향이며, 전국적으로 유명한 사누키우동(讃岐うどん)의 산지이다. 또한 올리브의 생산지이기도 하다. 현청 소재지는 다카마쓰시(高松市)이다.

에히메현(愛媛県)

에히메현(愛媛県)은 시코쿠의 북서부에 있는 현으로, 북쪽은 세토나이카이에, 서쪽은 우와카이(宇和海)에 접해 있다. 북부의 세토나이카이 쪽은 화학, 전기, 조선, 타올 공업이 발달했고, 우와카이 쪽은 리아스식 해안으로 이곳에서는 도미, 방어, 진주 양식이 발달했다. 날씨가 온화하여 감귤과 비파를 재배하는

↗ 도고온천 본관 나쓰메 소세키의 소설 『봇찬(도련님)』 중에도 등장하며 현의 대표적인 관광지 중 하나이다.

농가가 많다. 현청 소재지인 마쓰야마시(松山市)에는 3천 년의 역사를 자랑하는 일본에서 제일 오래된 도고온천(道後温泉)이 있다. 도고온천의 본관은 1894년에 건립되었으며, 일본 근대문학을 대표하는 작가 중 한 명인 나쓰메 소세키(夏目漱石)의 소설 『도련님(坊っちゃん)』의 무대가 된 곳이기도 하다.

↗ 봇찬단고 나쓰메 소세키의 소설 『봇찬(도련님)』에서 언급된 것이 계기가 되어 널리 알려졌다.

고치현(高知県)

고치현(高知県)은 시코쿠의 남부에 위치하고 있으며, 일본에서 연간 강수량이 제일 많은 곳이다. 쌀의 이모작이 가능하며, 가지, 메론, 샐러리, 피망 등의 산지이기도 하다. 어업도 발달했으며, 특히 가다랑어의 어획량이 많아, 가다랑어를 쪄서 말린 가쓰오부시(かつおぶし)[11]가 유명하다. 막부(幕府) 말의 인사로 메이지유신(明治維新)에 영향을 끼친 사카모토 료마(坂本龍馬)[12]의 고향이기도 하다. 현청 소재지는 고치시(高知市)이며, 옛날에는 도사국(土佐国)이라고 했다.

↗ 1867년의 사카모토 료마.

후쿠오카현(福岡県)

후쿠오카현(福岡県)은 북쪽은 동해, 동쪽은 세토나이카이, 남서부는 아리아케카이(有明海)에 접해 있다. 현해탄을 사이로 옛날부터 한국, 중국과의 교류가 가장 많았던 곳으로, 부산과는 200km 정도밖에 떨어져 있지 않다.

야메시(八女市)의 야메차(八女茶)와 전통공예품으로 하카타인형(博多人形)이 유명하다. 현청 소재지인 후쿠오카시(福岡市)는 규슈(九州)에서 가장 큰 도시로 인구가 140만 명이 넘는 정령지정도시(政令指定都市)이다. 현의 중부에 위치해 있는 다자이후시(太宰府市)의 다자이후텐만구(太宰府天満宮)는 학문의 신을 모시는 신사로, 매년 전국에서 700만이 넘는 관광객이 찾아온다.

후쿠오카의 하카타역(博多駅)은 산요신칸센(山陽新幹線)[13]의 종점이면서 또한 2011년 3월

↗ 야메차 재배 밭.

↗ 하카타의 수호신을 모시고 있는 구시다신사(櫛田神社).

---

11 국물 맛을 내는 조미료로 쓰인다.
12 1836년 1월3일~1867년 12월10일. 에도시대 말기의 지사(志士). 일본인들에게 존경 받는 인물 중의 한 사람이다.
13 신오사카역(新大阪駅)에서 하카타역까지 연결하는 노선을 말하는데, 대개 도쿄역(東京駅)에서 하카타역까지 직통으로 운행되므로, 도카이도 · 산요신칸센(東海道 · 山陽新幹線)이라고 한다.

12일 전구간이 개통된 규슈신칸센(九州新幹線)의 발착지이기도 하다. 현재 운행되고 있는 규슈신칸센은 하카타역에서 가고시마중앙역(鹿児島中央駅) 구간을 연결한다.

사가현(佐賀県)

↗ 소박하지만 멋스러운 무늬가 특징인 가라쓰야키.

↗ 맛과 생산량에서 전국 최고로 손꼽히는 사가의 김 양식장.

사가현(佐賀県)은 북쪽은 동해에, 남쪽은 아리아케카이에 접해 있으며, 아리아케카이 연안에서 양식되는 김은 일본 제일의 김으로 인정받고 있다. 남쪽의 치쿠고평야(筑後平野)에서는 쌀, 양파, 연근, 콩 등이 재배된다. 임진왜란 때 조선에서 끌려간 도공들에 의해 만들어진 아리타야키(有田焼)와 예로부터 다기로 유명한 가라쓰야키(唐津焼)의 산지로 유명하다. 문화적인 곳으로는 야요이시대(弥生時代)의 유적으로 일본 최대급인 요시노가리 유적(吉野ヶ里遺跡)이 있다. 현청 소재지는 사가시(佐賀市)이다.

나가사키현(長崎県)

나가사키현(長崎県)은 규슈의 북서부에 위치하고 있으며 동중국해에 접해 있다. 쓰시마(対馬), 이키(壱岐), 고토열도(五島列島) 등 900여 개나 되는 섬이 속해 있다. 1500년 말부터 포르투갈, 스페인, 네덜란드 등의 서양 문물과 중국 문화가 들어와 발전한 곳이며, 또한 일본에서 천주교를 가장 먼저 받아들인 곳이다. 일본인들에게도 이국적인 정취로 인기가 높으며, 먹거리로 카스테라와 나가사키짬뽕

↗ **나가사키짬뽕** 메이지시대 중기 나가사키에서 시카이루(四海樓)라는 중국요리점을 운영하던 진평순이 일본에 온 자국의 유학생을 위해 고안한 요리로, 굵은 면과 건더기가 많은 것이 특징이다. 시카이루는 현재도 나가사키에서 영업중이다.

↗ 나가사키 카스테라.

(長崎ちゃんぽん)이 유명하다. 리아스식 해안으로 어업이 발달했으며, 나가사키시(長崎市)와 사세보시(佐世保市)는 조선업이 발달했다. 특히 사세보시에는 외국 관광객들에게도 인기를 끌고 있는 리조트 하우스텐보스(ハウステンボス)가 있다. 현청 소재지는 나가사키시이다.

구마모토현(熊本県)

구마모토현(熊本県)은 규슈의 중앙에 위치하고 있으며, 현청 소재지는 구마모토시(熊本市)이다. 일본에서 두 번째로 큰 아소칼데라(阿蘇カルデラ)로 유명하며, 칼데라 중심부에 위치한 아소산(阿蘇山)은 활화산으로 아직도 분화하고 있다.

구마모토평야(熊本平野)에서는 쌀을 비롯하여 농업과 목축업이 발달했다. 일본 최대의 토마토와 잎담배 산지이며, 수박, 밤, 가지, 딸기 산지로도 유명하다. 또한 보리새우 등의 양식업도 번성했다. 구마모토시에 있는 일본의 3대 성(城) 중 하나인 구마모토성(熊本城)과 스이젠지공원(水前寺公園)을 보기 위해 많은 관광객들이 찾아오고 있다. 또한 일본의 3대 급류 중 하나인 구마가와(球磨川)에서는 배를 타고 강을 내려가는 체험과 래프팅을 할 수 있어 큰 인기를 모으고 있다.

↗ 고메즈카(米塚) 높이 954m로 아소의 화산 중 가장 최근의 것이며, 약 천 년 전에 생긴 것으로 추정된다. 중앙의 움푹 파인 곳은 분화구의 흔적이다.

↗ 남녀노소에게 인기 있는 구마가와의 구마가와쿠다리(くま川下り).

오이타현(大分県)

오이타현(大分県)은 온천의 원천(源泉) 수(数)와 용출량이 일본 제일로, 온천의 열을 이용한 지열발전을 하고 있다. 유명 온천지인 벳푸(別府)와 유후인(湯布院)은 일본뿐만 아니라 외국 관광객들에게도 인기가 높다. 벳푸는 일본에서 온천수와 탕이

↗ 벳푸시(別府市) 중심부에 있는 온천 거리인 벳푸온천의 모습.

제일 많은 곳이다. 전갱이와 고등어가 많이 잡히고, 표고버섯 산지로 유명하다. 현청 소재지는 오이타시(大分市)이다.

미야자키현(宮崎県)

미야자키현(宮崎県)은 규슈의 가장 남쪽에 있는 현이며, 현청 소재지는 미야자키시(宮崎市)이다. 남국의 정취를 느낄 수 있는 곳으로 옛날에는 신혼 여행지로 각광을 받았다. 기온이 따뜻하여 쌀, 과일, 채소의 속성재배가 가능한 곳이다. 망고 등 열대과일의 재배가 많고, 오이와 피망 등의 생산량은 일본 내에서도 1, 2위를 다툰다. 축산업도 발달하여 소, 돼지, 닭의 사육이 활발하다. 현의 최북단에 위치한 다카치호협곡(高千穗峽)은 높이 80m에서 100m의 주상절리가 7km나 이어지는 절경을 자랑한다. 다카치호협곡은 아소산이 분화할 때 흘러나온 용암이 급격히 냉각되어 주상절리를 만들고, 응고된 화산퇴적물은 다시 계곡의 물살에 의해 침식되어 만들어진 협곡이다. 미야자키시 북서쪽의 난고손(南鄕村)**14**은 백제가 멸망하면서 일본으로 건너간 백제 왕족이 세운 마을로 전해지고 있다. 1990년 한국 정부의 협조로 마을에 백제관(百濟の館)이 건립되었다.

↗ **다키치호협곡** 약 12만년 전과 9만 년전에 일어난 아소산의 2회에 걸친 화산활동으로 생긴 계곡으로, 일본의 명승 및 천연기념물로 지정되어 있다.

가고시마현(鹿児島県)

가고시마현(鹿児島県)은 미야자키현과 함께 규슈의 가장 남쪽에 위치하고 있으며, 현청 소재지는 가고시마시(鹿児島市)이다. 1914년 일어난 분화에 의해 육지와 연결된 사쿠라지마(桜島)는 아직도 분화하고 있어, 관광자원뿐만 아니라 학술자원으로도 주목을 받고 있다. 규슈 본토에서 약 60km 떨어진 해상에 위치하는 야쿠시마(屋久島)는 섬의 약 20%에 해당하는 면적이 유네스코 세계자연

↗ **시라타니운스이협곡(白谷雲水峽)** 미야자키 하야오(宮崎駿) 감독의 애니메이션 원령공주(もののけ姫)에 나오는 숲의 모델이 된 곳이다.

---

14 2006년 1월 사이고손(西鄕村) 및 기타고손(北鄕村)과 합병되어 미사토초(美鄕町)가 되었다.

↗ 높은 인기를 자랑하는 가고시마현의 흑돼지샤브샤브.

유산에 등록되어 있다. 또한 현의 남부에 세워진 다네가시마 우주센터(種子島宇宙センター)는 세계에서 가장 아름다운 로케트 발사장으로 평가받고 있다.

고구마와 차의 재배로 유명하며, 특히 고구마소주는 가고시마의 명물로 일본의 애주가들에게 사랑받고 있다. 또한 가고시마라면 돼지를 떠올릴 정도로 양돈업이 활발하다.

오키나와현(沖縄県)

오키나와현(沖縄県)은 일본의 47개 행정구역 중 가장 서남쪽에 위치하고 있으며, 현내에 160개의 섬을 가지고 있다. 류큐왕국(琉球王国)으로 번창한 역사와 문화는 이국적인 정취를 느끼게 하여 해마다 수많은 국내외 휴양객들이 방문한다.

이리오모테지마(西表島)[15]에서만 볼 수 있는 이리오모테살쾡이는 일본 천연기념물로 지정되어 있다. 아열대기후의 특성을 살려 망고, 파인애플, 아세로라 등의 열대과일과 사탕수수, 담배, 여주 등의 농산물을 생산하고 있다.

1945년부터 미군이 주둔해 오고 있으며, 미군과 관련된 사고와 범죄 등으로 미군기지의 현외(県外) 이전을 요구하는 주민들의 목소리가 높아지고 있어, 일본 정부와 이를 둘러싼 갈등이 계속되고 있다. 제2차 세계대전 당시 일본에서 유일하게 지상전이 발생했던 곳으로 많은 민간인이 희생되었다. 1972년까지는 미국의 영토로 오키나와에 있는 친척을 만나러 갈 때도 미국 대사관이나 영사관에서 비자를 발급받아야 했었다. 후쿠시마 원자력발전소(福島原子力発電所) 사고 이후 청정지역으로서 더욱 각광받고 있다. 현청 소재지는 나하시(那覇市)이다.

↗ 류큐시대의 의상.

↗ 돌담과 붉은 기와지붕이 인상적인 오키나와의 주택들.

↗ 시사(シーサー) 사자를 뜻하는 시시(獅子)의 오키나와 방언이다. 지붕이나 문 등에 놓아두면 액운을 물리쳐 준다고 믿는다.

---

15 오키나와 본섬에 이어 2번째로 크다.

02 일본의 주요 도시

일본의 정치, 경제, 문화를 대표하는 주요 도시들이다. 이들 도시에 대해 알아두면 일본을 파악하는 데 도움이 될 것이다. 이들 도시에 대해 알아보자.

삿포로시(札幌市)　www.city.sapporo.jp

삿포로시(札幌市)는 일본 최북단에 위치한 홋카이도의 도청 소재지로, 2012년 현재 인구 190만 명을 넘는 정령지정도시이다. 또한 홋카이도의 정치, 경제, 문화의 중심 도시이다.

자연의 혜택을 입은 광활한 도시로, 감자, 옥수수, 해산물 가공품과 유제품 등이 많이 생산된다. 삿포로맥주(サッポロビール)와 삿포로라면(札幌ラーメン)의 본거지로 전국적으로 유명하다. 매년 2월 초에 열리는 삿포로 유키마쓰리(札幌雪まつり)는 세계적으로도 유명하며, 매년 약 200만 명의 일본 국내외 관광객들이 방문한다.

↗ **삿포로 시계탑** 홋카이도대학(北海道大学)의 전신인 삿포로농학교(札幌農学校)의 연무장으로, 중요문화재로 지정되어 있다.

↗ **오도리공원(大通公園)** 삿포로시 중심부에 위치하며, 유키마쓰리가 열리는 등 삿포로시의 문화적 소통 장소이다.

센다이시(仙台市)　www.city.sendai.jp

센다이시(仙台市)는 도호쿠 지방(東北地方)의 최대 도시로 1989년 시 설립 100주년을 맞이하면서 정령지정도시로 승격했다. 「숲의 도시(杜の都)」라는 애칭을 갖고 있는 센다이는 역사와 문화의 도시이기도 하다. 에도시대 센다이번(仙台藩)16의 번청(藩庁)일 때에는 녹봉 62만 석의 거대한 성곽 도시였다. 메이지시대(明治時代)에는 각종 고등 교육기관이 설치되어 교육도시로서의 기능을 하는 등,

↗ 숲의 도시를 상징하는 조젠지거리(定禅寺通)의 가로수.

---

16 다테가(伊達家)가 통치하던 시대라 다테한(伊達藩)이라고도 한다.

도호쿠 지방의 거점 도시였다. 센다이시에서 전철로 약 30분 거리에 있는 마쓰시마(松島)는 일본 3경 중 하나로, 260여 개의 아름다운 섬들을 유람선으로 둘러볼 수 있다. 또, 매년 8월 6일부터 8일까지 열리는 센다이 다나바타마쓰리(仙台七夕祭)는 동북 3대 마쓰리 중의 하나이자 일본 제일의 다나바타마쓰리로, 일본 각지에서 많은 관광객들이 방문한다.

도쿄(東京)   www.metro.tokyo.jp

도쿄(東京)는 17세기 도쿠가와 이에야스(德川家康)가 에도(江戸)에 막부(幕府)를 설치하면서 작은 농촌에서 정치의 중심지로 성장했다. 현재는 일본의 정치, 경제, 문화의 중심지이며, 종합적 도시로서는 뉴욕, 런던, 파리의 뒤를 이어 세계 4위의 규모로 평가되는 거대 도시이다.

도쿄도청(東京都庁)이 있는 신주쿠(新宿)는 경제, 문화, 교통의 중심지로, 특히 신주쿠역(新宿駅)은 JR선, 사철(私鉄), 지하철이 교차하는 곳으로 하루에 수백 만 명의 사람이 이용한다. 시부야(渋谷), 하라주쿠(原宿), 이케부쿠로(池袋)는 젊은이들의 거리로, 패션과 문화 트렌드를 선도한다. 전통적인 정취를 느낄 수 있는 아사쿠사

↗ 도쿄도청 제1 본청사 1991년 현재의 신주쿠로 이전했다.

(浅草)는 관광객들에게 인기가 높다. 아키하바라(秋葉原)는 전기제품과 IT관계의 제품을 파는 가게들이 밀집해 있어, 일본인들뿐만 아니라 외국 관광객들도 많이 찾는다. 또한, 인기그룹인 AKB48(エーケービーフォーティエイト)의 공연장이 있어, 공연을 보기 위해 아키하바라를 찾는 팬들도 많다.

나가타초(永田町)와 가스미가세키(霞ヶ関)에는 국회의사당 등 정부기관이 모여 있고, 마루노우치(丸の内)와 오테마치(大手町) 등은 대기업의 본사, 은행의 본점, 신문사, 방송국, 출판사, 매스컴 관계 회사 등이 모여 있는 비즈니스 거리이다. 긴자(銀座)는 최신식 백화점에서부터 전통을 지켜 내려오고 있는 오래된 가게까지 수많은 상점들이 즐비한 도쿄에서 가장 번화한 거리이다.

도쿄 도심에는 JR야마노테센(JR山手線)과, 13개 노선의 지하철이 운행되고 있다. 이 중에 지하철 9개 노선은 도쿄메트로(東京メトロ)가, 4개 노선은 도쿄도에서 운영하는 도에이(都営)이다. 운영회사가 다르기 때문에 무료 환승은 할 수 없다. 이밖에도 도쿄 근교와 연결하는 사철까지 합하면 도쿄 주변에서 운영 중인 노선은 100여 개에 이른다.

높이 333m의 도쿄타워는 1958년 프랑스의 에펠탑을 모방하여 만든 방송전파수신탑으로 오랫동안 도쿄의 상징물이었으나, 2012년 스미다구(墨田区)에 일본의 6개 방송사가 투자하여 새로운 방송전파수신탑 도쿄스카이트리(東京スカイツリー)를 세웠다. 높이 634m의 도쿄스카이트리는 도쿄의 새로운 상징물로 떠오르면서 2012년 5월 22일 개장 당시 입장 경쟁률이 335대 1을 기록했다.

↗ 도쿄타워와 스카이트리.

도쿄만(東京湾) 매립지에 세워진 오다이바(お台場)는 후지TV, 아쿠아시티, 박람회장, 해양공원, 쇼핑센터, 호텔 등이 갖춰져 있어 여가와 데이트를 즐기는 장소로 뿐만 아니라 비즈니스 장소로서도 인기가 높다.

2012년 현재 도쿄도의 인구는 약 천 3백만 명으로, 도쿄 및 수도권으로의 인구 집중으로 인해 발생하는 문제에 대비하기 위해 정부기관 일부를 지방으로 이전 시키려는 '수도 기능 이전' 계획을 수립해 1992년 국회에서 「국회 등의 이전에 관한 법률」이 통과되었으나 실행에 옮겨지지는 않고 있으며 여전히 진행형이다.

↗ 사진 촬영 장소로 인기 높은 오다이바의 자유의 여신상.

요코하마시(橫浜市)　www.city.yokohama.lg.jp

요코하마시(橫浜市)는 2012년 현재 인구가 약 370만 명으로, 일본의 시(市) 중에서 인구가 가장 많다. 1859년 요코하마항(橫浜港)의 개항 이래 대외무역의 창구이며 해운업의 중심지로 성장했다.

1988년 수도권 기능을 분담하기 위해 조성된 미나토미라이21

↗ 미나토미라이21의 전경.

(みなとみらい２１) 지역은 일본에서 제일 높은 빌딩인 랜드마크 타워, 화물 보관 창고에서 전시관과 쇼핑몰로 이용되는 아카렌가창고(赤レンガ倉庫), 유원지 코스모스월드(コスモスワールド) 등 비즈니스와 관광 코스가 어우러져 요코하마시를 더욱 업그레이드 시켰다. 특히 랜드마크 타워의 전망대는 관광 필수 코스가 되었다.

↗ **요코하마 차이나타운** 동양 최대의 차이나타운으로, 500개가 넘는 가게가 성업 중이다.

1930년에 개장한 야마시타공원(山下公園)은 바다에 접해 있어 요코하마 항구의 정취를 마음껏 즐길 수 있다. 관광객들에게는 공원을 둘러보고 근처에 있는 차이나운(中華街)에서 중국요리를 먹는 것이 코스처럼 되어 있다.

요코하마는 근처의 가와사키시(川崎市)와 함께 게이힌공업지대의 중심을 이루고

↗ 요코하마항 근처의 게이힌공업지대.

있다. 또한 1275년에 세워진 것으로 추정되는 가나자와문고(金沢文庫)는 일본 최초의 사설 도서관으로, 귀중한 역사서와 사료를 소장하고 있는 것으로 유명하다. 현재는 가나가와현이 운영하고 있으며, 1990년에 신축되었다.

2002년 현재의 닛산스타디움(日産スタジアム)으로, 당시 요코하마 종합국제경기장에서 제17회 FIFA월드컵 결승전이 열렸다.

↗ 나고야성의 대천수와 소천수. ©Base64

나고야시(名古屋市) www.city.nagoya.lg.jp

나고야시(名古屋市)는 도쿄와 교토의 중간에 위치하고 있으며, 인구는 약 227만 명으로 도쿄, 요코하마, 오사카 다음으로 많다. 나고야항(名古屋港)은 고베항(神戸港), 요코하마항에 이어 일본에서 3번째로 큰 항구이다. 또한 일본 제일이라고 할 정도로 도로가 넓고 도로망이 잘 짜여져 있는 곳으로 유명하다. 나고야는 중부 지방의 정치·경제·문화의

중추도시이며, 에도시대 때 성곽도시로 번창했던 지역이다. 16세기 말 일본을 지배했던 오다 노부나가(織田信長)와 도요토미 히데요시(豊臣秀吉)의 출생지로도 유명하다. 1612년 도쿠가와 이에야스(徳川家康)에 의해 완성된 나고야성(名古屋城)은 일본의 3대 성(城) 중 하나로, 1945년 공습에 의해 대부분 소실된 것을 1959년 복원하여 현재에 이르고 있다.

오사카시(大阪市) www.city.osaka.lg.jp

오사카시(大阪市)는 일본 제2의 도시이며, 긴키 지방(近畿地方)17의 행정, 경제, 문화, 교통의 중심도시라고 할 수 있다.

한신공업지대(阪神工業地帯)18의 중추도시이며, 세토나이카이와 오사카만(大阪湾)에 접하고 있어 일찍부터 국제적인 항구도시로서의 면모를 갖추기 시작했다. 특히 도요토미 히데요시가 오사카성(大阪城)을 축조하고 성 주변을 정비하면서 에도를 제치고 일본의 경제, 금융, 상업의 중심지로 발전하였다.

또 오사카는 '없는 것이 없는 부엌(天下の台所)'이라 칭할 정도로 전국 각지의 특산물이 몰려들어 식문화가 발달하였다. 오사카를 대표하는 먹거리로는 오사카식 오코노미야키(お好み焼き)와 다코야키(たこ焼き), 우동, 스시(寿司) 등이 유명하다.

↗ **오사카성** 1583년 축성되어 1931년 재건되고 1997년 정비되어 현재에 이르고 있다. 천수각 내부에는 도요토미 히데요시와 관련 있는 물품 등을 전시하고 있다.

↗ **도톤보리** 오사카를 대표하는 식도락, 유흥, 패션의 거리이다.

도톤보리(道頓堀)와 신사이바시(心斎橋)는 항상 많은 관광객과 쇼핑객으로 붐비고, 고노하나구(此花区)의 유니버설 스튜디오(유니버설·스타지오)는 일본뿐만 아니라 주변 아시아 국가에서도 관광객을 불러모으고 있다.

오사카는 1970년에는 오사카 만국박람회, 2007년에는 세계육상선수권대회를 개최했으며, 재일 한국인들이 많이 거주하는 곳이기도 하다.

---

17 교토부(京都府), 오사카부(大阪府), 사가현(滋賀県), 미에현(三重県), 나라현(奈良県), 와카야마현(和歌山県), 효고현(兵庫県)을 합친 지역.
18 오사카후와 효고현을 중심으로 한 공업지대.

교토시(京都市)   www.city.kyoto.lg.jp

교토시(京都市)는 일본을 대표하는 역사와 문화의 도시이다. 794년 간무천황(桓武天皇)이 나라(奈良)에서 교토로 도읍을 옮기고, 1868년 메이지유신(明治維新)이 일어날 때까지 천 년이 넘는 세월 동안 일본의 수도였다. 제2차 세계대전 말 미국 정부의 국방부 관리들이 긴 역사를 가진 도시에 공습을 하는 것에 반대하여 폭격에서 벗어나 많은 유적과 유물들이 손실되지 않고 보존될 수 있었다. 공격 목표는 뒤에 나가사키로 수정되었다고 한다.

↗ **료안지** 15개의 바위와 모래로 꾸민 정원으로, 바위는 섬을 모래는 물결을 의미한다. 일본 3대 정원 중 하나로, 어느 곳에서 보아도 한 개의 바위는 다른 바위에 가려져서 14개밖에 보이지 않는다.

교토는 일본의 전통예능인 노(能), 다도(茶道), 꽃꽂이(華道), 일본식 정원 등이 발달한 곳이다. 또한 2,000개가 넘는 절과 신사가 있다. 대표적인 절로는 봄에 벚꽃으로 유명한 기요미즈데라(清水寺)와 외벽 전체에 금박을 입힌 긴카쿠지(金閣寺), 은은한 미를 나타내는 긴카쿠지(銀閣寺), 석조정원으로 유명한 료안지(竜安寺)등이 있으며, 이러한 곳은 고도(古都) 교토의 문화재로 유네스코 세계유산으로 등록되어 있다. 특히 1603년 도쿠카와 이에야스가 지은 니조성(二条城)의 니노마루고덴(二の丸御殿)의 마루는 암살자의 침입을 막기 위해 밟으면 소리가 나도록 되어 있는 것으로 유명하다.

교토는 세계적으로 알려진 관광지답게 관광객의 교통 편의를 위해 교토관광 1일 승차권, 2일 승차권 등을 판매하고 있다.

↗ **니노마루고덴** 1603년 도쿠가와 이에야스가 교토 체재 중의 숙소로 지은 성으로, 막부가 천황에게 정권을 돌려준 대정봉환(大政奉還)이 거행된 장소이다.

교토는 삼면이 1,000m가 넘는 산들로 둘러싸여 있는 분지로, 여름에는 덥고 겨울에는 춥다. 바다에서 멀리 떨어져 있어 소금에 절인 생선을 이용한 요리가 많이 발달했는데, 특히 고등어스시(さば寿司)가 유명하다.

나라시(奈良市)   www.city.nara.lg.jp

나라시(奈良市)는 나라현의 현청 소재지로, 정치, 경제, 문화의 중심도시이다. 나라는 710년부터 784년 교토로 수도를 옮기기 전까지 나라시대(奈良時代)[19]의 수도였다.

나라는 인구 약 37만 명의 크지 않은 곳이지만 국내외에서 방문하는 관광객이 연간 1,300만 명이나 되는 세계적인 관광도시이다. 또한 고도(古都) 나라의 문화재로 유네스코 세계유산에 등록된 곳이다. 1880년 개원한 나

↗ **나라공원** 1880년 개원한 공원으로, 공원내에는 도다이지, 쇼소인과 같은 국보가 존재하며, 고도(古都) 나라의 문화재로 유네스코 문화유산에 등록되어 있다.

라공원(奈良公園)은 공원 안을 자유로이 활보하는 사슴으로 유명하다. 공원 안의 사슴에게는 자유롭게 먹이도 줄 수 있어 관광객들에게 즐거움을 선사한다. 사슴은 모두 일본의 천연기념물로 지정되어 있는 야생동물이다. 또한 공원 안에는 도다이지(東大寺), 고후쿠지(興福寺) 가스가타이샤(春日大社) 등 유명 사찰이 있다. 이밖에 유명 관광지로 야쿠시지(藥師寺), 호류지(法隆寺), 등이 있다. 한국의 경주시와 자매도시이다.

히로시마시(広島市)   www.city.hiroshima.lg.jp

히로시마시(広島市)는 히로시마현의 현청 소재지로, 인구는 2012년 2월 현재 117만여 명이다. 오사카와 후쿠오카의 중간 지점에 위치하여, 주고쿠 지방을 관할하는 정부기관과 전국으로 세력을 확대하고자 하는 기업들의 지점도 많이 들어서 있다.

1980년 정령지정도시로 지정되었으며, 제2차 세계대전 당시 역사상 최초로 원자폭탄이 투여된 곳으로 널리 알려져 있다. 1945년 8월 6일 투하로 7만여 명 이상이 현장에서 사망했으며, 그해 12월 말까지 13만 명이 사망한 것으로 기록되어 있다. 원폭 돔이 유네스코 세계유산으로 등록되어 있다.

↗ **히로시마평화기념비** 원자폭탄으로 파괴된 당시의 히로시마현 산업장려관(広島県産業奨励館)의 잔해이며, 일반적으로는 원폭 돔으로 알려져 있다. 주변에 히로시마 평화기념공원(広島平和記念公園)이 조성되어 있으며, 재일동포들의 추도비도 공원 안에 있다.

---

19 794년 헤이안쿄(平安京)로 수도를 옮기기 전까지로 보는 경우도 있다.

히로시마 시내에 있는 히로시마성(広島城)은 1589년 주고쿠 지방의 대부분을 지배하던 모리 데루모토(毛利輝元)[20]에 의해 축조되었으나 원자폭탄에 의해 모두 파괴되었다. 현재의 천수각은 1958년에 재건되었으며, 1994년에는 성의 외곽이 목조로 재건되었다.

↗ 소바나 우동을 넣어 두툼하게 만드는 히로시마풍 오코노미야키.

먹거리로는 소바(そば)를 넣는 히로시마식 오코노미야키가 유명하다. 시내 가운데 오코노미야키 빌딩이 있을 정도이다.

후쿠오카시(福岡市) www.city.fukuoka.lg.jp

후쿠오카시(福岡市)는 규슈의 중추도시로, 전후(戰後)에는 규슈 거점도시로, 현재는 아시아 교류 거점도시로 성장하고 있다. 후쿠오카시는 후쿠오카와 하카타가 합병된 시로, 지역명과 공항명은 후쿠오카를, JR역명은 하카타를 사용하고 있다.

후쿠오카시는 한국의 부산과 비행기로는 40분, 고속선으로는 2시간 55분 정도 걸리는 가까운 거리로, 한국의 관광객들이 많이 방문한다. 후쿠오카 시내와 버스, 지하철 내에는 한국 관광객을 위해 한글 안내문이 있으며, 도로 표지판에도 한글이 표기되어 있다.

상업시설이 밀집되어 있는 덴진 지구(天神地区)는 주말에는 쇼핑과 행사를 즐기려는 젊은 이들이 많이 모인다. 신칸센 역과 공항이 가까워 오피스 거리로 발전하고 있는 하카타 지구(博多地区)는 비즈니스호텔과 행정기관 등의 건물들이 들어서 있다.

쇼핑과 문화시설을 융합한 캐널시티 하카타

↗ 캐널시티 하카타 1996년 개업한 복합시설로, 호텔, 비즈니스센터빌딩, 시어터빌딩 등 7개 건물로 구성되어 있다.

---

[20] 히로시마를 지배했던 인물로, 도요토미 히데요시(豊臣秀吉)의 충신으로 임진왜란 때에도 군대를 보냈다.

(キャナルシティ博多)와 하카타 리버레인(博多リバレイン)은 주민들의 쉼터뿐만 아니라 여행객들에게도 필수코스가 될 정도로 인기가 높다.

나카가와(那珂川)와 하카타가와(博多川) 사이에 위치한 나카스(中州)는 상설 포장마차 수가 일본에서 가장 많은 것으로 알려져 있으며, 규슈 최대의 환락가로도 유명하다.

↗ 나카스 지역의 포장마차들.

나하시(那覇市) www.city.naha.okinawa.jp

나하시(那覇市)는 오키나와현의 현청 소재지로, 오키나와현의 정치, 경제, 문화의 중심지이다. 인구는 약 31만여 명이다. 아열대기후로 연간 평균기온은 23도, 연간 강수량은 2,000mm가 넘으며, 휴양지로 인기가 높다. 류큐왕국의 수도였던 곳으로, 1992년 왕국의 성이었던 슈리성(首里城)이 복원되어 관광명소로 자리를 잡았다. 유네스코 세계문화유산에 등록된 류큐왕국의 성 및 관련 유산군 9개 중 4개가 나하시에 위치하고 있다.

↗ 나하시의 거리 모습.

03 일본의 유네스코 세계유산

유네스코는 탁월한 인류 보편적 가치를 지닌 유산들을 발굴 및 보호, 보존하고자 1972년 세계 문화 및 자연 유산보호협약을 채택하였으며, 특성에 따라 자연유산, 문화유산, 복합유산으로 분류하여 보호하고 있다. 일본은 유네스코에 등록된 문화유산이 자연유산을 포함하여 모두 16곳에 이른다. 일본의 세계유산으로 등록된 곳을 살펴보면 다음과 같다.

문화유산

- 호류지(法隆寺) 지역의 불교 건축물(1993년 12월)
- 히메지성(姫路城)(1993년 12월)
- 고도(古都) 교토의 문화재(1994년 12월)
- 시라카와고(白川郷)·고카야마(五箇山)의 갓쇼즈쿠리(合掌造り) 집단 촌락(1995년 12월)
- 히로시마의 원폭 돔(原爆ドーム)(1996년 12월)
- 이쓰쿠시마신사(厳島神社)(1996년 12월)
- 고도(古都) 나라(奈良)의 문화재(1998년 12월)
- 닛코(日光)의 신사(神社)와 절(寺)(1999년 12월)
- 류큐왕국(琉球王国)의 구스쿠(グスク)21 및 관련 유산들(2000년 12월)
- 기이산지(紀伊山地)의 영지(霊場)와 참배길(2004년 7월)
- 이와미긴잔(石見銀山)의 유적과 그 문화적 경관(2007년 6월)
- 히라이즈미·불국토(정토)〈平泉·仏国土(浄土)〉를 나타내는 건축·정원 및 고고학적 유적들(2011년 6월)

자연유산

- 야쿠시마(屋久島)(1993년 12월)
- 시라카미산지(白神山地)(1993년 12월)
- 시레토고(知床)(2005년 7월)
- 오가사와라제도(小笠原諸島)22(2011년 6월)

이밖에도 일본은 후지산(富士山)과 일본의 식문화 등을 유네스코 세계유산에 등재시키기 위해 전담 부서를 설치하여 많은 노력을 기울이고 있다. 각국의 유네스코 세계유산은 전 인류의 유산이라는 생각으로 보존에 힘써야 할 것이다.

↗ 오가사와라제도의 미나미지마(南島)에 있는 오기이케(扇池).

---

21 오키나와 방언으로 성(城)을 뜻한다.
22 도쿄도에서 남동쪽으로 약 1,000km 떨어진 태평양 해상에 위치한 30여 개의 섬들.

04 일본의 국보 및 중요문화재

일본의 국보는 일본에 존재하는 문화재 중 「문화재보호법(文化財保護法)」에 의해 국가가 지정한 유형문화재(중요문화재) 중에서 특히 그 가치가 높다고 판단되는 것을 선별하여 문부과학성대신(文部科学大臣)이 지정한다.

법적으로 국보는 중요문화재 중 하나이며, 문화청(文化庁)에 의해 건축물, 회화, 조각, 공예품, 서적, 고문서, 고고학적 자료, 역사자료 등 8개 장르로 분류, 관리되고 있다. 2012년 현재 지정된 중요문화재는 건축물 2,397건, 회화 1,977건, 조각 2,668건, 공예품 2,432건, 서적 1,887건, 고문서 745건, 고고학자료 594건, 역사자료 173건으로 총 12,873건이다. 이 중 2012년 현재 국보로 지정되어 있는 문화재는 건축물 217건, 회화가 159건, 조각 126건, 공예품 252건, 서적 223건, 고문서 60건, 고고학자료 45건, 역사자료 3건으로 합계 1,085건이다.

국보로 지정된 건축물 중 가장 많은 것은 사원(152건)과 신사(39건)로, 일본의 성(城) 중에서는 히메지성, 마츠모토성(松本城), 이누야마성(犬山城), 히코네성(彦根城) 등 4개 성이 국보로 지정되어 있다. 건축물로서는 호류지의 고후조(綱封蔵), 쇼소인(正倉院), 오우라텐슈도(大浦天主堂), 도다이지의 니가츠도(二月堂) 등이 국보로 지정되어 있다. 또한 9개의 오층탑(五重塔)과 13개의 삼층탑(三重塔)이 국보로 지정되어 있다. 범종 13개도 국보로 지정되어 관리되고 있다.

이밖에 일본의 전통적인 예능(芸能)과 공예기술 등 무형의 문화적 소산으로 국가에 있어서 역사적·예술적으로 가치가 높은 것을 무형문화재라고 하고, 무형문화재 중에서 특히 중요한 기술을 중요무형문화재라고 한다. 유형문화재와 같이 문부과학성 대신이 지정하며, 그 분야 최고의 기술을 보유한 사람을 통칭 인간국보(人間国宝)라고 한다. 인간국보는 개인뿐만 아니라 단체도 지정 대상이 될 수 있으며, 하나의 중요무형문화재에 다수의 보유자가 인정될 수도 있다. 보유자가 사망했을 경우에는 인간국보 지정이 해제된다.

↗ 다이고(醍醐寺) 오층탑 951년에 건립되었으며 높이는 38m이다.

2012년 10월 현재 중요무형문화재는 예능 분야는 51건, 공예기술 분야는 56건이다. 인간국보는 예능 분야에서는 58명과 12개 단체, 공예기술 분야에서는 58명(복수 인정자 1명 포함)과 14개 단체가 있다.

9 일본의 매너

01 일본인의 인사와 방문 예절
02 일본의 접객 예절
03 일본의 식사 예절
04 일본의 비즈니스 매너
05 일본의 전화 예절
06 일본 숙박 장소에서의 예절

01 일본인의 인사와 방문 예절

일본인은 남에게 폐를 끼치기 싫어하며 인사성이 바른 사람을 좋아한다. 집에 온 손님에게는 무릎을 꿇고 앉아서 머리 숙여 인사를 한다. 아침에 눈을 뜨고 나서 밤에 잠자리에 들 때까지 인사말을 건넨다. 스미마센(すみません: 미안합니다)이라는 말을 입버릇처럼 한다. 버스나 전철에서 내가 상대방의 발을 밟았는데도 상대방이 "스미마센"이라고 말한다. 물론 전부가 마음에서 우러나와 하는 인사는 아니더라도 상대방에게 예의를 지키는 것을 좋아한다.

일본은 시간과 상황에 따라 인사말이 바뀐다. 아침 인사인 "오하요(おはよう)"는 "아침 일찍부터 수고 많습니다"라는 뜻의 인사이다. 점심 인사인 "곤니치와(こんにちは)"는 "오늘은 좀 어떠십니까?"라는 뜻으로 점심에 만난 사람의 몸 상태나 심경을 묻는 인사이다. 저녁 인사인 "곤방와(こんばんは)"는 "오늘밤은 좋은 밤이네요"라는 뜻의 인사이다. 헤어질 때 하는 인사말인 "사요나라(さようなら)"는 "사요나라바(さようならば)"의 생략형으로 "그러면 나는 이만 실례하겠습니다"라는 의미이다.

일본인의 집을 방문할 때에는 될 수 있으면 이른 아침이나 저녁 식사 시간대는 피하는 것이 좋다. 또한 반드시 미리 약속 시간을 정하고 방문하는 것이 좋다. 예고 없이 방문하는 것은 실례가 된다. 남의 집을 방문했을 때에는 밖에서 외투나 장갑, 모자 등은 벗고 들어가는 것이 예의이다. 현관에 들어서면 신발을 신고 나가기 좋도록 가지런히 하여 나가는 방향으로 돌려 놓는데 이때 상대에게 엉덩이를 보이지 않도록 비스듬히 앉아서 정리하도록 한다.

↗ 나가는 방향으로 신발을 벗어 놓는 일본인들.

소개를 필요로 하는 방문인 경우에는 우선 상대방과 친한 사람에게 소개를 받고, 방문 목적과 일시, 장소 등을 정확하게 정하고 만날 약속을 한다. 방문자는 소개자의 이름과 관계 등을 먼저 말하고 자기소개를 한다. 또한 소개장이 있으면 자기의 명함과 함께 건네는 것이 좋다.

02 일본의 접객 예절

　일본인은 자신의 사적 공간을 남에게 보여주는 것을 꺼린다. 그래서 초대 받은 집에 들어갈 때에도 남의 방에 들어갈 때에도 반드시 주인에게 "시쯔레이시마스(失礼します: 실례합니다)"라고 말한 뒤에 들어가도록 한다. 방에 들어가서 방문을 닫을 때는 주인에게 엉덩이가 보이지 않도록 비스듬히 하여 방문을 닫는다. 주인에게 집 안내를 받을 때는 주인보다 앞서 걷지 않도록 한다. 또한 문지방을 밟아서도 안 된다. 문지방을 밟는 것은 주인의 머리를 밟는 것과 같다고 생각하기 때문에 주의해야 한다.

　다다미방에 안내되었을 경우에는 대개 방석이 준비되어 있는데, 방석 옆에 무릎을 꿇고 앉아 엎드려서 인사를 하고, 주인이 방석에 앉으라고 권유를 하면 "실례합니다"라고 인사를 한 후에 앉는다. 방석에 앉을 때에는 무릎을 꿇고 앉는 것이 일반적이다. 또한 방바닥이 다다미인 경우에는 다다미 테두리 안쪽으로 앉도록 한다. 방석에서 내려올 때도 일어나서 방석 위에 서지 않도록 한다. 다다미가 아닌 서양식 거실이나 방에 안내되었을 때는 서서 인사를 한다. 또한 앉아 있다가 상대가 뒤쪽 방에서 나올 때에는 반드시 일어나서 인사를 하도록 한다.

　손님을 맞을 때도 주의해서 맞아야 한다. 집으로 손님이 찾아오는 경우도 있고 회사로 거래처 사람이 방문하는 경우도 있다. 집으로 손님이 오는 경우, 누가, 언제, 몇 명이, 무엇을 하러 오는지를 사전에 알아 확실히 준비를 해 두는 것이 좋다. 비즈니스로 회사로 오는 손님들을 맞이할 때에도 언제, 어디서, 누구와, 무엇을 하러 오는지를 정확하게 파악하고 손님을 맞을 준비를 한다. 또 접수처에서도 정확한 정보로 손님을 맞이해야 한다. 어디에서 어떤 분이 왔는지, 무슨 용무인지, 약속은 하고 왔는지 등을 확인해야 한다. 안내를 할 때에도 상대방이 불안감을 느끼지 않도록 상냥하게 대해야 하며, 어디까지 모신다는 이야기를 해 주는 것이 좋다.

　복도에서는 손님보다 먼저 걸어서는 안 된다. 손님보다 한 걸음 뒤에서 걸으며 손님의 걷는 속도에 맞추도록 한다. 그러나 계단에서는 먼저 올라가며 안내를 하는 것이 좋다. 엘리베이터를 탈 때에는 엘리베이터 안내원이 없는 경우 손님보다 먼저 들어가 손님이 탈 때까지 문 열림 버튼을 누르고 있는다. 응접실 앞에서는 문을 열어 손님을 먼저 들어가게 하고,

상석으로 손님을 안내한다. 담당자가 들어와 손님과 명함을 교환하고 인사를 하면 차를 대접한다. 상담(商談)이 끝나면 현관까지 안내하고 인사를 한다.

간단하지만 매우 중요한 예절로 일본에서는 이와 같이 준비가 잘 된 회사원들을 자주 볼 수 있다. 어릴 때부터 친절이 몸에 배어 있어서 가능할 것이다. 이러한 철저하고 몸에서 우러나오는 예절은 자신을 어필할 수 있는 좋은 기회가 된다.

03 일본의 식사 예절

일본에서는 밥그릇을 손에 들고 젓가락으로 식사를 한다. 미소시루(味噌汁 : 된장국)도 젓가락을 사용해서 마신다. 따라서 일본의 식사 예절은 젓가락 사용에서부터 시작된다고 할 수 있으며, 각 가정에서는 어릴 때부터 올바른 젓가락 사용법을 가르친다.

일본에서 젓가락을 사용할 때에는 젓가락 머리 부분을 그대로 쥔다든지, 음식을 젓가락으로 찍는다든지, 젓가락을 빨아 먹는다든지 해서는 안 된다. 또 젓가락과 젓가락으로 주고받는 행동은 화장터에서 유골을 담을 때 하는 방식이라 젓가락으로 음식을 주고받는 행동은 절대로 해서는 안 된다. 어느 반찬을 먹을지 젓가락을 들고 망설여서도 안 된다. 그리고 음식을 덜어 먹어야 할 때, 만약 덜어 먹는 젓가락이 따로 없을 경우에는 자기 젓가락을 뒤집어 덜어 먹어야 한다. 젓가락은 하시오키(箸置き)라는 젓가락 받침대에 가로로 놓는다. 또한 식사를 할 때에는 젓가락을 먼저 잡고 그릇을 들고, 놓을 때는 반대로 그릇부터 놓는다. 그리고 손윗사람이 젓가락을 들기 전에는 들지 않는 것이 예의이다.

뚜껑이 있는 그릇을 열 때는 조심해서 소리가 나지 않도록 연다. 국그릇 등의 뚜껑을 열 때는 국물이 흐르지 않도록 조심해야 한다. 또한, 음식을 먹을 때는 일반적으로 "이타다키마스(いただきます : 잘 먹겠습니다)"라고 인사를 하고 주위 사람들에게 폐를 끼치지 않도록 소리를 내지 않고 조용히 먹어야 한다. 그러나 면류, 즉 소바(そば : 메밀국수)나 우동, 라면 등은 소리를 내면서 먹어도 괜찮다.

초청을 받은 집에서 식사를 할 때에도, 식당에서 식사를 할 때에도, 나온 음식을 전부

먹어야 한다. 음식을 남기지 않는 것이 예절이다.

식사 때에는 자세를 바르게 하고 식사를 해야 한다. 큰 접시에 있는 요리는 개인 접시에 덜어서 먹도록 해야 한다. 또한 다 먹고 난 후에 식기는 포개어 놓지 않는다. 생선의 뼈나 과일 씨 등은 접시의 한 쪽에 가지런히 놓는다.

또 음식을 입에 넣고 이야기하는 것은 예의가 아니며, 식사 중에는 자리를 떠나지 않는 것이 좋다. 이러한 예절은 일본 뿐만이 아니라 전 세계 공통일 것이다.

04 일본의 비즈니스 매너

성공적인 비즈니스를 위해서는 올바른 비즈니스 매너를 익히는 것이 가장 기본이라 할 수 있다. 비즈니스 매너는 상대에게 불쾌감을 주지 않고 좋은 인간관계 형성에 불가결한 요소이기 때문이다.

신입사원인 경우 업무 시작 준비를 위해 상사나 선배들보다 먼저 출근하는 것이 좋다. 또한 아침 인사로 "교모 요로시쿠 오네가이시마스(今日もよろしくお願いします : 오늘도 잘 부탁합니다)"라는 인사를 반드시 한다. 시간 약속에 철저한 일본에서 지각은 있어서는 안 되는 일이지만, 만약 늦었을 경우에는 상사에게 늦은 이유를 상세하게 설명해야 한다. 또한 부득이한 이유로 결근을 하게 될 때에는 상사에게 결근 이유와 현재의 업무 진행 상황에 대해 보고하는 것이 좋다. 업무 실수를 한 경우에는 솔직하게 상사에게 보고하고 사과해야 한다. 일본의 비즈니스 사회는 자기를 보호하기 위하여 자기변호를 하는 것을 매우 싫어한다.

직장 안에는 서류작성, 업무보고 등 여러 가지 규칙이 있으며, 일본은 대부분 직장 고유의 규칙에 의해서 움직인다. 상사의 지시를 받아 일을 할 때에는 중간 중간 보고를 하는 것이 좋다. 특히 메일이나 대외문서를 보낼 때는 회사의 대외형식에 따라 보내는 것이 회사 이미지에도 좋다.

사장 등 윗사람을 수행할 경우에는 앞서 가며 설명을 해야 하는 경우나 문을 열거나 엘리베이터나 택시를 잡을 때 외에는 반드시 뒤에 서도록 한다. 만약 두 명이 뒤에서 수행할 경우 오른쪽이 상석(上席)이 된다. 또한 윗사람과 거리를 걸을 때는 도로 쪽에 서도록 한다. 엘리베이터를 탈 때에는 아랫사람이 먼저 타고, 내릴 때에는 윗사람이 먼저 내릴 때까지

기다려야 한다. 만약 엘리베이터에서의 위치가 아랫사람이 먼저 내릴 수밖에 없는 경우에는 내려서 윗사람을 기다렸다가 윗사람이 내려서 걷기 시작하면 따라가도록 한다.

　사람을 소개할 때는 지위가 높은 사람, 나이 많은 사람, 나와 친분이 있는 사람을 먼저 소개한다. 여성과 남성의 지위와 연령이 비슷한 경우 여성을 먼저 소개한다.

　회사 응접실에서는 대개 출입구에서 가까운 쪽이 말석(末席)이므로, 자리 안내에 실수가 없도록 한다.

　명함은 지위가 낮은 사람이 먼저 건네고, 지위가 높은 사람은 상대방의 명함을 먼저 받고 나서 자신의 명함을 건네도록 한다. 거래처를 방문한 경우에는 방문한 회사가 먼저 명함을 건넨다. 명함을 건넬 때는 자신의 이름이 상대방을 향하도록 건넨다. 일본인의 이름은 읽기 어려우므로 명함을 받고 상

대에게 확인을 해도 실례가 되지 않으므로, 그 자리에서 확실하게 알아두는 것이 좋다. 또한 명함은 소중하게 취급하여 명함집에 넣는 것이 좋으며, 지갑이나 주머니 등에 아무렇게나 넣는 것은 비즈니스맨으로서 실격이다. 만약 방문객이 3명 이상일 경우 테이블 위에 앉은 순서대로 받은 명함을 놓고 회의를 하면 사람을 혼동하는 실수를 줄일 수 있다. 거래처 회사를 방문할 때에는 접수처에 5분 전에 도착하는 것이 좋다.

　일본은 아직 술자리에서의 접대 문화가 남아 있어, 술자리에서의 매너도 매우 중요하다. 또한 일본은 첨잔을 하는 습관이 있는 나라이다. 상대방의 술잔이 조금이라도 비면 잔을 채워준다. 또한 일본인들은 술자리가 끝나야 밥을 먹는다. 따라서 술자리에서 밥을 시키는 것은 술을 마시지 않겠다는 의미로 받아들인다.

　비즈니스맨으로서 성공하기 위해서는 옷차림 매너 또한 중요하다. 양복저고리의 버튼은 서 있을 경우 버튼이 2개인 옷은 윗 버튼을, 버튼이 3개인 옷은 가운데 버튼을 잠근다. 물론 디자인에 따라 위의 버튼 2개를 잠그는 경우도 있을 수 있다. 양복저고리의 버튼을 풀어도 좋은 때는 앉아 있을 때뿐이다.

05 일본의 전화 예절

일본에서는 전화를 할 때와 받을 때 서로가 지켜야 하는 예절이 있다. 일본은 일반적으로 버스를 비롯한 대중교통 수단 내에서는 휴대전화를 사용하지 않는다. 공공장소에서도 마찬가지이다.

전화를 걸어 상대방이 전화를 받으면, 먼저 자신을 밝히고 통화가 가능한지 물어보아야 한다. 또한 전화통화 중에는 상대방의 이야기를 경청하고 있다는 것을 알리기 위해, 적절하게 대답이나 맞장구 등으로 응해 주어야 한다. 그래야 상대방이 불안해하지 않고 통화를 계속할 수 있다. 일반적으로 전화하는 순서를 정리해 보면 다음과 같다.

① 전화를 걸기 전에 내용과 필요한 자료들을 준비한다.
  (상대방이 자리에 있을 시간과 통화하기 편한 시간을 미리 확인한다.)
② 아침 인사 등 간단한 인사말을 건넨다.
③ 소속과 이름을 밝힌다. 〈와타시와 △△카이샤노 ○○○토 모시마스(私は△△会社の○○○と申します : 저는 △△회사에 근무하는 ○○○라고 합니다)〉.
④ 인사를 한다. 〈이쓰모 오세와니 낫테오리마스(いつもお世話になっております : 늘 신세를 지고 있습니다)〉.
⑤ 통화하고자 하는 사람과의 전화 연결을 부탁한다. 〈스미마센가, □□카노 ◎◎산 이랏샤이마스카(すみませんが、□□課の◎◎さんいらっしゃいますか : 죄송합니다만, □□과의 ◎◎씨 계십니까)〉.
⑥ 전화가 연결되어 상대방이 확인되면 자신의 소속과 이름을 다시 한 번 이야기한다. 〈△△카이샤노 ○○○데스(△△会社の○○○です : △△회사의 ○○○입니다)〉.
⑦ 다시 한 번 인사를 한다. 〈이쓰모 오세와니 낫테오리마스(いつもお世話になっております : 늘 신세를 지고 있습니다)〉.
⑧ 천천히 상대방이 알아듣기 쉽게 전화한 용건을 이야기한다.
⑨ 요점을 다시 한 번 확인한다.
⑩ 마지막 인사를 한다. 〈도모 아리가토고자이마스. 고레카라모 요로시쿠 오네가이시마스(どうもありがとうございます。これからもよろしくお願いします : 정말 고맙습니다. 앞으로도 잘 부탁합니다)〉.

회사에서 전화를 받을 때는 전화벨이 세 번 이상 울리기 전에 받는 것이 예의이다. 만약 전화벨이 세 번 이상 울리고 나서 받을 때는 반드시 "오마타세시마시타(お待たせしました : 오래 기다리셨습니다)"라고 말하고 소속과 이름을 밝힌다.

또한 자기 회사의 사장이나 상사에 대해 말할 때에는 경어를 쓰지 않는다. 회사의 사장을 찾는 전화인 경우, "○○(사장의 성씨)와 다다이마 세키오 하즈시테오리마스(○○はただ今席を外しております : 사장님은 지금 자리에 없습니다)"라고 낮추어서 말해야 한다. 자기 가족의 경우도 마찬가지이다.

한국에서 일본으로 전화를 걸 때는 국제전화식별번호, 일본의 국가번호 81, 앞자리 '0'을 뺀 지역번호, 상대방의 전화번호 순으로 누르면 된다. 반대로 일본에서 한국으로 전화를 걸 때는, 마이라인(マイライン)[1] 가입자는 010, 한국의 국가번호 82, 앞자리 '0'을 뺀 지역번호, 상대방 전화번호 순으로 누르면 된다. 일본의 휴대전화 번호도 '0'으로 시작하므로 제일 앞의 '0'을 빼고 번호를 누르면 된다.

06 일본 숙박 장소에서의 예절

일본의 관광지에는 전통여관과 호텔이 혼재해 있다. 역사와 전통을 자랑하는 일본식 여관은 온천이 붙어 있는 여관이 많다. 일본 전통여관과 호텔에서는 투숙객으로서 지켜야 될 예절이 있다.

일본 전통여관은 여행지에서의 숙박처라는 단편적인 역할보다는 일본의 전통과 문화를 잇는 역할을 하는 장소 중 하나이다. 여관에 따라서는 여관의 품위를 고려하여 손님을 가려 받는 곳이 있을 정도이다.

여관 객실의 의자에는 왼쪽부터 앉도록 하고, 도코노마(床の間)의 앞에 짐을 두어서는 안 된다. 남녀가 함께 방을 안내받을 때는 대개 남자가 앞서고 여자가 뒤를 따른다.

공용 온천이나 목욕탕에서는 반드시 샤워를 하고 탕에 들어가야 한다. 또한 수영복을 입고 탕에 들어가거나 탕에 수건을 넣어서도 안 된다. 또한 공용 목욕탕에서는 절대 때를 밀어서는 안 된다.

---

[1] NTT히가시니혼(NTT東日本)이나 NTT니시니혼(NTT西日本)의 고정전화 이용자에게 식별번호를 붙이지 않고 사용하고 싶은 통신사업자를 우선적으로 사용하도록 하는 서비스.

온천 여관에서는 유카타(浴衣)를 입고 관내를 자유롭게 다닐 수 있다. 온천지의 여관 거리에서는 유카타 위에 단젠(丹前)이라는 덧옷을 입고 게다를 신은 관광객을 흔히 볼 수 있다. 유카타와 단젠에는 각 여관의 상징이 표시되어 있다.

방에서 식사를 할 경우 종업원이 시중을 드는데, 일본 여관의 요리는 그 지역 특산물을 이용한 것이 많으므로, 요리에 대해 궁금한 것이 있으면 종업원에게 묻는 것도 좋다. 식사가 끝나면 정리는 종업원이 하므로 손을 대지 않는 것이 좋다. 특히 고급 그릇이 많으므로 포개어 놓거나 하면 안 된다.

이불은 저녁 식사가 끝나면 종업원이 준비해 주는데, 아침에 가지런히 개어서 한편에 놓아두면 된다. 유카타도 개어 둔다.

여관 복도나 로비에서는 큰 소리로 떠들거나 뛰어서는 안 되며, 또한 객실에서도 옆방에 피해를 주는 행동은 삼가하도록 한다.

호텔에서는 네마키(寝巻き)라고 하는 잠옷을 준비해 주는데, 호텔 방 밖으로 입고 나오지 않도록 한다. 또한 슬리퍼를 신고 방 밖으로 나와서도 안 된다. 젖은 타올은 방에 두지 않고 욕조에 모아 두는 것이 좋다. 룸서비스로 먹고 난 그릇은 방 밖에 놓아두면 된다. 프런트에 알릴 필요가 없다. 퇴실할 때는 입었던 실내복은 개어 두고, 방이 너무 어질러져 있으면 어느 정도는 정리해 두는 것이 좋다.

일본의 숙박 시설은 대개 서비스료가 포함된 가격이므로 팁을 금지하고 있는 곳이 많다. 또한 숙박 시설의 비품을 가져가서는 안 된다. 만약 여관에 숙박 시, 일행 중에 어린아이나 노인이 있어 종업원의 도움을 받을 일이 많을 경우 등 꼭 팁을 주고 싶을 때는, 종업원이 방을 안내한 뒤 비품 이용과 주의사항에 대해 설명하는데 그때 흰 봉투 등에 넣어 건네도록 한다. 금액은 1,000엔~5,000엔 정도가 적당하다.

10 일본의 이모저모

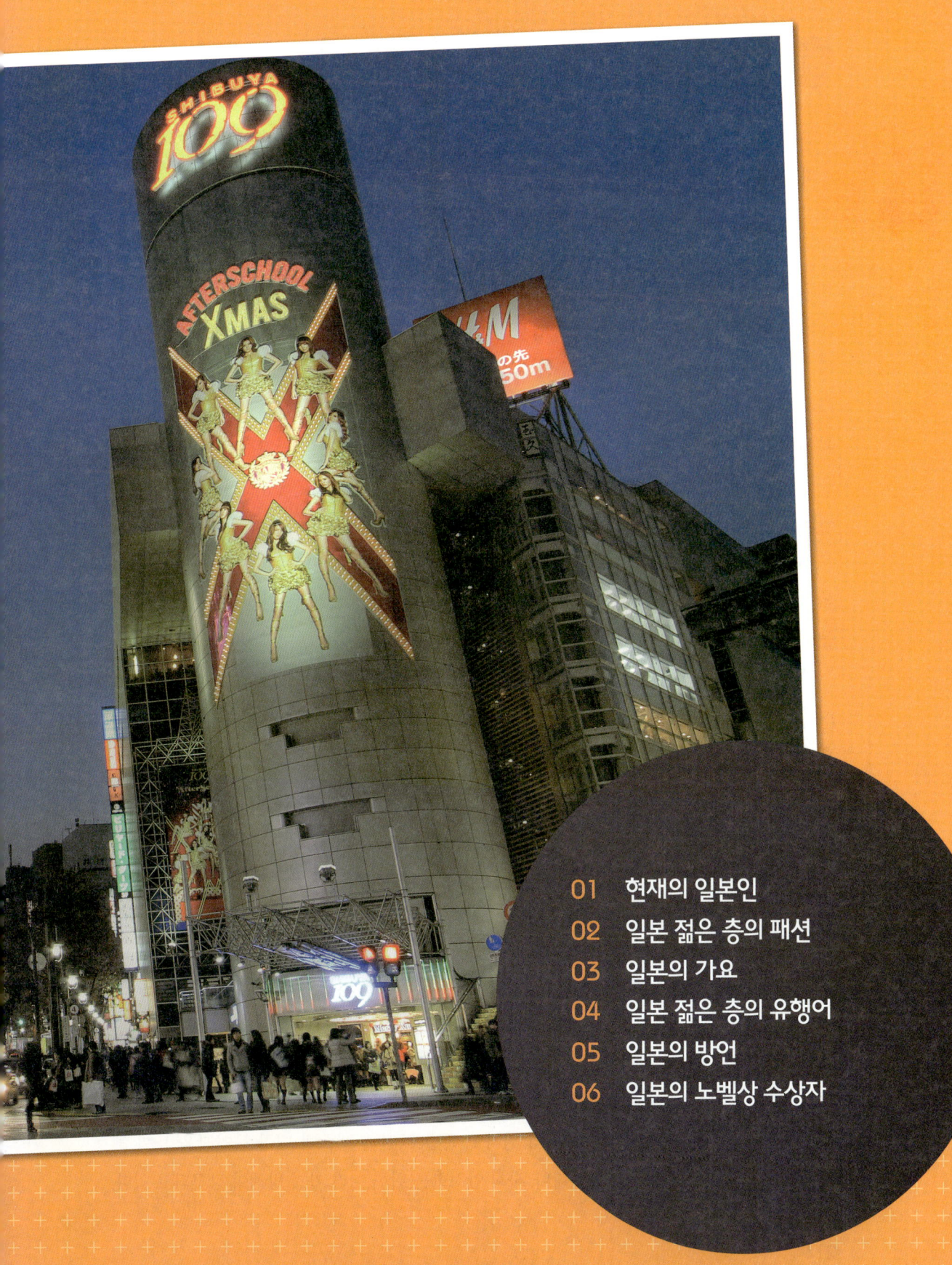

01 현재의 일본인
02 일본 젊은 층의 패션
03 일본의 가요
04 일본 젊은 층의 유행어
05 일본의 방언
06 일본의 노벨상 수상자

01 현재의 일본인

일본인들은 개인보다는 팀워크를 중시한다. 동료들과도 예의 있게 행동하며 서로를 존중하고 상사와 선배들의 지시에 잘 따른다. 직장이나 조직의 룰에 따라 행동하며, 남에게 폐를 끼치는 것을 매우 싫어한다. 협조와 상생의 정신으로 업무에 임하며, 자기보다는 상대방을 우선 생각하며, 상대방을 대할 때는 성의를 다한다. 하지만 1990년대부터 시작된 버블경제의 붕괴와 장기간에 걸친 불황은 이런 일본인들을 곤란한 처지로 몰아넣고 있다. 경제적 빈곤은 마음의 여유를 앗아가 가족관계 및 인간관계마저도 삭막해지고 있다. 직장에서의 인간관계와 실업 등에서 오는 스트레스로 자살하는 사람들이 늘어나고 있다. 이러한 것들이 사회문제로 대두되어, 지역사회와의 커뮤니티문제 등이 새로운 과제로 떠오르고 있다. 또한 자녀와의 소통부재, 자녀교육, 부모부양, 부부문제, 형제·자매간의 관계 등 가정생활에 있어서의 문제도 앞으로 해결해 나가야 할 과제들이다.

직장인들은 월요일부터 금요일까지 아침부터 저녁 늦게까지 업무에 시달린다. 일을 중요시하는 사회적 통념상, 그리고 성과를 내지 못하면 직장을 그만두어야 하는 서구식 경쟁사회가 되었기 때문이다. 그러나 철저한 프로정신으로 자신이 맡은 일은 책임지고 완수하려 한다.

도쿄(東京) 등 대도시에서는 주거 문제가 심각하다. 평범한 샐러리맨이 도쿄 도심에 자기의 집을 소유하는 것이 현실적으로 매우 어려워지면서, 주택 구입을 포기하는 사람들이 늘어나고 있다. 집을 빌리는 데 드는 비용도 비싸서 전철로 1시간 이상 거리의 외곽에 집을 구하게 되어 출퇴근 전쟁에 시달린다.

계속되는 불경기로 만혼이 점점 증가하고 있으며, 자식을 낳지 않거나 적게 두는 소자화(少子化) 현상도 가속되고 있다.

최근에는 학교와 직장에서의 이지메, 교사의 학생에 대한 통제력 상실을 나타내는 학급붕괴, 사회에 대한 불만을 불특정다수에게 가하는 무차별 범죄 등이 점점 증가하고 있다. 또한 2011년 발생한 후쿠시마(福島)의 원자로 폭발로 인해 생존에 대한 불안감을 느껴 해외로 이주하고자 하는 사람들도 나타나, 사회 안정화를 위한 여러 가지 방책이 강구되고 있다.

02 일본 젊은 층의 패션

　1980년대 이후 일본 10대와 20대의 젊은이들은 외국의 유명 브랜드를 입어야 멋쟁이라고 생각했다. 그러나 2000년대에 들어와서는 편하고 저렴한 옷이 인기를 얻게 되었다. 도쿄의 하라주쿠메이지거리(原宿明治通り)에는 값싸고 실용적인 옷을 판매하는 상점들이 들어서기 시작했다. 그중의 하나로 H&M은 스웨덴의 편안한 착용감과 패션 감각이 뛰어난 저가의류 회사로 2008년 9월에 도쿄의 긴자(銀座)에 오픈하고, 그해 11월에 하라주쿠에도 오픈하여 젊은이들에게 인기를 얻고 있다. 또한 미국 로스앤젤레스에 본사를 둔 포에버21(FOREVER 21)은 헐리우드 여배우들도 즐겨 찾는 브랜드로, 2009년 4월에 하라주쿠점을 오픈하여 독특한 매장에 저렴한 가격의 감각적인 옷들로 젊은이들의 인기를 얻고 있다. YM스퀘어하라주쿠(YMスクエア原宿)[1] 에는 여학생들에게 절대적 인기를 얻고 있는 빈티지 매장 HANJIRO하라주쿠점(ハンジロー原宿店)이 입점해 있다. 이 매장은 1,000엔 이하의 가격으로 자기만의 패션 감각을 완성할 수 있는 옷들이 구비되어 있어 남자 중·고등학생들에게도 인기가 높다.

　도쿄의 시부야(渋谷)도 젊은이들의 패션 거리로, 시부야109(SHIBUYA109) 빌딩에는 120여 개 매장이 일본 10대들이 선호하는 의류 등을 팔고 있다. 이곳의 패션 관계 매장들은 매일 그날의 매상을 공개하고 있다.

ㄱ 도쿄의 시부야 거리.

판매액이 갑자기 상승하는 매장이 있으면 다른 매장들은 그 이유를 분석하여 자신들의 매장에 적용하는 특별한 방식을 취하고 있다.

03 일본의 가요

　일본 음반시장은 세계 최대 규모를 자랑한다. 일본의 젊은 층에게는 락, 발라드, 댄스 음악,

---

[1] 외관이 유리로 둘러싸인 흰색 건물로, 패션, 카페, 레스토랑이 입점해 있다. 휴식 공간이 잘 마련되어 있고 느긋하게 쇼핑할 수 있어 젊은이들이 많이 찾는다.

랩, 레게, 팝 등 다양한 음악이 동시에 인기를 얻고 있다. 일본은 서양의 포크와 록 뮤직에 영향을 받은 세대에 의해 뉴뮤직이라는 독자적인 음악 장르가 생겨나 1970년대부터 1980년대까지 일본 음악을 주도했다. 이들은 대부분 싱어 송 라이터로, 이때 활약했던 마쓰토야 유미(松任谷由実), 이노우에 요스이(井上陽水), 요시다 다쿠로(吉田拓郎) 등은 지금까지도 폭넓은 팬 층으로부터 지지를 받고 있다.

　1990년대 이후에는 J-POP이라는 명칭이 일본 젊은 세대에게 인기를 얻는 음악을 지칭하는 용어로 쓰이게 되었는데, CD와 재생기기의 보급으로 밀리언셀러가 속속 등장하기 시작했다. 2012년 현재 CD 판매 최고 기록은 우타다 히카루(宇多田ヒカル)의 앨범 「First Love」로, 지금까지 일본 내에서만 약 860만 장 이상의 판매고를 올렸다. 대중으로부터 꾸준히 인기를 얻고 있는 가수 몇몇을 들자면 하마사키 아유미(浜崎あゆみ), 니시노 카나(西野カナ), 유이(YUI), AKB48(エーケービーフォーティエイト), 스맙(SMAP), Mr. children, 비즈(B's), 아라시(嵐) 등 셀 수 없을 정도로 많다. 특히 오리콘챠트(オリコンチャート)**2**에 의하면 2011년 연간 랭킹 1위~7위까지를 AKB48과 아라시가 차지했다. 최근에는 빅뱅, 동방신기, 소녀시대, KARA, 슈퍼쥬니어 등 한국계 아이돌 가수들의 인기도 매우 높다.

　일본의 앨범 홍보는 PV(promotion video)를 먼저 공개함으로써 신곡 발표와 홍보를 겸한다. CM의 배경음악도 매출에 영향을 주는 중요한 홍보수단이다. 2000년대에 들어서는 다운로드 판매가 증가하면서 CD 판매가 감소하고 있다. 또한 인터넷을 이용한 불법 파일 공유와 You Tube를 매출 감소의 최대 원인으로 판단하여 일본레코드협회 등 7개 단체가 '사적 위법 다운로드의 처벌화'에 관한 계몽활동을 위해 「STOP! 위법 다운로드 홍보위원회(STOP! 違法ダウンロード広報委員会)」를 설립했다.

　뉴뮤직과 J-POP 이전에 애절한 감정 표현으로 일본인의 절대적인 인기를 얻던 엔카(演歌)는 젊은 층에게는 지지를 얻지 못하고 고령층에 한정되는 현상이 계속되고 있다. 엔카는 구슬픈 감정과 시적인 가사, 흥을 돋우는 후렴구 등이 특징이다. 엔카는 대중적인 인기는

2　음악 정보 서비스 제공회사인 오리콘에서 발표하는 일본에서 가장 지명도 높은 음악 인기 차트.

낮은 편이지만, NHK의 대표 프로그램 중 하나인 NHK홍백가요대결(NHK紅白歌合戦)[3]에 출연하는 가수의 3분의 1은 엔카 가수가 차지하고 있다.

또한 일본에서는 국내외의 여러 교향악단에 의한 연주회도 자주 열리고 있다. 세계적으로 유명한 일본의 대표적인 클래식 음악가로는 2002년 빈국립오페라하우스의 음악감독과 2004년 빈필하모닉 오케스트라의 지휘자를 역임한 지휘자 오자와 세이지(小沢征爾)를 들 수 있다. 이 외에도 바이올리니스트인 고토 미도리(五嶋みどり), 피아니스트인 우치다 미쓰코(内田光子), 소프라노인 나카마루 미치에(中丸三千繪) 등 다수의 음악가가 세계 음악 콩쿠르에서 입상하여 해외에서 활약하고 있다.

뉴에이지 음악가인 기타로(喜太郎)[4]는 1994년 미국 골든글로브상 작곡상과, 2001년 그래미상 최우수 뉴에이지 앨범상을 수상했다. 작곡가이며 음악 프로듀서인 사카모토 류이치(坂本竜一)는 1988년 아카데미 음악상, LA영화비평가상, 골든글로브상, 그래미상을 수상했다. 이밖에 뉴에이지 음악의 거장이라고 평가되는 유키 쿠라모토와「기쿠지로의 여름(菊次郎の夏)」「벼랑 위의 포뇨(崖の上のポニョ)」등 수많은 영화 음악을 작곡한 히사이시 조(久石譲)[5]는 한국에서도 인기가 높다.

04 일본 젊은 층의 유행어

시대가 바뀌면 사회도 변화하면서 새로운 언어가 생겨난다. 일본 젊은 층도 시대에 따른 새로운 문화를 형성하면서 새로운 용어를 창출해 낸다. 새로이 생겨나는 언어는 그 시대상을 나타내주는 지표와 같은 것으로, 알아두면 시대의 흐름을 이해하는 데 도움이 될 것이다.

사이케족(サイケ族)

1960년대 후반 신주쿠히가시구치역(新宿東口駅) 앞 광장에 나타난 집단으로, 지저분한 티셔츠, 맨발에 샌들, 유니섹스 패션, 숄더백, 장발, 지저분한 수염 등으로 정의되는 그들의

---

[3] 매년 12월 31일 밤에 방송하는 일본의 대표적인 프로그램. 그해 활동이 가장 돋보이는 가수들을 홍, 청 양 팀으로 나누어 노래 대결을 벌인다.
[4] 일본의 키보드 연주가이며 작곡가로, 본명은 다카하시 마사노리(高橋正則)이다.
[5] 일본의 작곡가이며 편곡가, 지휘자, 피아니스트이다. 본명은 후지사와 마모루(藤澤守)이며, 예명은 당시 활발한 활동을 하고 있던 미국의 음악 연주가겸 프로듀서인 퀸시 존스의 이름에서 따왔다고 한다.

차림이 사이케 패션이라고 유행했는데, 이들과 같은 옷차림의 젊은이들을 사이케족이라고 한다.

안논족(アンノン族)

패션 잡지인 안안(anan)과 논노(nonno)의 앞 글자를 따서 만든 합성어로, 이 두 잡지를 즐겨보며 잡지대로 생활하려고 하는 여성들을 말한다. 해외여행을 하고 명품을 선호하는 등 경제적으로 여유가 있는 미혼여성들을 가리킨다. 일본 경제의 성장기였던 1970년대 중기부터 1980년대에 걸쳐 유행한 현상으로, 1990년의 버블경제의 붕괴로 주춤해졌다.

오타쿠족(オタク族)

특정한 분야에 강한 흥미를 갖고 관련 상품의 수집이나 지식습득에 열광적으로 몰두하는 사람들을 말한다. 애니메이션 애호가들이 서로를 "오타쿠와(おたくは : 댁은)"이라고 부른 것에서 유래했다. 2011년 야노경제연구소(矢野経済研究所)가 오타쿠의 성지(聖地)인 아키하바라(秋葉原)에서 "오타쿠라고 들은 적이 있습니까?"라고 설문조사한 결과, 응답자 1만 102명 중 25.5%에 이르는 2,581명이 "그렇다"고 답했다고 한다. 다른 사람과의 교류를 끊고 오로지 관심 분야에만 매달린다는 점에서 나쁜 뜻으로 더 많이 인식된다.

후리타족(フリーター族)

후리(フリー : free)와 아루바이타(アルバイター : arbeiter)를 합친 조어로, 일반적으로 파트타임과 아르바이트로 생계를 유지하고 있는 사람을 말한다. 정사원보다는 자유롭지만 경제적으로 불안하여 사회문제로 대두되고 있다. 저렴한 비용으로 고용이 가능하다는 점에서 편의점, 주유소, 음식점 등에서는 후리타족을 선호하는 경향이 강하다.

니트족(ニート族)

Not in Education, Employment or Training의 머릿글자를 따서 만든 말로, 일본에서는 15세~34세의 노동인구 중 전업주부와 학생을 제외하고 구직활동을 하지 않는 사람을 이른다. 이들은 실업자와 후리타와도 구분되며, 일을 할 의욕도 없고, 직업교육을 받을 의욕도 없는 층으로 사회적으로 큰 문제가 되고 있다. 2011년 일본 총무성 통계국(総務省統計局)의 자료에 의하면 현재 니트족의 수는 약 60만 명이라고 한다.

그 외

- 파네에(パネェ) : '한파자네에(半端じゃねぇ : 어중간하지 않다)'라는 말에서 온 표현으로, '철저하다, 완벽하다, 진짜다'라는 의미로 쓰인다.
- 사쿠노미(サク飲み) : 가볍게 술을 마시는 것을 말한다. "집에 갈 때 한잔할까?"와 같이 가볍게 권할 때 사용한다.
- 붓챠케(ぶっちゃけ) : 생각하고 있는 것이나 알고 있는 것을 숨김없이 말하는 것을 뜻하는데, 여고생의 경우 '정말로, 진심으로'라는 뜻으로도 쓴다.
- 우치라(うちら) : '우리'라는 말로, 원래 교토(京都)의 말이었으나, 텔레비전과 만화 등의 영향으로 전국적인 말이 되었다.
- 돈비키(ドンビキ) : 누군가의 말이나 행동으로 분위기가 어색해지거나 흥이 깨지는 것을 말한다. 원래 줌 아웃을 이르는 방송용어이다.
- 오루(オール) : '전부, 모두, 통째로, 통틀어서'라는 의미로 쓰인다.
- 기쇼이(キショイ) : '키쇼쿠 와루이(気色悪い)'를 줄인 말로, 보기에 징그럽거나 하는 경우에 사용한다.
- 코피루(コピる) : 영어 copy에 일본의 동사에 많이 붙는 'る'를 붙여 동사화한 말로, '복사하다'는 뜻이다.
- 시케루(シケる) : 누군가가 재미없는 이야기나 어이없는 행동을 해서 주위 분위기가 가라앉는 것을 말한다.
- 초(超) : 과장해서 말할 때 쓴다. '대단한, 정말' 등의 뜻으로 강조할 때 쓴다.
- 마지(マジ) : '정말, 진심, 농담이 아니다'라는 뜻으로 강조할 때 많이 쓴다.
- 소쇼쿠케이단시(草食系男子) : 연애에 연연하지 않고 육체적인 욕망에 초연한 상냥한 남성을 가리킨다.
- 니쿠쇼쿠케이조시(肉食系女子) : 활발하고 연애에 적극적인 여성을 가리킨다.
- 아라훠(アラフォー) : 영어 around 40의 약자로 40세 전후의 여성을 말한다.
- 오히토리사마(お一人様) : 결혼하지 않고 혼자 사는 독신여성을 말한다. 또 혼자서 식당에 갈 때도 사용한다.

05 일본의 방언

일본에도 각 지역마다 방언이 존재하지만, 텔레비전을 비롯한 미디어 매체의 영향으로 공통어인 도쿄 말을 사용하는 사람이 증가하고 있어 방언이 점점 사라지고 있다고 한다. 그러나 간사이벤(関西弁)[6]은 오사카(大阪)를 중심으로 하는 간사이(関西) 출신의 연예인들이 매스컴에 나와서 간사이벤을 적극적으로 사용하고 있어 전국적으로 알려져 있다. 간사이 지역의 사람들은 출신지에 대한 자부심이 높아 다른 지역에서도 간사이 방언을 사용하는 경우가 많다.

방언은 악센트나 어미가 바뀌는 정도가 아니라 단어 자체가 바뀌는 경우도 많아 공통어를 공부한 사람은 전혀 알아듣지 못하는 경우도 많다. 예를 들면 '감사합니다'라는 말은 도쿄에서는 아리가토고자이마스(ありがとうございます)이지만, 교토에서는 오키니(おおきに), 아오모리(青森)에서는 아리가도고스(ありがどごす), 미야자키(宮崎)에서는 오킨네(おおきんね), 구마모토(熊本)에서는 조조(ちょーじょー)라고 한다.

06 일본의 노벨상 수상자

일본의 노벨상 수상자는 2013년 1월 현재 19명으로, 수상자 수로는 세계 6위이다. 또한 2000년 이후 11명이 노벨상을 수상하는 저력을 보였는데, 이는 미국에 이어 세계 2위이다.

일본인으로 처음 노벨상을 수상한 사람은 제2차 세계대전이 끝난 후 물리학상을 수상한

↗ 2010년 노벨상 수여식. ⓒanonym

---

6 관서 지방의 방언.

유카와 히데키(湯川秀樹)로, 패전 후에 자신감을 잃은 일본 국민들에게 커다란 용기를 주었다. 또 2002년에 화학상을 수상한 다나카 고이치(田中耕一)는 샐러리맨의 수상이라는 점에서 또 다른 화제를 모았다.

일본에서 2012년까지 노벨상을 수상한 19명 중 16명이 자연과학 분야 수상자로, 일본 과학기술의 우수함을 세계에 알리고 있다. 이 외에 1974년에 전 총리였던 사토 에이사쿠(佐藤栄作)가 평화상을 수상했으며, 가와바타 야스나리(川端康成), 오에 겐자부로(大江健三郎)는 노벨문학상을 수상했다.

● **일본의 노벨상 수상자 명단 (~2012년)**

	연도	수상 분야	수상자	수상 내용
1	1949년	물리학상	유카와 히데키(湯川秀樹)	양자와 중성자와의 사이에 작용하는 핵력을 매개하는 것으로서, 중간자의 존재를 예상.
2	1965년	물리학상	도모나가 신이치로(朝永振一郎)	양자전기역학 기초연구.
3	1968년	문학상	가와바타 야스나리(川端康成)	『유키구니(雪国, 설국)』 등 매우 섬세한 표현에 의한 서술이 탁월.
4	1973년	물리학상	에사키 레오나 (江崎玲於奈)	반도체에 있어서의 터널 효과.
5	1974년	평화상	사토 에사쿠 (佐藤栄作)	일본 내각수상으로 평화에 기여함.
6	1981년	화학상	후쿠이 겐이치 (福井謙一)	화학반응 과정의 이론적 연구.
7	1987년	생리의학상	도네가와 스스무 (利根川進)	다양한 항체를 생성하는 유전적 원리의 해명.
8	1994년	문학상	오에 겐자부로 (大江健三郎)	궁지에 처해 있는 현대인의 모습을 보는 사람을 당황시키는 듯한 필치로 그려낸 공적.
9	2000년	화학상	시라카와 히데키 (白川英樹)	도전상(導電上) 고분자의 발견과 발전.
10	2001년	화학상	노요리 료지 (野依良治)	키랄 촉매에 의한 부제반응의 연구.
11	2002년	물리학상	고시바 마사토시 (小柴昌俊)	천체물리학 특히 뉴트리노 검출에 대한 선구자적인 공헌.
12	2002년	화학상	다나카 고이치 (田中耕一)	생체고분자의 동정 및 구조해석을 위한 수법 연구.
13	2008년	물리학상	난부 요이치로 (南部陽一郎)	소립자 물리학에서 자발적으로 일어나는 '대칭성 깨짐'을 수학적으로 정리.
14	2008년	물리학상	고바야시 마코토 (小林誠)	마스카와 도시히데(益川敏英)와 함께 '고바야시·마스카와 이론'을 세웠으며, 현대 입자물리학의 중심 개념인 '대칭성 깨짐'을 연구.

15	2008년	물리학상	마스카와 도시히데 (益川敏英) ますかわとしひで	고바야시 마코토(小林誠)와 공동 연구, 공동 수상.
16	2008년	화학상	시모무라 오사무 (下村脩) しもむらおさむ	1960년대 해파리에서 녹색형광단백질을 처음 발견하여 분자생물학이나 생명과학의 발전에 기여.
17	2010년	화학상	스즈키 아키라 (鈴木章) すずき あきら	팔라듐을 촉매로 이용하여 유기화합물을 간편하게 만들 수 있는 스즈키 반응을 발견.
18	2010년	화학상	네기시 에이이치(根岸英一) ねぎしえいいち (미국 국적자)	팔라듐을 촉매로 이용하여 유기화합물을 쉽게 합성할 수 있는 네기시 반응을 발견.
19	2012	생리의학상	야마나카 신야(山中伸弥) やまなかしんや	성숙한 세포라도 인체의 모든 조직으로 자랄 수 있는 미성숙한 세포로 재구성될 수 있다는 사실을 발견.

쉽고 재미있는 新 일본문화

지은이 최광준
펴낸이 정규도
펴낸곳 (주)다락원

초판 1쇄 발행 2013년 3월 1일
초판 9쇄 발행 2025년 3월 5일

책임편집 송화록, 김윤희
디자인 구수정, 오연주

다락원 경기도 파주시 문발로 211
내용문의: (02)736-2031 내선 460~465
구입문의: (02)736-2031 내선 250~252
Fax: (02)732-2037
출판등록 1977년 9월 16일 제406-2008-000007호

Copyright ⓒ 2013, 최광준

저자 및 출판사의 허락 없이 이 책의 일부 또는 전부를 무단 복제·전재·발췌할 수 없습니다. 구입 후 철회는 회사 내규에 부합하는 경우에 가능하므로 구입문의처에 문의하시기 바랍니다. 분실·파손 등에 따른 소비자 피해에 대해서는 공정거래위원회에서 고시한 소비자 분쟁 해결 기준에 따라 보상 가능합니다. 잘못된 책은 바꿔 드립니다.

ISBN 978-89-277-1074-5 13300

사진제공
· 東京デート (http://www.tokyo-date.net)
· 足成 (http://www.ashinari.com)
· 東京発フリー写真素材集 (http://www.shihei.com)
· 災害写真データーベース
 (http://www.saigaichousa-db-isad.jp)
· ゆんフリー写真素材集 (http://www.yunphoto.net)
· shutterstock
· 일본정부관광국(JNTO)
· 아이클릭
· 일본 궁내청

http://www.darakwon.co.kr

· 다락원 홈페이지를 방문하시면 상세한 출판 정보와 함께 동영상 강좌, MP3 자료 등 다양한 어학 정보를 얻으실 수 있습니다.
· 다락원 Cyber 어학원 내 〈일본어 공부방〉에서는 다양한 일본어 학습 코너가 제공되고 있습니다.